Horst Speichert

# Praxis des IT-Rechts

# Edition <kes>

Herausgegeben von Peter Hohl

Mit der allgegenwärtigen Computertechnik ist auch die Bedeutung der Sicherheit von Informationen und IT-Systemen immens gestiegen. Angesichts der komplexen Materie und des schnellen Fortschritts der Informationstechnik benötigen IT-Profis dazu fundiertes und gut aufbereitetes Wissen.

Die Buchreihe Edition <kes> liefert das notwendige Know-how, fördert das Risikobewusstsein und hilft bei der Entwicklung und Umsetzung von Lösungen zur Sicherheit von IT-Systemen und ihrer Umgebung.

Herausgeber der Reihe ist Peter Hohl. Er ist darüber hinaus Herausgeber der <kes> – Die Zeitschrift für Informations-Sicherheit (s. a. www.kes.info), die seit 1985 im SecuMedia Verlag erscheint. Die <kes> behandelt alle sicherheitsrelevanten Themen von Audits über Sicherheits-Policies bis hin zu Verschlüsselung und Zugangskontrolle. Außerdem liefert sie Informationen über neue Sicherheits-Hard- und -Software sowie die einschlägige Gesetzgebung zu Multimedia und Datenschutz.

Die ersten Titel der Reihe:

**Praxis des IT-Rechts**
Von Horst Speichert

**IT-Sicherheit – Make or Buy**
Von Marco Kleiner, Lucas Müller und Mario Köhler

**Mehr IT-Sicherheit durch Pen-Tests**
Von Enno Rey, Michael Thumann und Dominick Baier

**www.vieweg-it.de**

Horst Speichert

# Praxis des IT-Rechts

## Praktische Rechtsfragen der Internetnutzung und IT-Security

Herausgegeben von Stephen Fedtke

vieweg

Bibliografische Information Der Deutschen Bibliothek
Die Deutsche Bibliothek verzeichnet diese Publikation in der Deutschen Nationalbibliografie; detaillierte bibliografische Daten sind im Internet über <http://dnb.ddb.de> abrufbar.



1. Auflage November 2004



Lektorat: Dr. Reinald Klockenbusch / Andrea Broßler

Der Vieweg Verlag ist ein Unternehmen von Springer Science+Business Media.
www.vieweg-it.de



Konzeption und Layout des Umschlags: Ulrike Weigel, www.CorporateDesignGroup.de
Umschlagbild: Nina Faber de.sign, Wiesbaden
Druck- und buchbinderische Verarbeitung: Wilhelm & Adam, Heusenstamm
Printed in Germany

ISBN 3-528-05815-3

# Vorwort

Zunehmend durchdringt die Informationstechnologie alle Lebens- und Arbeitsbereiche, so dass mit Recht von einer revolutionären Entwicklung gesprochen wird. Für das IT-Recht ergibt sich zwangsläufig ein ausgeprägter Querschnittscharakter. Der aufzuspannende Bogen reicht vom allgemeinen Teil des Bürgerlichen Rechts, über weite Felder des Arbeits- und Wirtschaftsrechts bis hin zu straf- und öffentlich-rechtlichen Themen, etwa wenn es um Datenschutzfragen geht. Das IT-Recht sprengt die sonst übliche Dreiteilung des Rechtslebens in Zivil-, Straf- und Öffentliches Recht und lässt sich kaum in einem klar umgrenzten Rechtsgebiet fassen. Es insgesamt darstellen zu wollen, erscheint angesichts der Breite der Disziplin als gewaltige Aufgabe. Praxisnahe Auswahl der Themen und Beschränkung auf das Wesentliche taten deshalb Not. Dabei konnte gewinnbringend auf eine langjährige Seminar- und Vortragstätigkeit vor den Praktikern der IT zurückgegriffen werden. Die hierbei aufgeworfenen vielfältigen Fragen sind zugleich Fundus und Fokus der vorliegenden Darstellung.

Die Entwicklung in der IT befindet sich ständig im Fluss. Noch längst nicht sind die technischen und organisatorischen Rahmenbedingungen zu greifbaren Formen erstarrt. Eine rechtsdogmatische Durchdringung der IT insgesamt erscheint im Moment nur schwer möglich. Nichts desto trotz benötigt die Praxis die notwendigen Spielregeln, um effektiv arbeiten zu können. Nirgendwo wird das deutlicher als im Bereich der IT-Sicherheit, wo die technische Entwicklung aufgrund der ausgeprägten Gefährdungslage weit fortgeschritten ist. Die aufgeworfenen Rechtsfragen – insbesondere zu Haftung und Datenschutz – führen in Unternehmen und Behörden zu großer Verunsicherung. Hier will das Buch durch die Darstellung der juristischen Zusammenhänge praktische Lösungswege aufzeigen.

Das Buch wendet sich an all diejenigen, welche als Entscheidungsträger, Techniker, Juristen oder Studierende mit dem IT-Recht praxisnah umgehen wollen. Um Kosten und Umfang des Buches überschaubar zu halten, wurde auf den Abdruck der zahlreichen gesetzlichen Vorschriften im Anhang verzichtet. Stattdessen stehen die für den IT-Sektor einschlägigen Gesetze und Verordnungen unter `www.speichert.de` unter dem Stichwort

„Internetservice“ zum Aufruf und Download bereit. Ich bin für Hinweise und Verbesserungsvorschläge sowohl aus dem technischen wie auch aus dem juristischen Umfeld stets dankbar und unter der Adresse `mailto:horst@speichert.de` zu erreichen.

Zu Beginn mag der interdisziplinäre Charakter aus Technik und Recht dem Nichtjuristen und Juristen gleichermaßen Schwierigkeiten bereiten. Soweit möglich, wird deshalb auf rechtsdogmatische Detailtiefe und überladene Begrifflichkeiten zu Gunsten einer verständlichen Darstellung verzichtet. Wer die Anfangshürden überwunden hat, dem eröffnet sich mit dem IT-Recht nicht nur ein spannendes Rechtsgebiet, sondern die schillernde Welt der neuen Medien.

Stuttgart, im September 2004

Horst Speichert

# Inhaltsverzeichnis

# 1 Verträge im elektronischen Geschäftsverkehr

## 1.1 Vertragsschluss im Netz

Verträge werden nicht nur schriftlich, sondern in allen denkbaren Lebenssituationen geschlossen. Mit der zunehmenden Bedeutung der digitalen Medien steigt parallel auch die Anzahl der elektronischen Vertragsabschlüsse.

### 1.1.1 Angebot und Annahme

Es gilt zunächst zu klären, aus welchen rechtlich relevanten Bausteinen ein Vertrag besteht.

#### 1.1.1.1 Zwei übereinstimmende Willenserklärungen

*Grundsatz*

Voraussetzung für einen Vertragsschluss sind zwei übereinstimmende, auf den Vertragschluss gerichtete Willenserklärungen der beteiligten Personen nach §§ 145 ff. BGB: das ***Angebot*** (Antrag) und die ***Annahme***. Diese beiden übereinstimmenden Willenserklärungen – etwa das Kaufangebot des Verkäufers und die entsprechende Annahmeerklärung des Käufers – müssen den beteiligten Parteien ***wechselseitig*** zugehen. Durch den ***Zugang*** sind die Voraussetzungen für den Vertragsschluss erfüllt.

*Elektronische Erklärungen*

Auch eine Computererklärung ist nach heute herrschender Meinung eine Willenserklärung. Die Willenserklärungen können auch online, z. B. durch die elektronische Übermittlung einer Datei im Internet (z. B. eine E-Mail) oder durch ***Mausklick*** abgegeben und wirksam werden (so etwa BGH NJW 2002, 363 in der Entscheidung ricardo.de).

*invitatio ad offerendum*

Die bloße Bewerbung oder Präsentation eines Produkts im Internet ist genauso wenig wie die Schaufensterauslage im Ladengeschäft bereits ein rechtsverbindliches Angebot des Verkäufers, sondern die ***bloße Aufforderung*** an einen potentiellen Käufer, seinerseits ein Angebot abzugeben; sogenannte „invitatio ad offerendum“, also Einladung zum Angebot.

Mit der Eröffnung eines Webshops gibt der Onlineanbieter also noch keine wirksamen Willenserklärungen ab. Selbst wenn das automatisierte Kundeninformationssystem des Webshops auf Anfrage eine ***individuell zugeschnittene*** Produktauswahl und Preisbestimmung vornimmt, liegt noch kein rechtswirksames Angebot vor.

*Verbindliches Angebot*

Eine Webseite hat nur ganz ausnahmsweise eine derart konkrete, rechtsverbindliche Wirkung, dass in ihr bereits ein verbindliches Vertragsangebot zu sehen ist. Ob die bloße Aufforderung zur Abgabe eines Angebots oder aber bereits ein verbindliches Angebot vorliegt, beurteilt sich danach, wie der Besteller (Kunde) den Inhalt der Webseite nach Treu und Glauben unter Berücksichtigung der Verkehrssitte verstehen darf.

*Solange Vorrat reicht*

Beim klassischen ***Warenautomaten*** wird das Rechtsgeschäft ebenfalls vollautomatisch abgewickelt, ohne dass ein menschlicher Vertreter des Verkäufers an dem Vorgang willentlich teilnimmt. Das Aufstellen des Automaten gilt solange als Angebot, wie Waren im Automaten vorhanden sind.

Diese Grundsätze lassen sich auf den ***Onlinebereich*** übertragen, sofern wie beim Warenautomaten die Vertragsabwicklung vollautomatisch abläuft. Die elektronisch abgegebenen Willenserklärungen stehen auch hier jeweils unter dem Vorbehalt „solange der Vorrat reicht". Dies gilt für Warenbestellungen aller Art, aber auch für Downloads oder Bestellungen „on demand" bezüglich Büchern oder Filmen, sofern die Anzahl begrenzt ist. Anders verhält es sich allerdings, wenn in die Vertragsabwicklung menschliche Mitarbeiter des Onlineanbieters eingebunden sind. Hier sind rechtsverbindliche Angebote auch abgegeben, wenn der Warenbestand erschöpft ist.

*Wirksames Angebot*

Regelmäßig wird man also sagen können, dass die Produktpräsentation auf der Webseite lediglich zur Abgabe eines Angebots auffordert. Das Angebot zum Kaufvertrag gibt dann der bestellende Käufer ab, das durch eine Annahmeerklärung des Anbieters bestätigt wird, so dass der Kaufvertrag zum Abschluss kommt.

*Faxbestätigung*

Verlangt der Onlineanbieter vom Käufer eine Faxbestätigung der Bestellung, so hat diese keine rechtsbegründende Wirkung, auch hier kommt der Vertrag mit der Annahmeerklärung des Anbieters zustande. Die Faxbestätigung des Käufers dient dem Anbieter nur zur Sicherung und ***Beweiserleichterung***. Sie ist Voraussetzung dafür, dass er die Ware ausliefert.

### 1.1.1.2 Kaufmännisches Bestätigungsschreiben

*Beredtes Schweigen*

Abweichend vom Regelfall der Notwendigkeit zweier übereinstimmender Willenserklärungen, gelten für den Kaufmann aufgrund seiner geringeren Schutzwürdigkeit Besonderheiten. Beim sogenannten „kaufmännischen Bestätigungsschreiben" führt schon das Schweigen eines Kaufmannes zu Rechtsfolgen.

*Fixierung Vertragsinhalt*

Wird unter Kaufleuten ein Geschäft zunächst mündlich abgeschlossen, beispielsweise auf der Messe, so ist es nach dem Vertragsschluss per Handschlag üblich, dem Geschäftspartner ein sogenanntes kaufmännisches Bestätigungsschreiben zur (schriftlichen) Fixierung der maßgeblichen Vertragsinhalte zuzusenden. Schweigt die Gegenseite auf den Erhalt eines solchen kaufmännischen Bestätigungsschreibens, so gilt der Vertrag mit dem Inhalt des Schreibens als zustande gekommen (vgl. hierzu auch unten Kapitel 7.2.6 zu den besonderen Auswirkungen beim Einsatz eines Spamfilters). Hierbei wird deutlich, dass zumindest unter Kaufleuten Verträge nicht nur gegenseitig zustande kommen, sondern auch ***einseitig beeinflusst*** werden können. Die zu diesem beredten Schweigen entwickelten gewohnheitsrechtlichen Grundsätze sind auch auf die E-Mail-Kommunikation übertragbar.

## 1.1.2 Beweisschwierigkeiten

Das theoretische Vorliegen der Voraussetzungen des Vertragsschlusses nützt jedoch wenig, wenn sie nicht bewiesen werden können. Zwischen Recht haben und Recht bekommen muss in der Praxis vor allem deshalb unterschieden werden, weil wer Recht haben will, sein Recht auch beweisen muss. In der Regel muss der Anspruchsteller alle Voraussetzungen für seinen Anspruch auch darlegen und beweisen können.

### 1.1.2.1 Ausgangssituation

Beweisschwierigkeiten bestehen vor allem bei Online-Bestellungen, bei denen anders als im normalen Ladengeschäft regelmäßig keine unterstützenden ***Zeugenaussagen*** herangezogen werden können.

*Beweis Internetzugang*

Will also zum Beispiel der Internetprovider gegenüber dem Nutzer eine Dienstleistung abrechnen, so muss er u. a. Beweis darüber führen, dass gerade mit diesem Nutzer ein Vertrag zustande gekommen ist. Die belegte Tatsache, dass das Geschäft über einen ***bestimmten Internetzugang*** abgewickelt wurde, beweist noch nicht, dass gerade der Zugangsinhaber auch der Geschäftspartner des Internetproviders ist. Der Dienstleister kann aber regelmäßig nur Beweis darüber führen, wer Inhaber des Internetzuganges ist, nicht jedoch, wer die elektronische Bestellung oder sonstige Willenserklärung tatsächlich abgegeben hat. So etwa dann, wenn der Zugang von ***mehreren Personen*** benutzt wird (beispielsweise in einer studentischen WG etc.).

*Sichere Zahlungsmodalitäten*

Aus diesem Grunde ist der Dienstleister darauf angewiesen, von seinen Kunden sichere Zahlungsmodalitäten wie ***Vorauskasse*** oder ***Kreditkarte*** zu verlangen, weil er ansonsten seine Zahlungsforderungen nicht durchsetzen kann. Hieran krankt im wesentlichen der E-Commerce, da viele Nutzer nicht das ***nötige Vertrauen*** in die E-Commerce-Betreiber haben, um ihre Kreditkartennummer preiszugeben oder Vorauskasse zu leisten.

*Beweis Vertragspartner*

So können die E-Commerce-Betreiber nicht ***auf Rechnung*** liefern, weil Ihre finanziellen Einbußen zu groß wären. Denn sie können im Zweifel nicht beweisen, wer eigentlich ihr Vertragspartner ist. Der in Anspruch genommene Schuldner kann einfach behaupten, nicht er habe die Dienstleistung bestellt und in Anspruch genommen, sondern z. B. ein Mitbewohner.

*Keine sichere Beweisführung*

Es wird deutlich, dass unter der Beweisproblematik ein zukunftsträchtiger Geschäftszweig wie das E-Business erheblich leidet. Dies liegt insbesondere darin begründet, dass mit elektronischen Dokumenten bisher keine sichere Beweisführung möglich ist. Abhilfe könnte hier nur die flächendeckende Einführung der ***digitalen Signatur*** schaffen.

### 1.1.2.2 Beweislast

*Beweisregel*

Grundsätzlich hat der Anspruchsteller – z. B. der Webshop-Betreiber (Verkäufer) oder Internetdienstleister, der einen Kaufpreisanspruch oder Zahlungsanspruch geltend macht – alle Voraussetzungen seines Anspruchs zu beweisen.

Hierzu gehören insbesondere die drei Punkte:

- ist ein Vertrag wirksam zustande gekommen, also der Vertragsschluss
- mit wem ist der Vertrag zustande gekommen, also die Identität des Schuldners (Käufers)
- was wurde im Vertrag im Einzelnen vereinbart, insbesondere die Höhe des Kaufpreises, also der Vertragsinhalt

*Identitätsprüfung*

Die Identifizierung des Online-Bestellers von Waren oder Dienstleistungen wird regelmäßig über eine ***Eingabepflicht*** von Name, Adresse und sonstigen Kontaktdaten in eine Bildschirmmaske (Webformular) vor dem eigentlichen Geschäftsabschluss angestrebt. Ebenso regelmäßig führt der Anbieter jedoch keine gesicherte Identitätsprüfung durch, die letztlich nur über die Verwendung einer digitalen Signatur erfolgen könnte. Vielmehr verlässt sich der Anbieter darauf, dass die Eingabe der Kontaktdaten wahrheitsgemäß erfolgt. Dies birgt ein hohes ***Fälschungsrisiko***, da im Internet ohne großen Aufwand fremde Namen verwendet, Mailadressen gefälscht oder fremde Zugangsberechtigungen genutzt werden können. Auch die Angabe der ***Kreditkartennummer*** bewirkt keinen sichern Identitätsnachweis, sondern schafft für den Anbieter lediglich Zahlungssicherheit bis zu dem von der Bank garantierten Betrag.

*Identitätsnachweis*

Muss der Anbieter im Falle der Zahlungsverweigerung die geforderten Nachweise bringen, so kann er in der Regel über eine Auskunft des Providers nur den Inhaber des Internetzugangs bzw. die IP-Adresse nachweisen, über die die Bestellung erfolgt ist. Dies genügt aber nicht, wenn der Zugangsinhaber einwendet, eine dritte Person habe (unerlaubt) seinen Namen und Zugang für die Bestellung verwendet. Allein der Nachweis des Zugangs und der IP-Adresse beweist also noch nicht die Identität des Bestellers. Kann der Anbieter somit den geforderten Nachweis nicht führen, kann er seinen Zahlungsanspruch gerichtlich auch ***nicht durchsetzen***.

*Beweiserleichterungen*

Allerdings kommen dem Online-Anbieter gewisse Beweiserleichterungen zugute. Juristisch spricht man von Anscheinsbeweis (prima-facie-Beweis) oder Rechtsschein bis hin zur Beweislastumkehr.

### 1.1.2.3 Anscheinsbeweis

*Definition*

Ein Anscheinsbeweis (Beweisvermutung) ist gegeben, wenn bei ***typischen Lebenssachverhalten*** aufgrund ständiger Erfahrungswerte ein bestimmter Geschehensablauf vermutet werden kann.

Bei Kfz-Unfällen zum Beispiel gilt der Merksatz: „Wenn`s hinten schellt, gibt's vorne Geld". Wer also auf ein anderes Fahrzeug hinten auffährt, muss bezahlen, ohne dass der Geschädigte ein Verschulden des Auffahrenden nachweisen müsste. Dem Geschädigten wird die Beweislast von den Schultern genommen, weil aufgrund der ***allgemeinen Lebenserfahrung*** der hinten Auffahrende regelmäßig den Unfall verschuldet hat, da er nach den Straßenverkehrsregeln stets ein rechtzeitiges Bremsen sicherstellen muss. Sein Verschulden wird also zugunsten des Geschädigten vermutet.

*Erschütterung*

Der Anscheinsbeweis kann entkräftet werden, indem der Anspruchsgegner (Online-Besteller) Umstände vorträgt und beweist, die einem typischen Geschehensablauf widersprechen.

Kann z. B. der hinten Auffahrende beweisen, dass der Geschädigte ohne Anlass eine Vollbremsung gemacht hat, so ist der Anscheinsbeweis erschüttert, weil der typische Ablauf nicht mehr vermutet werden kann. Die Beweiserleichterung entfällt, vielmehr gilt wieder die ***allgemeine Beweisregel***, wonach der Geschädigte das Verschulden des hinten Auffahrenden beweisen muss.

*Passwortinhaber*

Bei Online-Bestellungen gibt es zwar keine Beweisvermutung (Anscheinsbeweis) zu Lasten des Inhabers eines bloßen Internetzuganges. Wohl aber wird vermutet, dass der Passwortinhaber auch der Besteller ist. Kann also der Online-Anbieter beweisen, das eine Bestellung über einen bestimmten ***passwortgeschützten Account***, der zum Zwecke der Bestellung zuvor eingerichtet wurde, erfolgt ist, so wird vermutet, dass der Passwortinhaber die Waren oder Dienstleistungen auch bestellt hat.

Die hierfür maßgebliche Rechtsprechung stammt zum Teil noch aus dem Btx-Zeitalter, wo ebenfalls zu Lasten des sogenannten ***Kennungsinhabers*** vermutet wurde, dass Bestellungen über die Kennung auch vom Inhaber vorgenommen wurden.

### 1.1.2.4 Zurechnung

*Anscheins- und Duldungsvollmacht*

Zum gleichen Ergebnis gelangt die Rechtsprechung über die Rechtsfigur der Anscheins- oder Duldungsvollmacht (OLG Köln NJW-RR 1994, 177; OLG Oldenburg NJW 1993, 1400). Hier gilt der Grundsatz des Vertrauensschutzes. Sofern ein Besteller ein fremdes Passwort verwendet, erzeugt er beim Anbieter den glaubwürdigen Rechtsschein, dass er ein ***rechtmäßiger Vertreter*** des Passwortinhabers ist (Anscheinsvollmacht). Möglicherweise handelt er sogar mit dessen stillschweigendem Einverständnis (Duldungsvollmacht).

*Vertrauensschutz*

Solange der Online-Anbieter ***gutgläubig*** von der Vertretungsmacht des Bestellers ausgehen durfte, wird sein Vertrauen in den erzeugten Rechtsschein geschützt. Denn der Passwortinhaber muss dafür sorgen, dass sein Passwort geheim bleibt und kein Missbrauch betrieben werden kann.

*Rechtsschein*

Solange der Rechtsschein besteht, werden die getätigten Geschäfte dem Passwortinhaber zugerechnet. Der Anbieter kann seine Zahlungsansprüche gegenüber dem Passwortinhaber durchsetzen. Erst wenn der Rechtsschein zerstört wird, etwa weil bestimmte Indizien auf einen Missbrauch hindeuten oder der Passwortinhaber die fehlende Vertretungsbefugnis des Bestellers mitteilt, erfolgt keine Zurechnung mehr. Der Online-Anbieter ist gewarnt und nicht mehr gutgläubig. Vertraut er weiterhin auf die Rechtmäßigkeit der Bestellungen, so ist dieses Vertrauen nicht mehr schutzwürdig, so dass der Passwortinhaber für die Zahlungsansprüche nicht mehr haftet.

*Angestellte und Familienangehörige*

Diese Gedanken der Zurechnung werden zum Teil auch auf den geschäftlichen und häuslichen Bereich übertragen. Sofern Angestellte oder Familienangehörige über den PC- oder Btx-Zugang Bestellungen vornehmen, wird der Bestellvorgang dem Zugangsinhaber (Arbeitgeber oder Eltern) zugerechnet. Dieser hätte die Möglichkeit, über einen Passwortschutz Missbräuche zu verhindern oder durch die Vergabe von Passwörtern den eigentlichen Besteller zu identifizieren. Der Zugangsinhaber ist daher ***nicht schutzwürdig*** und muss haften (OLG Köln, NJW 1994, 177). Auf den Internetzugang im allgemeinen sind diese Grundsätze aber nicht pauschal übertragbar (vgl. oben, Kapitel 1.1.2.1).

### 1.1.2.5 Sonstige Beweiserleichterungen

Ebenso kann die Beweislast im Einzelfall durch rechtliche Regeln oder durch die Lebenserfahrung erleichtert werden. So kann der Rechtsgedanke des § 282 BGB a. F. zu einer Umkehr jedenfalls der Darlegungslast führen, wenn es sich um Vorgänge allein aus der Sphäre des Bestellers handelt (OLG Frankfurt CR 2002, 720).

*Beweiskraft im Einzelfall*

Grundsätzlich gelten die dargestellten Regeln zur mangelnden bzw. eingeschränkten Beweiskraft von E-Mails. In einzelnen Ausnahmefällen spricht die Rechtsprechung E-Mails unter den besonderen Umständen des Einzelfalles auch eine rechtswirksame Beweiskraft zu (z. B. ArbG Frankfurt CR 2002, 615).

### 1.1.3 Zugang der Willenserklärungen, insbesondere von E-Mails

Voraussetzung für einen wirksamen Vertragsschluss ist wie bereits erwähnt auch der wechselseitige Zugang von Angebot und Annahme, den ebenfalls der Onlineanbieter als Anspruchsteller zu beweisen hat.

#### 1.1.3.1 Grundregeln des Zugangs

*Laufende Onlinesitzung*

Sofern die Willenserklärung gegenüber einer ***anwesenden Person*** erfolgt, geht sie unmittelbar zu und wird wirksam. In einer laufenden Onlinesitzung beispielsweise geht die elektronische Erklärung, abweichend vom Zugang der E-Mail, unmittelbar zu, wenn sie bei der anderen Partei auf dem Bildschirm erscheint.

*Zugang unter Abwesenden*

Wird die Willenserklärung in Form einer E-Mail abgegeben, so geschieht dies in Abwesenheit des Erklärungsempfängers. Gemäß § 130 Abs. 1 Satz 1 BGB werden Willenserklärungen unter Abwesenden erst im Zeitpunkt des Zuganges wirksam. Es ist deshalb zu klären, wann dieser Zugang erfolgt.

*Zugangsregel*

Eine Willenserklärung ist zugegangen, wenn sie so in den Machtbereich des Empfängers gelangt, dass dieser die ***Möglichkeit der Kenntnisnahme*** hat und unter normalen Umständen mit der Kenntnisnahme auch zu rechnen ist (BGH NJW 1980, 990). Hierfür spricht nun auch der Wortlaut des § 312 e Absatz 1 Satz 2 BGB, der laut Regierungsentwurf der Rechtsprechung zum Zugang von Willenserklärungen gemäß § 130 BGB entspricht (BT-Drucksache 14/6040 Seite 172). Er bestimmt: „Bestellung und Empfangsbestätigung gelten als zugegangen, wenn die Parteien, für die sie bestimmt sind, sie unter gewöhnlichen Umständen abrufen können".

#### 1.1.3.2 Machtbereiche und Risikoverteilung

*Zugriffsmöglichkeit beim Provider*

Von der ***Verfügungsgewalt*** (Zugriffsmöglichkeit) des Empfängers kann erst ausgegangen werden, wenn die E-Mail oder sonstige elektronische Erklärung im EDV-System des Empfängers aufgerufen werden kann, nicht jedoch schon dann, wenn sie beim Provider eingegangen ist. Der Provider ist nicht dem Machtbereich des Empfängers zuzurechnen. Denn der Empfänger kann seine E-Mails nicht unter allen Umständen beim Provider abholen, weil er im Zweifel ***keinen Einfluss*** auf den Provider hat. Etwa wenn der Provider in Insolvenz gerät oder der Zugang des Empfängers wegen Zahlungsverzug gesperrt wird.

*Kein Zugang beim Provider*

Die E-Mail-Verbindung könnte bereits wegen rückständiger Bagatellforderungen gesperrt werden. Der Empfänger steht einer solchen Sperrung zunächst hilflos gegenüber und muss gegebenenfalls die Wiederfreischaltung erst gerichtlich durchsetzen. Aus den gleichen Gründen kann der E-Mail-Provider auch nicht als Empfangsbote oder ***Empfangsvertreter*** des Empfängers angesehen werden. Zum Teil wird in der juristischen Literatur jedoch vertreten, dass die E-Mail bereits mit Eingang auf dem Server des Providers als zugegangen gilt.

*Transportrisiko beim Absender*

Solange sich die E-Mail auf dem Weg zum Empfänger befindet, trägt allein der Absender das Transportrisiko. Es spielt dabei keine Rolle, aus welchen Gründen die E-Mail vom Empfänger nicht abgerufen werden kann. Dies kann eine Insolvenz des Providers genauso sein, wie technische Störungen oder Zahlungsrückstände des Empfängers. Nähme man den Zugang einer E-Mail bereits mit Eingang beim Provider an, so ergäbe sich ein ungerechtfertigter ***Wertungswiderspruch*** zu den in jahrzehntelanger Rechtsprechung entwickelten Grundsätzen beim Zugang postalischer Briefe.

*Niederlegung bei der Post*

So erachtet der BGH die Niederlegung eines postalischen Schreibens bei der Post noch nicht als ausreichend für den Zugang, selbst wenn dem Empfänger eine entsprechende Benachrichtigung in den Briefkasten gelegt wurde (BGHZ 67, 275). Dem gegenüber erhält der Adressat einer E-Mail von seinem Provider nicht einmal eine Eingangsbestätigung, die ihn zum Abruf seiner E-Mails auffordert. Mit Eingang beim Provider ist die E-Mail dem Empfänger daher noch ***nicht zugegangen***.

*Zugang beim Empfänger*

Vielmehr erfolgt der Zugang erst durch den Eingang auf seinem eigenen Server bzw. wenn er seine E-Mails abgeholt hat. Nur so ist die Gleichstellung der klassischen und der neuen Kommunikationsmedien im Rahmen der BGH-Rechtsprechung gewahrt.

*Eigener Mailserver*

Die rechtlichen Zuordnungsprobleme sind geringer, wenn der Empfänger einen eigenen E-Mail-Server betreibt. Die E-Mail gelangt bereits mit Passieren der internen ***Schnittstelle*** – nicht erst mit Abspeichern - in den Machtbereich des Empfängers und geht zu. Damit unterfallen auch ***zentrale Filtermaßnahmen*** auf dem Gateway bereits dem Organisationsrisiko des Empfängers.

*Organisationsrisiko beim Empfänger*

Die Fragen von Machtbereich und Risikoverteilung werden vor allem bedeutsam, wenn E-Mails unterwegs verloren gehen oder fehlgeleitet werden. Der Absender trägt hierbei das Transportrisiko. Dagegen geht es zu Lasten des Empfängers, wenn eine Erklärung, wieder verloren geht, über die er bereits die Verfügungsgewalt besitzt, z. B. durch eine Filtermaßnahme. Das Organisationsrisiko vor Ort liegt also beim Empfänger, da nur er selbst den notwendigen Einfluss in seinem Machtbereich hat.

*Filtermaßnahmen* Diese Grundsätze werden beispielsweise beim Einsatz von Spamfiltern bedeutsam, wo Fehlleitungen vorkommen können (vgl. hierzu unten, Kapitel 7.2.5).

### 1.1.3.3 Objektive Möglichkeit der Kenntnisnahme, Zugangsfiktion

*Objektive Möglichkeit*

Für den Zugang genügt die *objektive* Möglichkeit der Kenntnisnahme, sofern eine Kenntnisnahme objektiv zu erwarten ist. Ob der Empfänger von dieser Möglichkeit tatsächlich Gebrauch macht, geht dagegen zu seinen Lasten. Holt er beispielsweise die E-Mails bei seinem Provider ***mutwillig nicht ab***, so gelten sie gleichwohl als zugegangen (Zugangsfiktion).

*Faxrechtsprechung des BGH*

Für die Beantwortung der Frage, wann die Kenntnisnahme ***objektiv zu erwarten*** ist, kann die Faxrechtsprechung des BGH entsprechend herangezogen werden. Demnach gilt ein noch während der ***Geschäftszeiten*** an das Empfangsgerät eines Kaufmannes übermitteltes Faxschreiben spätestens mit Geschäftsschluss des Kaufmannes als zugegangen. Es ist also anerkannt, dass mit der Kenntnisnahme eines per Fax übermittelten Schreibens noch während der Geschäftsstunden eines Unternehmens gerechnet werden darf, den Faxempfänger also eine entsprechende Überprüfungspflicht hinsichtlich der Faxeingänge trifft (BGHZ 67,271, 278).

*Zugang am selben Tag*

Entsprechendes gilt für den ***E-Mailverkehr***, sofern ein Unternehmen durch Angabe einer E-Mail-Adresse auf Webseite, Briefbogen oder sonstigen Werbeträgern dem Geschäftsverkehr signalisiert, dass es die E-Mail-Kommunikation bereithält. Damit trifft das Unternehmen auch die Pflicht, seine E-Mails regelmäßig abzurufen, da der Absender mit einer zeitnahen Kenntnisnahme rechnen darf.

*Zugang beim Kaufmann*

Ist der Empfänger Kaufmann, kann auch hier eine Zugangsfiktion der versendeten E-Mail ***zum Geschäftsschluss*** des Empfängers angenommen werden. Die im Laufe des Tages abgesendete E-Mail geht also noch während der Bürozeiten am selben Tage zu. Innerhalb der üblichen Geschäftszeiten kann mit der Kenntnisnahme gerechnet werden. Sofern die Erklärung außerhalb der Geschäftszeiten versendet wird, geht sie erst am darauf folgenden Geschäftstag zu. Betreibt der Anbieter einen ***24-Stunden-Service***, so ist sogar jederzeit mit der Kenntnisnahme zu rechnen. Wer am elektronischen Rechts- und Geschäftsverkehr teilnimmt, muss also seine Mailbox ständig im Auge behalten.

*Zugang beim Privatmann*

Dagegen sind die Erwartungen an den Privatmann geringer. Ihm kann lediglich die tägliche Einsichtnahme in seine Mailbox zugemutet werden, so dass der Zugang einer versendeten E-Mail erst mit dem darauf ***folgenden Tag*** angenommen wird.

#### 1.1.3.4 Zugangsvereitelung

*Abholpflicht*

Der Empfänger kann den Zugang der E-Mail nicht hinauszögern, indem er seine Nachrichten beim Provider nicht abholt. Denn wie gesehen muss jeder, der mit einer E-Mail-Adresse am Rechtsverkehr teilnimmt, sicherstellen, dass ihn die E-Mail-Nachrichten erreichen. Für den Kaufmann besteht sogar eine besonders zeitnahe Pflicht, seine E-Mails abzurufen. Ruft der Empfänger seine E-Mails pflichtwidrig über einen längeren Zeitraum nicht ab oder löscht er sie ohne Kenntnisnahme, so erfolgt die beschriebene Zugangsfiktion.

*Zugangsfiktion*

In den Fällen der Zugangsvereitelung muss sich der Empfänger im Wege einer Annahme so behandeln lassen, als sei ihm die E-Mail in seinem Machtbereich zugegangen (BGHZ 67, 271, 278). Dabei wird der Zugang zu dem Zeitpunkt unterstellt, zu dem unter ***gewöhnlichen Umständen*** mit einer Kenntnisnahme gerechnet werden kann. Dies ist wie beschrieben bei Geschäftsleuten noch am selben Tag, sofern die E-Mail nicht zur Unzeit versendet wurde. Bei Privatpersonen wird der Zugang dagegen erst am nächsten Tag angenommen.

*Störungsbeseitgung*

Sofern der Empfänger erkennen konnte, dass die Weiterleitung oder sein Zugriff auf die E-Mails gestört ist, muss er ***zumutbare Möglichkeiten*** ausschöpfen, um das Hindernis zu beseitigen. Bleibt es dennoch bestehen, so ist der Zugang nicht erfolgt, vielmehr verwirklicht sich das ***Transportrisiko*** beim Absender. In diesem Fall kann im Rahmen der technischen Möglichkeiten von einer vertraglichen Hinweispflicht des Empfängers auf die Störung ausgegangen werden.

#### 1.1.3.5 Zugangsbeweis

*Beweislast*

Den Zugangsbeweis kann der ***Anspruchsteller*** nur unter Schwierigkeiten führen. Übermittlungsfehler sind beim E-Mail-

Verkehr genausowenig ausgeschlossen wie beim postalischen Brief. Der Schuldner (Besteller) kann deshalb immer behaupten, er habe die Annahmeerklärung des Anbieters nicht erhalten, weshalb kein Vertrag zustande gekommen sei. Denn sofern aufgrund eines Übermittlungsfehlers die E-Mail oder sonstige Nachricht nicht in den Machtbereich des Empfängers gelangt, fehlt es wie gesehen am Zugang und damit am Vertragsschluss.

*Digitale Signatur*

Fraglich ist, wie der Zugangsbeweis in der Praxis sicher geführt werden kann. Auch hier ist an erster Stelle wiederum die digitale Signatur zu nennen, die auch den Zugang verlässlich belegen kann.

*Empfangs- und Lesebestätigung*

Einen ***Anscheinsbeweis*** dürfte die Empfangs- und insbesondere die Lesebestätigungsmail vom Empfänger liefern, die den Eingang bzw. den Aufruf der Mail beim Empfänger dokumentieren. Bei Rücksendung einer solchen Bestätigungsmail wird in aller Regel der Zugang technisch erfolgt sein. Hier muss der Empfänger also durch Darlegung und Beweis außergewöhnlicher Umstände die Anscheinssituation entkräften. Hinreichende Sicherheit bietet die Lese- oder Empfangsbestätigungsmail aber schon deshalb nicht, weil ihre Rücksendung von der ausdrücklichen Zustimmung des Empfängers, die stets auch verweigert werden kann, abhängig ist. Überdies kann der Empfänger in seinem Mailprogramm die gesamte Funktion einfach ***abschalten***.

*Sendebestätigung*

***Nicht ausreichend*** für einen Anscheinsbeweis ist – entsprechend den Grundsätzen des BGH zum Faxprotokoll – die Vorlage einer Sendebestätigung. Diese kann lediglich belegen, dass die E-Mail den Mailserver des Absenders verlassen hat, nicht jedoch, dass sie auch in die Mailbox des Empfängers gelangt ist.

*Unterstützende Zeugenaussagen*

Allerdings wird man zur Beweisführung mit unterstützenden Zeugenaussagen arbeiten können, zumal im gewerblichen Bereich, wo zumeist ***Mitarbeiter*** als Zeugen zur Verfügung stehen. Sofern ein Zeuge aussagt, dass die E-Mail entsprechend der Sendebestätigung den Mailserver des Absenders verlassen hat, und ein weiterer Zeuge den Eingang auf Empfängerseite bestätigt, wird ein ausreichender Beweis für den Zugang geführt sein. Auch für die Empfangs- und Lesebestätigungs-Mails können unterstützende Zeugenaussagen wichtig werden.

*Gefälligkeitsaussagen*

In diesem Zusammenhang muss natürlich auch mit Gefälligkeitsaussagen aufgrund falsch verstandener Loyalität von Mitarbeitern gerechnet werden. Regelmäßig wird es sich ein Zeuge aber gut überlegen müssen, die Unwahrheit zu sagen, da bei der E-Mail stets mit der Kenntnisnahme mehrerer Personen gerechnet werden muss. Man denke nur an die ***CC-Benachrichtigung*** oder Mailboxen mit mehreren Zugangsberechtigten, die zu einer Nachprüfbarkeit von Zeugenangaben führen.

### 1.1.4 Fazit

*Hilfestellung*

Der Anbieter von E-Commerce-Dienstleistungen hat bei der Durchsetzung seiner Zahlungsansprüche besondere Schwierigkeiten, da er die Anspruchsvoraussetzungen, für die er grundsätzlich die Beweislast trägt, regelmäßig nicht beweisen kann. Als kleine Hilfestellung ist ihm deshalb zu raten, seine Leistungen über einen ***passwortgeschützten Account*** anzubieten. Dann kommt ihm zumindest ein Anscheinsbeweis (Beweisvermutung) für die Zahlungsverpflichtung des Passwortinhabers zu Hilfe. Jedoch ist dieser Schutz begrenzt, da auch bei der Passwortvergabe jederzeit Missbräuche möglich sind. Sicherheit für den Anbieter geben nur die digitale Signatur oder ein fälschungssicheres ***Identifikationssystem***.

## 1.2 Online-AGB

*Schuldrechtsreform*

Für die Wirksamkeit des sogenannten Kleingedruckten (***Allgemeine Geschäftsbedingungen***, AGB) gibt es eine ganze Reihe von gesetzlichen Vorschriften, die seit der Schuldrechtsreform nicht mehr in einem eigenständigen AGB-Gesetz (AGBG), sondern in den §§ 305 ff. BGB verankert sind.

*Vertragliche Bestimmungen*

AGB sind also nur wirksam, wenn sie den gesetzlichen Vorgaben entsprechen. Trotzdem gelten die AGB nicht auf Grund des Gesetzes, sondern sind vertragliche Bestimmungen, die wie alle anderen Vertragsbestandteile auch rechtswirksam in den ***Vertrag miteinbezogen*** werden müssen. Es handelt sich um willentliche Vereinbarungen zwischen den beteiligten Vertragsparteien. In der Folge wird deshalb erläutert, unter welchen Voraussetzungen AGB Vertragsbestandteil werden.

Die nachfolgenden Kriterien gelten für die Einbeziehung gegenüber ***Privatpersonen***. Auf die Besonderheiten bei der Einbeziehung gegenüber den weniger schützwürdigen Kaufleuten wird jeweils gesondert hingewiesen.

## 1.2.1 Kriterien wirksamer Einbeziehung

### 1.2.1.1 Deutlicher Hinweis

*Ausdrücklicher Hinweis*

Gemäß § 305 Absatz 2 BGB muss der Verwender zunächst deutlich auf die Geltung der AGB hinweisen. Dies geschieht im herkömmlichen Geschäftsleben entweder ausdrücklich, also durch einen mündlichen oder schriftlichen Hinweis des Verwenders, oder einen deutlich sichtbaren ***Aushang*** der AGB, z. B. im Ladenlokal, der jedem Kunden sofort ins Auge springen muss.

*Deutlicher Link*

Für den ***Online-Bereich*** gelten besondere Bedingungen. Notwendig ist ein deutlicher Hinweis auf die AGB. Ein lediglich untergeordneter Button auf der Homepage, oder gar auf nachgeordneten Seiten, ist regelmäßig nicht ausreichend. Dagegen genügt ein deutlicher Link im Bereich der Produktpräsentation. Unzulänglich ist ein bloßer Hinweis, dass die AGB an einem bestimmten Ort – etwa auf einer anderen Internetseite – abrufbar sind. Notwendig ist vielmehr eine ***unmittelbare Verlinkung***, die den Aufruf der AGB per Mausklick ermöglicht.

*Durchscrollen*

Nicht notwendig ist die Darstellung der Gesamt-AGB neben den Produkten. Vielmehr genügt die Möglichkeit des „Durchscrollens“ in einem Menüfenster, insbesondere wenn das Fenster während des Bestellvorganges geöffnet wird.

*Vor Vertragsschluss*

Da die AGB Vertragsbestandteil werden müssen, sind sie bereits vor Vertragsschluss einzubeziehen. Es ist also zu spät, die AGB in der Verpackung zu deponieren, erst mit Warenlieferung zu übersenden oder auf die Rückseite der Rechnung zu drucken. Da der Vertrag regelmäßig bereits vorher geschlossen wird, können die AGB zu diesem Zeitpunkt nicht mehr einbezogen werden.

### 1.2.1.2 Zumutbare Kenntnisnahme

Weiterhin werden die AGB gemäß § 305 Absatz 2 BGB nur dann Vertragsbestandteil, wenn der Verwender dem Kunden oder Geschäftspartner die zumutbare Möglichkeit der Kenntnisnahme vom Inhalt der AGB verschafft. Die Kriterien, wann eine zumutbare Möglichkeit der Kenntnisnahme vorliegt, werden durch die Rechtsprechung, die nicht immer einheitlich ist, festgelegt. Maßgeblich für die Beurteilung sind stets die Umstände des Einzelfalles.

*Download- oder Ausdruckmöglichkeit*

Der Kunde muss ausreichend Zeit zum Studium der AGB haben. Da die Internetverbindung in der Regel kostenpflichtig ist, ist die Einrichtung einer Download- oder Ausdruckmöglichkeit (am besten beides) erforderlich. Nur so kann der Nutzer die AGB ***ohne Kostenaufwand*** in Ruhe offline lesen und prüfen. Allein die Möglichkeit des Bildschirmaufrufs, während dessen die kostenpflichtige Internetverbindung tickt, genügt also nicht. Der Kunde sollte überdies die Möglichkeit haben, ein Exemplar der AGB per Fax oder in Papierform anfordern zu können.

*Mühelose Lesbarkeit*

Auch an die optische Darstellung werden hinreichende Anforderungen gestellt. Zu empfehlen ist daher eine klar gegliederte und inhaltlich verständliche Präsentation, die für den Durchschnittskunden verständlich bleibt. Der Text der AGB darf nicht ausrufend lang sein, auch endlose Schachtelsätze sind zu vermeiden, so dass eine mühelose Lesbarkeit und ein Mindestmaß an Übersichtlichkeit gewährleistet ist.

*Verhandlungssprache*

Gegenüber Nichtkaufleuten müssen die verwendeten AGB zwingend in der Verhandlungssprache abgefasst sein, ansonsten erfolgt keine zumutbare Kenntnisnahme. Unter Kaufleuten ist anerkannt, dass neben der Verhandlungssprache auch ***Englisch*** zumutbar ist (BGH NJW 96, 1819).

## 1.2.2 Einbeziehungsnachweis

*Beweislast*

Stets trägt der ***Verwender*** die Beweislast dafür, dass die AGB wirksam in den Vertrag einbezogen wurden. Hier bestehen gerade bei der Online-Verwendung große Schwierigkeiten, da der Kunde zum Download der AGB nicht verpflichtet ist. Schon bei der Programmierung des Webshop wird man daher darauf achten müssen, dass die Kenntnisnahme der AGB durch den Kunden ***dokumentiert*** werden kann.

*Programmiertechnische Gestaltung*

Am besten geschieht dies durch die programmiertechnische Gestaltung eines Bestellsystems, das einen Vertragsschluss bzw. einen Bestellvorgang des Kunden nur dann ermöglicht, wenn der Kunde zuvor zwingend den AGB-Text durchklicken oder durchscrollen musste. Hier kann jederzeit durch (sachverständige) Zeugenaussage des Programmierers belegt werden, dass eine Bestellung nur unter Kenntnisnahme der AGB möglich ist. Wenn darüber hinaus eine Download- oder Ausdruckmöglichkeit besteht, ist der Einbeziehungsnachweis geführt.

*Versendung der AGB*

Denkbar, wenn auch wenig praktikabel, ist die Versendung der AGB vor Vertragsschluss. Hier kann die Kenntnisnahme nur durch dem Zugangsbeweis der versendeten E-Mail geführt werden. Gerade hinsichtlich des Zugangsbeweises bestehen aber wie gesehen große Schwierigkeiten. Lese- und Empfangsbestätigungsmails bieten keine Sicherheit, da sie abgeschaltet werden können.

*Sicherheit*

Wer hinsichtlich des Einbeziehungsnachweises ganz sicher gehen will, muss die ***digitale Signatur*** einsetzen oder eine ***schriftliche Bestätigung*** des geschlossenen Vertrages vom Kunden verlangen.

## 1.2.3 Gesetzliche Inhaltskontrolle

*Keine unangemessene Benachteiligung*

Die gesetzlichen Bestimmungen unterziehen die verwendeten AGB einer strengen Inhaltskontrolle. Demnach sind AGB gemäß § 307 Absatz 1 BGB nur wirksam, wenn sie den Kunden nicht unangemessen benachteiligen. Eine solche Benachteiligung ist gemäß § 307 Absatz 2 BGB anzunehmen, wenn die AGB mit ***wesentlichen Grundgedanken*** der gesetzlichen Regelungen, von denen sie abweichen, nicht zu vereinbaren sind. Demnach dürfen die AGB ***nicht überraschend*** sein oder die Erreichung des Vertragszweckes gefährden, weil sie wesentliche Rechte oder Pflichten, die sich aus der Natur des Vertrages ergeben, zu stark einschränken.

*Klauselverbote*

In den §§ 308, 309 BGB sieht das Gesetz einen umfangreichen ***Katalog*** von Klauselverboten vor, die im Detail regeln, welche Bestimmungen in AGB unwirksam sind. Demnach verbleibt für den Unternehmer bei der Gestaltung seiner AGB – insbesondere gegenüber ***Verbrauchern*** (Privatpersonen) – nur ein enger Spielraum. Die zum Teil berechtigte Angst vor dem Kleingedruckten wird relativiert, weil die AGB im Zweifel bei allzu großer Benachteiligung ***unwirksam*** sind.

## 1.2.4 Besonderheiten bei Unternehmen/Kaufleuten

*Weniger schutzwürdig*

Da Kaufleute weniger schutzwürdig sind, gelten gemäß § 310 Absatz 1 BGB die Verbraucherschutzbestimmungen der §§ 305 Absatz 1, Absatz 3 und die §§ 308, 309 im Verhältnis zu Unternehmen nicht.

*Konkludente Einbeziehung*

Auch bei Unternehmen ist eine ***rechtsgeschäftliche Einbeziehung*** in den Vertrag notwendig. Die bloße Kenntnis des Kunden, dass der Geschäftspartner AGB verwendet, ist daher nicht ausreichend. Eine ausdrückliche, unmittelbare Einbeziehung des AGB-Textes ist aber nicht erforderlich, so dass die AGB auch zum Vertragsbestandteil werden, wenn auf sie lediglich verwiesen wird, ohne dass die AGB dem maßgeblichen Schreiben – z. B. einer Auftragsbestätigung – als Anhang beiliegen. Für die Einbeziehung von AGB in einen Vertrag genügt jede – auch stillschweigende – Willenserklärung. Diese Einbeziehung durch ***schlüssiges*** (konkludentes) ***Verhalten*** setzt lediglich voraus, dass der Verwender erkennbar auf die AGB verweist. Es bedarf also ***konkreter Hinweise*** – beispielsweise ein deutlicher Aushang im Ladenlokal oder auf der Internetseite. Hinweise, die aber nicht erst nach, sondern vor Vertragsschluss erfolgen müssen. Allein die ***Branchenüblichkeit*** von AGB kann für deren Einbeziehung in den Vertrag ausreichen. Allerdings ist eine solche Branchenüblichkeit nur in bestimmten Fällen (etwa bei Banken) anerkannt.

Für die ***Inhaltskontrolle*** gilt bei Kaufleuten nur die Generalklausel des § 307 BGB, jedoch haben die konkreten Klauselverbote der §§ 308, 309 BGB die Bedeutung von Indizien für eine unangemessene Benachteilung im Sinne von § 307 BGB. Bei der ***Kollision*** von wechselseitig verwandten AGB sind nur die übereinstimmenden Klauseln wirksam vereinbart.

# 2 Digitale Signatur und elektronische Form

*Formlose Rechtsgeschäfte*

Die gängigsten Rechtsgeschäfte des E-Commerce, insbesondere der Kauf von Waren und die Bestellung von Dienstleistungen, sind in der Regel formlos, also ohne Beachtung der Schriftform, möglich. Die ***Schriftform*** ist nur bei besonderen Geschäften wie Grundstückskauf oder Bürgschaftsvertrag notwendig.

*Elektronische Form*

Ein ***Schriftformersatz*** steht mit der sogenannten „elektronischen Form" gemäß § 126 a BGB zur Verfügung, die technisch mit der qualifizierten digitalen Signatur erfüllt werden kann. So kann ein Vertrag, für den die Schriftform vorgeschrieben ist, auch online geschlossen werden.

## 2.1 Erweiterung der Formvorschriften

*Schriftformerfordernis*

Für eine Vielzahl rechtsgeschäftlicher Handlungen schreiben gesetzliche Bestimmungen die Schriftform vor. So etwa für die Ausübung des Vorkaufsrechts durch den Mieter gem. § 577 Abs. 3 BGB, für die Kündigung des Arbeitsvertrages gem. § 623 BGB, für die Bürgschaftserklärung gem. § 766 BGB oder für das Schuldanerkenntnis gem. § 781 BGB, um nur einige Beispiele zu nennen. Dies geschieht, um den Erklärenden vor ***unüberlegten*** Handlungen zu bewahren.

*Elektronische Willenserklärungen*

Längst hat die digitale Realität aber auch die Papierkommunikation erfasst. Im modernen Rechts- und Geschäftsverkehr werden rechtsgeschäftliche Handlungen immer häufiger durch elektronische Willenserklärungen vorgenommen. Es war deshalb an der Zeit, Vorschriften zu schaffen, die es gestatten, die gesetzliche Schriftform auch durch eine elektronische Form zu erfüllen.

*Gesetzliche Regelung*

Zu diesem Zweck ist am 01.08.2001 das „Gesetz zur Anpassung der Formvorschriften des Privatrechts und anderer Vorschriften an den modernen Rechtsgeschäftsverkehr" in Kraft getreten (BGBl I 2001, 1542). Das Gesetz dient der teilweisen Umsetzung von zwei ***EG-Richtlinien*** (Richtlinie 1999/93/EG über die gemeinschaftlichen Rahmenbedingungen für elektronische Signaturen vom 13.12.1999, und Richtlinie 2000/31/EG über den elektronischen Geschäftsverkehr vom 08.06.2000).

*Zivilprozessordnung*

Neben der im Vordergrund stehenden Schaffung einer neuen elektronischen Form reformiert das Gesetz auch die Bestimmungen der Zivilprozessordnung (ZPO) und anderer Verfahrensordnungen, um auch hier die neuen elektronischen Kommunikationswege einzuführen. Die elektronische Signatur soll mit der handschriftlichen Unterschrift gleichgestellt werden und die elektronische Form im Gerichtsverfahren als ***Beweismittel*** neben den Urkundsbeweis treten.

## 2.2 Probleme des E-Commerce

*Fehlende Akzeptanz*

Die sichere Integration der rechtsgeschäftlichen Handlungen in die neuen Medien ist eine wesentliche Voraussetzung für den Ausbau des E-Commerce. Dieser leidet in der Praxis unter den großen Vorbehalten in weiten Teilen der Bevölkerung gegenüber der Informationsgesellschaft. Ursprünglich bezweckte der Gesetzgeber durch die Einführung der neuen Formvorschriften, eine bessere ***Vertrauensbasis*** für die Akzeptanz virtueller Rechtsgeschäfte beim Endkunden zu schaffen.

*Schubwirkung der digitalen Signatur*

In der Praxis konnte sich die digitale Signatur allerdings bisher nicht durchsetzen, weil ihr ein weit verbreitetes Trägermedium – etwa die EC-Karte oder der Personalausweis – fehlt. Flankierende staatliche Maßnahmen zur Verwirklichung der Intention des Gesetzgebers – etwa ein neuer Personalausweis mit digitaler Signatur – sind nicht in Sicht. Folglich ist auch die Schubwirkung der digitalen Signatur für den elektronischen Handel bislang ausgeblieben.

*Vertrauensbildende Maßnahme*

Die Konkurrenz zur kulturell akzeptierten Unterschrift und den herkömmlichen Einkaufs- und Dienstleistungsformen machte eine Unterstützung des elektronischen Handels durch gesetzliche Bestimmungen erforderlich. Die psychologische Wirkung als vertrauensbildende Maßnahme scheint denn auch der ***Hauptzweck*** des Formänderungsgesetzes zu sein. Dagegen sind die neuen Formvorschriften nach Schätzungen nur für ca. 5 % der elektronischen Rechtsgeschäfte relevant.

*Gesetzliche Umsetzung*

Zur Umsetzung der Schriftform im elektronischen Rechts- und Geschäftsverkehr wurden in das BGB die sogenannte ***elektronische Form*** gem. § 126a BGB und die sogenannte ***Textform*** gem. § 126b BGB neu aufgenommen.

## 2.3 Die elektronische Form

*Online-Geschäfte*

Soll die gesetzlich vorgeschriebene Schriftform durch die elektronische Form ersetzt werden – z. B. weil die Beteiligten eine rechtliche Erklärung oder einen Vertrag über das Internet schließen wollen – so muss das Rechtsgeschäft gem. § 126a Abs. 1 BGB mit einer ***qualifizierten elektronischen Signatur*** nach dem Signaturgesetz (SigG) ausgeführt werden.

*Schriftformersatz*

In allen Fällen, in denen das Gesetz die Schriftform verlangt und die elektronische Form ***nicht ausdrücklich ausgeschlossen*** ist, ist sie der herkömmlichen Unterschrift gleichgestellt und erfüllt das Schriftformerfordernis des § 126 BGB.

*Gesetzliche Verbote*

Die Schriftform kann jedoch gem. § 126 Abs. 3 BGB nur dann durch die elektronische Form ersetzt werden, wenn sich nicht aus dem Gesetz etwas anderes ergibt. So bestimmen die §§ 623, 781 oder 766 BGB zwar das Schriftformerfordernis für die Kündigung des Arbeitsvertrages, das Schuldanerkenntnis und die Bürgschaftserklärung. Sie bestimmen aber gleichzeitig, dass die Rechtsgeschäfte nicht in elektronischer Form vorgenommen werden dürfen. In diesen Fällen muss es bei der herkömmlichen Schriftform verbleiben.

*Misstrauen des Gesetzgebers*

Die Ausnahmen von der Zulässigkeit der elektronischen Form sind verhältnismäßig zahlreich, was von Seiten des Gesetzgebers mit der ***Rechtssicherheit*** des Erklärungsempfängers, der Warnfunktion und der mangelnden Verankerung im Bewusstsein der Menschen begründet wird. Hier zeigt der Gesetzgeber selbst ein gehöriges Maß an Misstrauen, das zur Vertrauensbildung in der Bevölkerung nicht beitragen kann.

*Pendant zur Unterschrift*

Trotzdem bleibt festzuhalten, dass es seit der Gesetzesnovelle für den elektronischen Rechtsverkehr ein Pendant zur handschriftlichen Unterschrift gibt, das in zahlreichen Fällen eingesetzt werden kann.

## 2.4 Technische Voraussetzungen nach dem Signaturgesetz

*Signaturgesetz (SigG)*

Die technischen Rahmenbedingungen für die elektronische Signatur regelt das SigG. Am 22.05.2001 ist das ursprüngliche SigG von 1997 in stark veränderter Form neu in Kraft getreten (BGBl I, 876).

*Qualifizierte elektronische Signatur*

Gem. § 126a BGB ist Voraussetzung für die elektronische Form und damit für die Ersetzung der Schriftform der technische Einsatz einer qualifizierten elektronischen Signatur, deren genaue Anforderungen in § 2 Nr. 2 u. 3 SigG geregelt sind. Danach muss die qualifizierte elektronische Signatur,

- ausschließlich dem Signaturschlüsselinhaber zugeordnet sein
- die Identifizierung des Signaturschlüsselinhabers ermöglichen
- mit Mitteln erzeugt werden, die der Signaturschlüsselinhaber unter seiner alleinigen Kontrolle halten kann
- mit den Daten, auf die sie sich bezieht, so verknüpft sein, dass eine nachträgliche Veränderung der Daten erkannt werden kann
- auf einem zum Zeitpunkt ihrer Erzeugung gültigen, qualifizierten Zertifikat beruhen
- mit einer sicheren Signaturerstellungseinheit erzeugt werden.

Rechtlich betrachtet ist die elektronische Signatur eine elektronische Unterschrift des Erklärenden. Dieser Begriff ist jedoch missverständlich, denn es handelt sich gerade nicht um ein gescanntes Abbild der eigenhändigen Unterschrift.

*Sichere Zuordnung*

Technisch betrachtet handelt es sich bei der elektronischen Signatur nicht um eine Unterschrift, sondern um die eindeutige und sichere Zuordnung eines elektronischen Dokuments zu seinem Aussteller unter Gewährleistung eines unverfälschten Inhalts.

*Asymmetrische Verschlüsselung*

Die elektronische oder digitale Signatur arbeitet mit sogenannter asymmetrischer Kryptographie, also mit einer Verschlüsselungsmethode, die gleichzeitig einen geheimen, privaten und einen öffentlichen Schlüssel (private und public key) einsetzt. Im Gegensatz zur symmetrischen Verschlüsselungsmethode, bei der die Verschlüsselung und die Entschlüsselung durch den Einsatz eines identischen Schlüssels durchgeführt werden.

*Smart-Card*

Der private Schlüssel für die elektronische Signatur ist auf einer sogenannten Smart-Card abgespeichert, die einer Scheckkarte ähnelt und wie diese durch Zusatzgeräte gelesen werden kann. Im Idealfall wäre die elektronische Signatur durch die flächendeckende Ausstattung der PC mit zusätzlichen ***Lesegeräten*** universell einsetzbar. Gesichert wird die Smart-Card durch eine zusätzliche ***PIN***.

*Privater und öffentlicher Schlüssel*

Soll ein elektronisches Dokument mit der digitalen Signatur versehen werden, so wird es mit dem ***privaten Schlüssel*** des Absenders auf der Smart-Card bearbeitet. Der Empfänger entschlüsselt das signierte Dokument durch einen passenden, ***öffentlichen Schlüssel***, den er aus einem frei zugänglichen Verzeichnis, das von der Zertifizierungsstelle geführt werden muss, erhält. Der Empfänger kann durch den Einsatz des öffentlichen Schlüssels überprüfen, von welchem Absender das Dokument stammt, denn nur dieser besitzt den eingesetzten privaten Schlüssel (***Authentizität***). Überprüfbar ist auch, ob der Inhalt unverfälscht ist (***Integrität***). Allerdings ist der öffentliche Schlüssel für jedermann frei zugänglich, so dass zusätzlich eine Verschlüsselung mit dem öffentlichen Schlüssel des Empfängers erfolgt. Diese Entschlüsselung kann nur mit dem privaten Schlüssel des Empfängers erfolgen, über den nur dieser selbst verfügt. Das Dokument kann so nur durch den Empfänger gelesen werden (***Vertraulichkeit***).

*Detailregelung*

Die technischen und organisatorischen Fragen, also insbesondere, wie die Fälschungssicherheit gewährleistet wird, wer die Signaturen vergeben darf und unter welchen Voraussetzungen die ***Zertifizierungsstellen*** haften, sind im SigG detailliert geregelt.

## 2.5 Die Textform

*Deutsche Besonderheit*

Während die Einführung der elektronischen Form von der europäischen Ebene vorgegeben war, wird die sogenannte Textform von keiner EG-Richtlinie verlangt, sondern ist eine eigenständige Schöpfung des deutschen Gesetzgebers.

*Information und Dokumentation*

Zweck der Textform ist wie bei der elektronischen Form die ***Ersetzung der Schriftform***, sofern dies gesetzlich ausdrücklich vorgeschrieben ist. Der Gesetzgeber wollte mit der Textform in allen Fällen, in denen die Schriftform für überflüssig gehalten wird, eine Vereinfachung herbeiführen. Sie soll eine Informations- und Dokumentationsfunktion erfüllen.

*Fragwürdiger Zweck*

Fraglich ist allerdings, warum statt Einführung der Textform das Formerfordernis nicht gänzlich abgeschafft wurde, da es doch offensichtlich keiner besonderen Form bedarf. Die Textform wird deshalb von einer weit verbreiteten Meinung für ***überflüssig*** gehalten.

*Schriftform ohne Beweisqualität*

Kritisiert wird die Textform vor allem, weil sie im Gefüge der bisherigen Formvorschriften einen ***Systembruch*** darstelle. Einerseits soll sie die Schriftform in den gesetzlich bestimmten Fällen ersetzen können, andererseits erfüllt eine Erklärung in Textform aber nicht die Urkundsqualität, so dass mit der Verwendung der Textform als prozessrechtliche Konsequenz immer der ***Verlust der Beweisqualität*** in einem etwaigen Gerichtsverfahren verbunden ist. Unter diesem Gesichtspunkt kann man die Verwendung der Textform nicht anraten.

*Gesetzlicher Anwendungskatalog*

Die gesetzliche Anwendung der Textform ist im wesentlichen auf Fälle beschränkt, in denen es um die ***Information des Empfängers*** geht. Sie ist als optionaler Ersatz für die Schriftform gesetzlich vorgesehen z. B. in § 651g Abs. 2 Satz 3 BGB für die Zurückweisung von Ansprüchen des Reisenden oder in § 355 Abs. 1 Satz 2 BGB für den Widerruf von Verbraucherverträgen, um nur einige Beispiele der zahlreichen, gesetzlichen Verwendungen zu nennen.

*Dauerhafte Wiedergabe*

Die Voraussetzungen der Textform sind gem. § 126b BGB erfüllt, wenn die Erklärungen in einer Urkunde oder in einer anderen zur dauerhaften Wiedergabe in Schriftzeichen geeigneten Weise abgegeben werden. Grundsätzlich kann die flüchtige ***Bildschirmanzeige*** allein nicht genügen, um dem Erfordernis der „*dauerhaften* Wiedergabe" zu genügen. Wohl aber genügt jede Papierform (***Brief, Fax***), dauerhafte Datenträger (***E-Mail***, Diskette oder CD-Rom) oder der vollzogene ***Download***.

*Dauerhafter Datenträger*

Laut Gesetzesbegründung meint Textform eine Pflicht zur ***Verkörperung*** auf einem dauerhaften Datenträger, die etwa durch Erfassung und Versendung per E-Mail erfüllt wird. Der früher vom Gesetzgeber vereinzelt verwendete Begriff des dauerhaften Datenträgers ist lediglich im Interesse einer einheitlichen Begrifflichkeit aufgehoben worden und der Textform gewichen (BT-Drucksache 14/7052, S. 191). § 361a BGB a. F. schreibt für die Information über das Widerrufsrecht bei Verbraucherverträgen noch eine Mitteilung auf einem dauerhaften Datenträger vor, während § 355 BGB n. F. die Textform bestimmt.

*Schutzzweck der Norm*

Trotz der Gesetzesänderung bleiben also die bisherigen Feststellungen der ***Rechtsprechung*** zum Begriff des dauerhaften Datenträgers gültig. Danach hatten sich die Anforderungen an den dauerhaften Datenträger an Sinn und Zweck der Norm zu orientieren, welche die Informationspflicht anordnet. Die Wiedergabe der Information ist für eine den Erfordernissen des Rechtsgeschäfts entsprechenden Zeit zu ermöglichen. Hierbei kann sogar die Abbildung der Information auf der Homepage ausreichend sein, wenn die Informationen nach dem Rechtsgeschäft vom Verbraucher nicht mehr benötigt werden (OLG München Urteil vom 25.01.2001, AZ 29 U 4113/00). Demnach wäre im Ausnahmefall, wenn der Schutzzweck der Norm es zulässt, auch die ***bloße Bildschirmanzeige*** für die Textform ausreichend.

Den Anforderungen an die ***Lesbarkeit*** wird bereits genügt, wenn der Empfänger den Text auf seinem Bildschirm lesen kann (BT-Drucksache 14/4987, S. 19).

*Download*

Die Anforderungen an die Downloadmöglichkeit sind umstritten. Nach der Gesetzesbegründung reicht sie wohl nur aus, wenn es tatsächlich zu einem Download kommt (LG Kleve NJW-RR 2003, 196; BT-Drucksache 14/2658, S. 40). Wer hier sicher gehen will, muss die Downloadmöglichkeit in den Programmablauf integrieren und sich den Erhalt und die Lesbarkeit der heruntergeladenen Information durch einen interaktiven Dialog mit dem User ***bestätigen*** lassen.

*Ausdruck*

Ein Ausdruck ist nicht erforderlich, sondern liegt in der Entscheidung des Empfängers. Die bloße Möglichkeit wird auch hier nicht ausreichend sein, vielmehr muss ein Ausdruck tatsächlich vollzogen werden.

*Nennung des Erklärenden*

Weiter verlangt § 126b BGB zur Erfüllung der Textform, dass die Person des Erklärenden genannt werden muss, was nicht nur durch eine eigenhändige, sondern auch durch eine technisch hergestellte Unterschrift erfüllt werden kann. Demnach genügt bei der elektronischen Kommunikation das ***Einscannen*** der Unterschrift. Ausreichend ist allerdings auch die Nennung der Person im Briefkopf oder Inhalt des Textes. Dabei muss nicht der volle, bürgerliche Name verwendet werden, sondern es genügt eine Abkürzung, der Vorname, Spitzname oder auch ein Logo.

*Erkennbarer Abschluss*

Schließlich verlangt § 126b BGB, den Abschluss der Erklärung in geeigneter Weise erkennbar zu machen, wofür zweckmäßigerweise die Unterschrift am besten geeignet ist. Es genügt aber auch ein Abschluss lediglich durch eine Grußformel oder ein Datum.

## 2.6 Beweisführung mit der elektronischen Form

*Vergleichbare Beweisfunktion*

Die Einführung neuer Formtatbestände muss sich zwangsläufig auch im ***gerichtlichen Verfahren*** auswirken. An die qualifizierte, digitale Signatur als Voraussetzung für die Erfüllung der elektronischen Form stellt das Signaturgesetz hohe, technische Sicherheitsanforderungen, so dass die ***Fälschungssicherheit*** unter Fachleuten höher eingestuft wird, als bei einem handschriftlich unterschriebenen Schriftstück. Daher muss einem Dokument, das die Voraussetzungen der elektronischen Form gem. § 126a BGB erfüllt, im gerichtlichen Verfahren eine vergleichbare Beweisfunktion wie einem schriftlichen Dokument zukommen.

*Vollbeweis der Urkunde*

Gem. § 416 ZPO erbringen unterschriebene Schriftstücke als Privaturkunden den Vollbeweis dafür, dass der Erklärungsinhalt des Schriftstückes vom Unterzeichner stammt. Man spricht auch vom Vollbeweis der Urkunde, was bedeutet, dass die freie Beweiswürdigung des Gerichts gem. § 286 ZPO eingeschränkt ist. Das Gericht kann die Unterschrift des Schriftstückes nicht frei würdigen, hat also bezüglich ihrer Echtheit ***keinen Ermessensspielraum***. Hierin liegt die besondere Beweiskraft unterschriebener Schriftstücke.

*Anscheinsbeweis*

Der Gesetzgeber konnte sich nicht dazu entschließen, Dokumente in elektronischer Form gem. § 126a BGB mit der gleichen Beweiswirkung wie Urkunden, also dem Vollbeweis auszustatten. Jedoch erbringt die elektronische Form gem. § 292a ZPO den ***Anscheinsbeweis für die Echtheit*** des elektronischen Dokuments, also dafür, dass die in ihr enthaltene Willenserklärung vom Inhaber der digitalen Signatur stammt. Es gilt damit eine gesetzliche Vermutung (Beweisregel) für die Echtheit der Urkunde. Dieser Anschein wird nur durch Tatsachen erschüttert, die gem. § 292a ZPO ernstliche Zweifel daran begründen, dass die Erklärung mit dem Willen des Signaturschlüsselinhabers abgegeben wurde. Zugute kommt die ***Beweisvermutung*** in erster Linie dem Empfänger eines digital-signierten Dokuments, z. B. einer E-Mail, da er sich darauf verlassen darf, dass die E-Mail auch von dem Unterzeichner stammt.

*Nichtsignierte Mails*

Gem. § 292a ZPO erfordert der dortige Anscheinsbeweis eine qualifizierte, digitale Signatur. Im Umkehrschluss folgt damit zugleich, dass ein entsprechender Anscheinsbeweis bei nicht signierten E-Mails ausscheidet.

*Nachweis über die Identität*

Grund für die Beweisvermutung ist der technische Hintergrund der qualifizierten, digitalen Signatur gem. § 2 Nr. 3 SigG, deren Erteilung gem. § 5 Abs. 1 SigG nur ***personenbezogen*** erfolgt. Wird ein elektronisches Dokument mit dieser personenbezogenen Signatur versehen, so ist dies folglich auch ein Nachweis über die Identität des Ausstellers. Die Zertifizierungsstelle hat bei der Vergabe der digitalen Signatur diese Identität des Inhabers zu überprüfen, etwa anhand seines Personalausweises. Damit wird der Absender einer signierten E-Mail i. d. R. nicht behaupten können, die E-Mail stamme nicht von ihm, weil die digitale Signatur nicht an ihn, sondern an eine andere Person vergeben worden sei.

*Beweis-erschütterung*

Nach dem Wortlaut des § 292a ZPO genügt für die Erschütterung des Anscheinsbeweises aber der konkrete Vortag von Tatsachen, die in Zweifel ziehen, dass die Erklärung mit dem Willen des Schlüsselinhabers abgegeben wurde. Somit kann der Signaturinhaber beispielsweise einwenden, Mitarbeiter oder Familienangehörige seien vom ihm ermächtigt worden, über den Signaturschlüssel zu verfügen, daher stamme die Erklärung in der E-Mail nicht von ihm. Der Signaturinhaber hat so die Möglichkeit, die Beweisvermutung des § 292a ZPO zu erschüttern, zumal er hierfür keinen vollen Gegenbeweis führen muss. Es genügt, konkrete Umstände nachzuweisen, aus denen sich ernstliche Zweifel ergeben, wobei an die Zweifel ***keine hohen Anforderungen*** gestellt werden sollten.

*Augenscheins-beweis*

Die Beweisführung mit elektronischen Dokumenten im gerichtlichen Verfahren erfolgt gem. § 371 Abs. 1 Satz 2 ZPO nicht im Wege des Urkundsbeweises, sondern im Wege des Augenscheinsbeweises, also durch Vorlegung oder Übermittlung der entsprechenden Datei. Dies gilt für alle elektronischen Dokumente gleichermaßen, unabhängig davon, ob sie der elektronischen Form gem. § 126a BGB entsprechen oder nicht.

## 2.7 Übermittlung von Schriftsätzen im Gerichtsverfahren

*Per Fax*

Gem. § 130 Nr. 6 ZPO können die vorbereitenden Schriftsätze im gerichtlichen Verfahren auch per ***Telefax*** (das Gesetz spricht auch von Telekopie), versehen mit einer Unterschrift in Kopie, versendet werden. Es bedarf also ***keiner eigenhändigen*** Unterschrift, was faxalisch auch nicht zu leisten wäre. Insofern unterscheiden sich die Anforderungen des § 130 Nr. 6 ZPO an das Unterschriftserfordernis elementar von denen des § 126 BGB. Beim ***Computerfax***, wo eine papierene Ausfertigung nicht erzeugt wird, lässt die Rechtsprechung auch eine ***gescannte Unterschrift*** ausreichen (Entscheidung des gemeinsamen Senats der obersten Gerichtshöfe des Bundes vom 05.04.2000, GmS-OGB 1/98, NJW 2000, 2340). Was der Gesetzgeber unter dem Begriff der ***Telekopie*** versteht, ist weitgehend unklar, vermutlich ist hiermit nur das Telefax und Computerfax in Abgrenzung zu den elektronischen Dokumenten (E-Mail) gem. § 130a ZPO gemeint (BT-Drucksache 14/6044 S. 2).

*Per Telgramm und Telex*

Neben dem Fax ist auch für Telgramm und Telex die Ausnahme vom Unterschriftserfordernis anerkannt, so dass auch hier eine ***maschinenschriftliche Wiedergabe*** des Namenszuges am Ende des Textes ausreicht(BVerwG NJW 56, 605).

*Per E-Mail*

Die Übermittlung von Schriftsätzen im Gerichtsverfahren kann neuerdings auch per E-Mail erfolgen, sofern gem. § 130a Abs. 1 ZPO hierfür eine ***qualifizierte Signatur*** zum Einsatz kommt. Nach dem Wortlaut der Bestimmung handelt es sich ebenso wie bei § 130 ZPO um eine ***Soll-Vorschrift***. Daraus kann jedoch nicht geschlossen werden, dass für den Übermittlungsweg per E-Mail der Einsatz der qualifizierten Signatur im Belieben des Versenders stünde. Vielmehr ist die Vorschrift nach den Vorstellungen des Gesetzgebers ebenso als Muss-Vorschrift zu verstehen, wie auch bislang schon die Rechtsprechung zu § 130 Nr. 6 ZPO die handschriftliche Unterzeichnung ohne Zuhilfenahme technischer Hilfsmittel als ***zwingend*** angesehen hat (BGH NJW 62, 1505; 76, 966), es sei denn, die Beifügung der Unterschrift ist beim Einsatz von Telekommunikationsmedien wie dem Telefax ausgeschlossen (Niederschrift der 765. Sitzung des Bundesrates vom 22.06.2001, S. 322).

*Notwendige Rechtsverordnung*

Damit besteht nach den gesetzlichen Bestimmungen zumindest die theoretische Möglichkeit, Schriftsätze per E-Mail zu versenden, sofern die qualifizierte, digitale Signatur eingesetzt wird. In der Praxis des Gerichtsverfahrens ist das Internetzeitalter allerdings noch längst nicht eingekehrt. Gem. § 130a Abs. 2 ZPO bestimmen die Bundesregierung und die Landesregierungen durch Rechtsverordnung den Zeitpunkt, von dem an elektronische Dokumente bei den Gerichten eingereicht werden können. Entsprechende Rechtsverordnungen sind bisher nur vereinzelt ergangen (Bund vom 26.11.2001, BGBl I, 3225; Hamburg vom 9.4.2002, GVBl 41)

*Praktische Wirklichkeit*

Der virtuelle Schriftverkehr kann darüberhinaus erst dann Wirklichkeit werden, wenn die entsprechenden, technischen Voraussetzungen bei den Gerichten geschaffen wurden. Hierzu gehört vor allem die Anschaffung der notwendigen Computer mit Internetzugang sowie die flächendeckende Einführung der qualifizierten, digitalen Signatur und Installation entsprechender Entschlüsselungssoftware. Über diese technischen und finanziellen Hürden hinaus bestehen auch große ***organisatorische Hindernisse***. Die Bundesregierung und 16 Landesregierungen müssen sich auf einheitliche Standards, vor allem hinsichtlich Software und Dateiformaten einigen.

*Einheitliche elektronische Aktenordnung*

Überdies muss die aufwendige Umstellung der Aktendordnung des Papierzeitalters in eine elektronische Dokumentenverwaltung erfolgen, ebenso wie bei den Wirtschaftsunternehmen die Umstellung auf das papierfreie Büro. Dabei ergeben sich zahlreiche Fragestellungen, etwa, wie künftig das ***Akteneinsichtsrecht*** durchzuführen ist oder ob in Zukunft die Papierakte oder die elektronisch verfügbaren Dokumente den rechtsverbindlichen und entscheidungserheblichen Erklärungsinhalt der Gerichtsakte bilden. Dabei sind die Sicherheitsanforderungen für die Gerichte besonders hoch, da sie jederzeit gewährleisten müssen, dass alle Akteninhalte dauerhaft und vollständig vorhanden bleiben. Notwendig hierfür ist die Schaffung einer neuen ***bundeseinheitlichen Aktenordnung***, die alle Erfordernisse des virtuellen Zeitalters berücksichtigt. In diesem Sinne hat die Justizministerkonferenz eine Kommission gebildet, die den Weg für den Erlass einer einheitlichen Verordnung nach § 130a Abs. 2 Satz 1 ZPO ebnen soll. Die entsprechende Rechtsverordnung ist jedoch bisher ***noch nicht ergangen***.

*Zustellungsreformgesetz*

Am 01.07.2002 ist das Zustellungsreformgesetz (BGBl I 2001, 1206) in Kraft getreten, wodurch auch die Zustellung von Schriftsätzen durch ***Telekopie*** bzw. durch ***E-Mail*** gem. § 174 Abs. 2

und 3 ZPO ermöglicht wird. Während § 174 Abs. 2 ZPO für die Zustellung per Telefax keine besonderen Voraussetzungen statuiert, verlangt § 174 Abs. 3 ZPO für die Zustellung per E-Mail wiederum den Einsatz der ***qualifizierten digitalen Signatur***. Auch in Zukunft wird deshalb der Einsatz des Telefax dominieren und die E-Mail-Zustellung die Ausnahme bleiben, da sie unter wesentlich höheren Anforderungen steht. Überdies ist die technische Ausrüstung der Gerichte mit Telefaxgeräten flächendeckend, was für den Einsatz der qualifizierten digitalen Signatur nicht behauptet werden kann.

*Fazit*

Zusammenfassend kann festgestellt werden: Sowohl die Beweisführung mit elektronischen Dokumenten, wie auch die Übermittlung elektronischer Schriftsätze im Gerichtsverfahren ist in der Zivilprozessordnung gesetzlich verankert. Die praktische Umsetzung kann aber erst dann Wirklichkeit werden, wenn eine flächendeckende Verbreitung der digitalen Signatur sowohl bei den Gerichten, wie auch bei der Anwaltschaft in Verbindung mit einer elektronischen Aktenordnung erfolgt sind.

# 3 Online-Handel

## 3.1 Allgemeine Informationspflichten

Bei den gesetzlichen Vorschriften zum Vertragsschluss hat sich gezeigt, das Recht muss für den Onlinebereich nicht neu erfunden werden, es sind jedoch viele Spezialregelungen ergänzend zu beachten. Im Folgenden sollen die speziellen Pflichten und Rahmenbedingungen beim Webauftritt und dem Handel in Netzwerken wie dem Internet erörtert werden.

### 3.1.1 Impressumspflicht

*Missstand*

Speziell im Internet gibt es nach wie vor viele Anbieter, die zwar gewerblichen Handel betreiben, aber weder eine ladungsfähige Anschrift noch sonstige Kontaktdaten angeben, um im Falle von fehlerhaften Produkten oder Schadensersatzansprüchen nicht greifbar zu sein. Dieser Missbrauch trifft in erster Linie den ahnungslosen Verbraucher, der in der Folge seine berechtigten Ansprüche nicht durchsetzen kann. Schaden nimmt aber auch die redliche Konkurrenz, die durch die Beachtung der handelsrechtlichen Pflichtangaben ***Wettbewerbsnachteile*** gegenüber den „***schwarzen Schafen***" in Kauf nehmen muss.

*Reaktion des Gesetzgebers*

Der Gesetzgeber hat auf die Missstände reagiert und für den Bereich der Teledienste (Internet) eine ganze Reihe von ***Kontaktdaten verbindlich*** vorgeschrieben, um die ***Erreichbarkeit*** für Verbraucher und Geschäftspartner zu sichern und einen fairen Wettbewerb zu ermöglichen.

*Begriff*

Begrifflich hat sich die Bezeichnung der notwendigen Kontaktdaten als „***Impressumspflichten***" im Onlinebereich durchgesetzt, während der Gesetzgeber gemäß § 6 Teledienstegesetz (TDG) von ***allgemeinen Informationspflichten*** spricht.

### 3.1.1.1 Anwendungsbereich

Die Impressumspflichten gelten gemäß § 6 TDG für alle ***geschäftsmäßigen Teledienste***.

*Definition Teledienste*

Teledienste sind gemäß § 2 Abs. 1 TDG alle elektronischen Informations- und Kommunikationsdienste, die für eine individuelle Nutzung von kombinierbaren Daten, wie Zeichen, Bilder oder Töne, bestimmt sind und denen eine Übermittlung mittels Telekommunikation zugrunde liegt. Hierunter fallen gemäß § 2 Abs. 2 TDG alle bekannten Angebote zur Nutzung des Internets oder anderer Netzwerke, z. B. Webshops, Onlinebanking, Angebote aus dem Bereich der Individualkommunikation, die dem Datenaustausch dienen etc.

*Abgrenzung zu Mediendiensten*

Erfasst vom Begriff des Teledienstes sind auch ***individuelle Informationsangebote***, soweit nicht die redaktionelle Gestaltung zur Meinungsbildung für die Allgemeinheit im Vordergrund steht (wie z. B. bei Nachrichten, Verkehrs- und Wetterdaten etc.), da man diese dem Bereich der Mediendienste im Sinne von § 2 Abs. 1 Satz 1 Mediendienste-Staatsvertrag (MDStV) zurechnet. Abzugrenzen ist der Teledienst also zunächst zum Mediendienst.

*Impressumspflicht für Mediendienste*

Während der Teledienst begrifflich nur individuelle Angebote für einzelne erfasst, meint Mediendienst alle an die ***Öffentlichkeit*** gerichteten Informationsangebote. Die Abgrenzung ist in der Praxis nur schwer zu ziehen, da fast alle Internetangebote eine ***Mischform*** dieser Begriffsdefinitionen enthalten. Die Abgrenzung ist vorliegend aber nicht wesentlich, da auch die Mediendienste einer Impressumspflicht gemäß § 10 Abs. 1 MDStV unterliegen.

*Abgrenzung zu TK-Diensten*

Abzugrenzen ist der Teledienst insbesondere auch gegenüber den klassischen TK-Dienstleistungen mit ihrer transportbezogenen und infrastrukturellen Ausrichtung, insbesondere die Bereitstellung von Übertragungswegen. Diese TK-Dienste sind ebenso wie die ***Rundfunkdienste*** gemäß § 2 Abs. 4 TDG vom Begriff des Teledienstes ausdrücklich ausgeschlossen.

*Geschäftsmäßigkeit*

Die Impressumspflicht gilt nur für „***geschäftsmäßige***" Teledienste. Geschäftsmäßigkeit liegt nach der Gesetzesbegründung vor, wenn das Angebot auf einer „***nachhaltigen***" Tätigkeit beruht, was nicht zwingend eine ***Gewinnerzielungsabsicht*** voraussetzt. Sofern ein wirtschaftliches Interesse verfolgt wird, wird man jedoch zwangsläufig auch von einer Geschäftsmäßigkeit ausgehen können. Hierfür genügt bereits eine Werbetätigkeit, wie Bannerwerbung.

*Private Homepage*

Allerdings ist der Begriff der Geschäftsmäßigkeit weiter als der Begriff „***gewerbsmäßig***". Entscheidend für die Geschäftsmäßigkeit ist, ob nicht nur eine gelegentliche Betätigung vorliegt. Rein private Homepages jedenfalls unterfallen nicht der Impressumspflicht, auch wenn sie dauerhaft im Netz stehen.

Bei gemeinschaftlich betriebenen Internetseiten gelten alle Beteiligten als Diensteanbieter, sodass jeder seine vollständigen Kontaktdaten angeben muss.

*Ausländische Anbieter*

Die Impressumspflicht gilt auch für ausländische Anbieter (etwa die englische Ltd. oder die amerikanische Inc.), sofern sie über das Internet an ***deutsche Kunden*** herantreten. Ausländische Firmen, die in Deutschland keine Niederlassung betreiben, haben dann die entsprechenden ***ausländischen Kontaktdaten***, etwa die Eintragungsnummern ihrer heimischen Handelsregister, anzugeben. Dies ergibt sich bereits daraus, dass die Impressumspflichten nach § 6 TDG auf die E-Commerce-Richtlinie, also europäisches Recht, zurückgehen (LG Frankfurt 312 O 151/02 vom 28.03.2002).

### 3.1.1.2 Katalog der Einzelpflichten

Im Einzelnen haben Teledienste gemäß § 6 TDG im Internet mindestens die nachfolgenden Informationen auf ihrer Seite bereitzuhalten:

- den ***Namen*** und die ***Anschrift***, unter der sie niedergelassen sind, bei juristischen Personen zusätzlich den ***Vertretungsberechtigten***
- Angaben, die eine schnelle elektronische Kontaktaufnahme und unmittelbare Kommunikation ermöglichen, einschließlich der ***E-Mail-Adresse*** und der ***Web-Adresse***
- soweit der Teledienst im Rahmen einer Tätigkeit angeboten oder erbracht wird, die der behördlichen Zulassung bedarf, Angaben zur zuständigen ***Aufsichtsbehörde***
- das ***Handelsregister***, Vereinsregister, Partnerschaftsregister oder Genossenschaftsregister, soweit der Teledienst dort einzutragen ist, und die entsprechende ***Registernummer***
- soweit der Teledienst in Ausübung eines Berufes mit einer besonderen ***berufsständischen Vertretung*** und besonde-

ren berufsrechtlichen Regelungen angeboten oder erbracht wird, Angaben über

- die Kammer, welcher der Diensteanbieter angehört
- die ***gesetzliche Berufsbezeichnung*** und den Staat, in dem die Berufsbezeichnung verliehen worden ist
- die Bezeichnung der ***berufsrechtlichen Regelungen*** und wo diese eingesehen werden können

- Für den Fall, dass eine ***Umsatzsteueridentifikationsnummer*** nach § 27 a des Umsatzsteuergesetzes besteht, die Angabe dieser Nummer.

**Anmerkungen:**

*Postfach, Telefonnummer*

Verlangt wird die vollständige Anschrift, das ***Postfach*** allein ist nicht ausreichend. Ob auch eine ***Telefonnummer*** anzugeben ist, ist streitig. Im Gesetzestext ist zwar ausdrücklich nur die E-Mail-Adresse erwähnt, jedoch wird aufgrund der Gesetzesbegründung auch die Angabe einer Telefonnummer verlangt (OLG Köln 6 U 109/03 vom 13.02.2004). Demnach muss man auch von einer Angabepflicht der Telefonnummer ausgehen. Die Rechtsprechung ist allerdings insbesondere im Hinblick auf Kleinunternehmer, die faktisch zur Angabe ihrer ***Privatnummer*** gezwungen werden, bedenklich. Ob dies unter datenschutzrechtlichen Gesichtspunkten haltbar ist, erscheint äußerst fraglich.

*Aufsichtsbehörde*

Eine Aufsichtsbehörde kann nur angegeben werden, sofern die Tätigkeit des Diensteanbieters einer behördlichen Genehmigung bedarf, etwa konzessionspflichtige Gastronomiebetriebe oder Spielhallenbetreiber. Freiberufler, wie Rechtsanwälte, Ärzte oder Steuerberater müssen als ***berufsständische Vertretung*** die für sie zuständige Kammer angeben. Die notwendigen berufsrechtlichen Regelungen finden sich etwa unter `www.berufsordnung.de`.

*Auslandsgeschäfte*

Eine ***Umsatzsteueridentifikationsnummer*** wird vom Finanzamt nur auf Antrag für Auslandsgeschäfte vergeben. Wer eine solche Nummer nicht besitzt, muss sie auch nicht angeben (LG Frankfurt vom 28.03.2002, AZ: 312 O 151/02).

Weitergehende Informationspflichten insbesondere nach dem Fernabsatzgesetz bleiben davon unberührt und werden nachfolgend im Detail erörtert.

### 3.1.1.3 Leichte Erreichbarkeit

Das bereit zu haltende Impressum sollte leicht erkennbar, unmittelbar erreichbar und ständig verfügbar sein. Dies geschieht am besten, indem ein Button „Impressum" deutlich sichtbar auf der Homepage angebracht wird, über den der User zu den obigen Informationen gelangt.

*Aufwendiges Scrollen*

Bereits aufwendiges Scrollen kann dazu führen, dass die Impressumsangaben nicht mehr leicht erreichbar sind (OLG München vom 12.02.2004, AZ: 29 U 4564/03). Bedenklich ist in jedem Fall eine Mehrfachverlinkung, denn der Nutzer darf das Impressum nicht suchen müssen (LG Düsseldorf, 34 O 188/02). Wer also sicher gehen will, bringt das Impressum jeweils oben auf der Seite an so, dass es auf allen Seiten sichtbar und erreichbar ist.

*Bezeichnung*

Der notwendige Button muss allerdings nicht zwingend als „***Impressum***" bezeichnet werden, gleichwohl sich diese Bezeichnung inzwischen durchgesetzt hat. Denkbar ist auch die Verwendung des Begriffes „***Kontakt***" für den Button.

### 3.1.1.4 Rechtsfolgen bei Verstoß

Der Verstoß gegen die Impressumspflichten bedeutet eine Ordnungswidrigkeit gemäß § 12 TDG, was ***Bußgelder*** bis zu 50.000,- EUR nach sich ziehen kann. Darüber hinaus besteht die Gefahr zivilrechtlicher ***Abmahnungen*** insbesondere durch Wettbewerbs- und Verbraucherschutzvereine.

*Abmahnung durch Wettbewerber*

Inwieweit auch die Konkurrenz, vertreten durch Rechtsanwälte, abmahnen darf, ist umstritten. Jedenfalls sind ***Serienabmahnungen*** durch Rechtsanwälte nach der BGH-Rechtssprechung sittenwidrig. Wettbewerber sind nur dann zur Abmahnung berechtigt, wenn es sich bei § 6 TDG um eine ***wertbezogene*** Norm handelt, die dem Schutz wichtiger Gemeinschaftsgüter dient. Der notwendige Wettbewerbsverstoß ist also nur gegeben, wenn ein ***besonderes Unlauterkeitsmoment*** zu einem sittenwidrigen Verhalten führt. Ob es sich beim TDG um wertbezogene Normen in diesem Sinne handelt, ist streitig (verneinend: OLG Hamm, 4 U 90/02 vom 03.09.2002; bejahend: KG Berlin, 5 W 147/03, Beschluss vom 24.10.2003). Jedenfalls bei nur ***geringfügigen Verstößen*** wird man keinen abmahnfähigen Wettbewerbsverstoß annehmen können, sodass hier die Konkurrenz außen vor bleibt. Nur wenn durch fehlende Angaben ***bewusst*** die Rechtsverfolgung etwa von Gewährleistungsansprüchen erschwert wird, ist ein Wettbewerbsverstoß anzunehmen. Die bloße Abmahnung durch die Konkurrenz muss also noch niemanden in Panik versetzen. Vielmehr ist sehr genau im Einzelfall zu prüfen, ob überhaupt ein abmahnfähiger Verstoß vorliegt und eventuelle Kosten zu erstatten sind.

### 3.1.2 Besondere Informationspflichten bei kommerzieller Kommunikation

*Zusätzliche Informationspflichten*

Die Kontaktdaten der Impressumspflicht sind lediglich Mindestangaben, die durch weitere weitreichende Informationspflichten im elektronischen Geschäftsverkehr ergänzt werden. Die Teledienste haben gemäß § 7 TDG bei jeder kommerziellen Kommunikationen, mindestens die nachfolgenden Voraussetzungen zu beachten:

- Kommerzielle Dienste und Angebote müssen klar als solche zu erkennen sein.
- Die natürliche oder juristische Person, in deren ***Auftrag*** kommerzielle Kommunikationen erfolgen, muss im Rahmen des angebotenen Dienstes klar identifizierbar sein.
- Angebote zur Verkaufsförderung wie ***Preisnachlässe***, Zugaben und Geschenke müssen klar als solche erkennbar sein, und die Bedingungen für ihre Inanspruchnahme müssen leicht zugänglich sein sowie klar und unzweideutig angegeben werden.
- Preisausschreiben oder ***Gewinnspiele*** mit Werbecharakter müssen klar als solche erkennbar und die Teilnahmebedingungen leicht zugänglich sein und unzweideutig angegeben werden.

Weitergehende Vorschriften des Gesetzes gegen den unlauteren Wettbewerb (UWG) bleiben unberührt.

### 3.1.3 Pflichten im elektronischen Geschäftsverkehr

Alle Tele- oder Mediendienstes haben gemäß § 312 e Abs.1 BGB beim Abschluss von Verträgen im elektronischen Geschäftsverkehr,

- angemessene technische Mittel zur Verfügung zu stellen, mit denen ***Eingabefehler*** vor Abgabe einer Bestellung erkannt und berichtigt werden können,
- den Zugang der Bestellung unverzüglich auf elektronischem Wege zu bestätigen
- dem Kunden die zumutbare Möglichkeit zu verschaffen, die Vertragsbestimmungen einschließlich der Allgemeinen Geschäftsbedingungen bei Vertragschluss abzurufen und in wiedergabefähiger Form zu speichern.

Weiterhin muss der Tele- oder Mediendienst den Kunden gemäß § 312 e Abs.1 BGB, Art. 241 EGBGB, § 3 BGB-InfoV informieren

- über die einzelnen ***technischen Schritte***, die zu einem Vertragschluss führen
- darüber, ob der Vertragstext nach dem Vertragschluss von dem Unternehmer gespeichert wird und ob er dem Kunden zugänglich ist
- darüber, wie er mit den obigen technischen Mitteln ***Eingabefehler*** vor Abgabe der Bestellung erkennen und berichtigen kann
- über die für den Vertragschluss zur Verfügung stehenden ***Sprachen***
- über sämtliche einschlägige ***Verhaltenskodizes***, denen sich der Unternehmer unterwirft, sowie die Möglichkeit eines elektronischen Zugangs zu diesen Regelwerken.

Weitergehende Informationspflichten aufgrund anderer Bestimmungen bleiben unberührt.

## 3.2 Fernabsatzbestimmungen

*Notwendiger Verbraucherschutz*

Bestellt der Verbraucher Waren über das Internet oder bei einem Versandhaus, so hat er nicht die Möglichkeit, die Ware oder die Person des Verkäufers eigenhändig in Augenschein zu nehmen oder zu überprüfen, sondern muss sich auf die Angaben des Unternehmens verlassen. Gerade im Internet, wo die Distanz der Handelsbeziehungen sehr groß sein kann, gibt es viele „schwarze Schafe". Umso wichtiger ist ein ausreichender Verbraucherschutz, den der europäische Gesetzgeber durch die Einräumung einer Widerrufsmöglichkeit bei Distanzgeschäften zu gewährleisten sucht. Die Unternehmen haben die Verbraucher umfassend über die angebotenen Produkte sowie die Verbraucherschutzbestimmungen, insbesondere die Widerrufsmöglichkeit, zu informieren. Im Folgenden werden die Rechtsbeziehungen bei Fernabsatzgeschäften näher erläutert.

### 3.2.1 Gesetzliche Grundlagen

*Fernabsatzrecht*

Ursprünglich galt für den Bereich der Fernabsatzverträge das ***Fernabsatzgesetz*** (FAG) vom 30.06.2000, das die Fernabsatzrichtlinie vom 20.05.1997 (Richtlinie 97/7/EG, ABl. EG Nr. L 144, Seite 19) umgesetzt hat. Im Zuge der Schuldrechtsreform ist das FAG in den §§ 312 b ff. in das BGB übernommen worden.

*Informations-verordnung*

Zusätzlich zu den Fernabsatzbestimmungen im BGB hat der Gesetzgeber noch eine sog. BGB-Informationspflichtenverordnung (***BGB-InfoV***) vom 05.08.2002 (BGBl. I Seite 3002) erlassen, welche die umfangreichen Informationspflichten des Unternehmers gegenüber dem Verbraucher u. a. bei der Abwicklung von Fernabsatzverträgen regelt.

### 3.2.2 Persönlicher Anwendungsbereich

*Nur B2C*

Die benannten Bestimmungen enthalten Verbraucherschutzvorschriften, gelten also nur im Verhältnis von ***Unternehmern*** gem. § 14 BGB, die ihre Waren oder Dienstleistungen im Wege des Fernabsatzes an ***Verbraucher*** gem. § 13 BGB veräußern (zur Begriffdefinition des Unternehmers und des Verbrauchers siehe unten, Kapitel 3.3.1). Dagegen sind die Fernabsatzbestimmungen für Geschäfte C2B, B2B oder C2C nicht anwendbar.

### 3.2.3 Sachlicher Anwendungsbereich

Die Anwendbarkeit der Fernabsatzbestimmungen steht unter einer Reihe von inhaltlichen Voraussetzungen.

#### 3.2.3.1 Distanzgeschäft durch Fernkommunikationsmittel

*Distanzgeschäft*

Es muss sich um ein sog. Distanzgeschäft gem. § 312 b Abs. 1 BGB (Fernabsatzvertrag) handeln, das nur beim Einsatz von

***Fernkommunikationsmitteln*** vorliegt. Darunter fallen gem. § 312 b Abs. 2 BGB alle Kommunikationsformen, die der Anbahnung eines Vertragsschlusses ohne gleichzeitige körperliche Anwesenheit der Vertragspartner dienen, also insbesondere Briefe, (Warenhaus-)Kataloge, Telefonanrufe (Mobile-Commerce, SMS), Telefaxe, E-Mails, Rundfunk, Fernsehen sowie alle ***Tele- und Mediendienste***, also insbesondere auch der E-Commerce im Internet oder das Tele- bzw. Homeshopping.

*Ausschließlich Fernkommunikationsmittel*

Es dürfen „***ausschließlich***" Fernkommunikationsmittel eingesetzt worden sein, also sowohl für das Angebot, wie auch für die Annahmeerklärung des Vertrages. Dabei müssen die eingesetzten Kommunikationsmittel ***nicht gleichartig*** sein, es ist also gleichgültig, wenn z. B. ein Produktangebot im Internet postalisch bestellt wird. Unschädlich ist auch, wenn der Unternehmer die Fernbestellung konkludent durch Zusendung der Ware annimmt, da auch die Übersendung zur Fernkommunikation gehört. Sind an dem Vertragsschluss Vertreter oder Boten beteiligt, so dürfen auch sie ausschließlich Fernkommunikationsmittel eingesetzt haben.

*Vertragsanbahnung*

Bei der Einordnung, ob ein Fernabsatzgeschäft vorliegt, ist auch die vorgelagerte Phase der Vertragsanbahnung mit einzubeziehen. Sofern es im Rahmen der Geschäftsanbahnung zu persönlichen Kontakten zwischen den Vertragsparteien kommt, ist entscheidend, ob sich der Verbraucher im Zuge dieser Kontakte ***umfassend informieren*** konnte. In diesem Fall fehlt der Schutzzweck der Fernabsatzbestimmungen, etwa wenn sich der Verbraucher im Ladengeschäft noch nicht zum Kauf entschließen konnte, sondern dies erst einige Tage später per Telefon tut.

### 3.2.3.2 Fernabsatzbetriebsorganisation

*Fernabsatzbetrieb*

Gem. § 312 b Abs. 1 BGB sind die Fernabsatzbestimmungen nur anwendbar, wenn der Vertragsschluss im Rahmen eines für den Fernabsatz organisierten Vertriebs- oder Dienstleistungssystems erfolgt, sog. Fernabsatzbetriebsorganisation. Hierdurch sollen vor allem die herkömmlichen ***Ladengeschäfte***, die nur nebenbei und gelegentlich telefonische Bestellungen erhalten, vom Fernabsatz ausgenommen bleiben. Da es sich hierbei gem. § 312 b Abs. 1 BGB um Ausnahmen handelt, trägt der Ladeninhaber die Beweislast, muss also im Falle eines Prozesses belegen können, dass er kein Fernabsatzgeschäft betreibt. Ausnahmen sind im Zweifel eng auszulegen, so dass an das Vorliegen eines Fernabsatzbetriebs ***nur geringe Anforderungen*** zu stellen sind. Folglich sind für die Einstufung als Fernabsatzbetrieb keine großen technischen oder organisatorischen Aufwendungen notwendig. Es kann bereits ausreichend sein, wenn in der Werbung auf telefonische Bestellmöglichkeiten und Versendung der Waren hingewiesen wird (BT-Drucksache 14/2658, Seite 85).

*Werbung mit Fernkommunikation*

Allerdings darf man über die Definition des Fernabsatzbetriebes den Anwendungsbereich nicht zu weit ausdehnen, um das klassische Einzelhandels- und Dienstleistungsgewerbe herauszuhalten. So ist fraglich, wann nach dem ***Schutzzweck*** der Fernabsatzbestimmungen bereits die Werbung mit telefonischer Bestellmöglichkeit genügen kann. Hat die Fernkommunikation für das eigentliche Kerngeschäft im Ladenbetrieb ***nur Unterstützungswirkung***, so liegt noch kein Fernabsatzbetrieb vor. Bestellt ein Verbraucher z. B. per Telefon, obwohl er die Ware ohne großen Aufwand im Ladengeschäft inspizieren könnte, so ist er nicht schützenswert, weil er seine Prüfungsmöglichkeiten aus Bequemlichkeit nicht wahrnimmt.

*Eigenständiger Vertriebskanal*

Ein Schutzzweck ist erst gegeben, wenn der Unternehmer einen eigenständigen Vertriebskanal für den Fernabsatz einrichtet. Dann spielt es auch keine Rolle, ob er nebenher noch ein Ladengeschäft betreibt oder nicht. Entschließt sich z. B. der Ladeninhaber zusätzlich zum E-Commerce, so eröffnet er einen ***neuen Geschäftszweig*** im Fernabsatz. Wird dagegen der Fernabsatz nur als vereinzelter Vertriebsweg zusätzlich zum Ladengeschäft ohne eigenständige Organisationsform eingesetzt, sind die Schutzvoraussetzungen nicht erfüllt. Andernfalls droht alles zum Fernabsatz zu werden, auch wenn die persönliche Kundenpflege im Vordergrund steht. Dies aber lag nicht in der Intention des Gesetzgebers.

### 3.2.3.3 Sachliche Ausnahmen und Grenzfälle

*Zahlreiche Ausnahmen*

Gem. § 312 Abs. 3 BGB sind zahlreiche Branchen und Geschäftszweige von der Anwendung der Fernabsatzbestimmungen ausgenommen. Nicht erfasst sind danach Fernunterrichtsverträge, Finanz-, Wertpapier- oder Bankgeschäfte, Versicherungsverträge, Grundstücksgeschäfte, Warenautomaten oder öffentliche Fernsprecher.

*Online-Banking*

Die Finanzdienstleistungen sind ausgenommen, weil die EU für diesen Bereich eine spezielle Regelung vorbereitet. Damit ist auch das Online-Banking nicht erfasst.

*Grundstücksgeschäfte*

Grundstücks- und Immobiliengeschäfte sind ausgenommen, weil hier weitgehend ein Vertragsschluss im Fernabsatz aufgrund der gem. § 311 b Abs. 1 BGB notwendigen ***notariellen Beurkundung*** unmöglich ist. Auf Erneuerungs- und Umbauarbeiten an einem Bauwerk sind die Fernabsatzbestimmungen aber anwendbar.

*Lebensmittel und Haushalt*

Keine Anwendung finden die Fernabsatzvorschriften gem. § 312 b Abs. 3 Nr. 5 BGB auf die Lieferung von Lebensmitteln, Getränken oder sonstigen Haushaltsgegenständen des ***täglichen Bedarfs***, die am Wohnsitz, am Aufenthaltsort oder am Arbeitsplatz eines Verbrauchers durch häufige und regelmäßige Fahrten geliefert werden. Hierunter fallen der Pizzaservice genauso wie Zeitschriften oder Musik-CDs etc., sofern der Unternehmer die Auslieferung selbst vornimmt und nicht durch die Post zusenden lässt. ***Regelmäßige und häufige Fahrten*** liegen bereits vor, wenn der Unternehmer wöchentlich liefert (BT-Drucksache 14/3195 Seite 30). Dagegen sind Lieferungen wie z. B. Heizöl, die lediglich jährlich erfolgen, nicht von der Bestimmung erfasst.

*Reisen und Freizeit*

Gem. § 312 b Abs. 3 Nr. 6 BGB sind ebenfalls nicht erfasst Dienstleistungen im Bereich Unterbringung, Beförderung, Lieferung von Speisen und Getränken sowie Freizeitgestaltung, wenn sich der Unternehmer bei Vertragsschluss verpflichtet, die Dienstleistungen zu einem bestimmten Zeitpunkt oder innerhalb eines genau angegebenen Zeitraumes zu erbringen. Hierunter fällt zum Großteil die Tourismusbranche, insbesondere ***Pauschalreisen*** (BT-Drucksache 14/2658 Seite 92), die Buchung von Flügen, Bahnreisen und Hotelzimmern, der Catering-Service usw.

*Online-Auktionen*

Bei Online-Auktionen, wie z. B. von e-bay, sind die Fernabsatzbestimmungen anwendbar, sofern ein Unternehmer an einen Verbraucher versteigert. Hier handelt es sich nach herrschender Meinung nicht um Versteigerungen im rechtlichen Sinne, sondern um herkömmliche ***Kaufgeschäfte*** (vgl. hierzu im Einzelnen, Kapitel 3.3.6). Hierbei wäre grundsätzlich auch zu diskutieren, ob nicht schon die Auktionshäuser selbst die Fernabsatzpflichten erfüllen müssen, allerdings wird versucht, diese durch AGB-Gestaltungen auf die Nutzer abzuwälzen.

### 3.2.4 Verhältnis zu anderen Verbraucherschutzbestimmungen

*Günstigkeitsprinzip*

Sofern sich Überschneidungen oder Konkurrenzen der Fernabsatzregeln mit anderen verbraucherschützenden Bestimmungen ergeben, gilt das sog. Günstigkeitsprinzip, so dass also die jeweils für den Verbraucher günstigste Bestimmung zur Anwendung kommt.

*Haustürgeschäfte*

Mit Haustürgeschäften gem. § 312 BGB bestehen schon begrifflich keine Überschneidungen, da sie einen ***persönlichen Kontakt*** an der Haustür voraussetzen (BGH-NJW 96, 929), der die Anwendbarkeit der Fernabsatzbestimmungen ausschließt.

*Verbraucherkredit*

Zu Überschneidungen kommt es jedoch bei den ***Verbraucherkreditverträgen***. Wird der Kreditvertrag im Wege der Fernkommunikation geschlossen, so greift die Bereichsausnahme für Finanzgeschäfte gem. § 312 b Abs. 3 Nr. 3 BGB, sodass nicht die Fernabsatzbestimmungen, sondern die Verbraucherkreditbestimmungen zur Anwendung kommen.

*Finanzierte Geschäfte*

Verfolgt ein Fernabsatzvertrag aber nicht in erster Linie den Abschluss eines Kreditvertrages, sondern die Bestellung von Waren oder Dienstleistungen und wird die Bestellung lediglich vom Unternehmer finanziert, so erstreckt sich das Widerrufsrecht der Fernabsatzbestimmungen unter den Voraussetzungen des § 358 BGB auch auf den Kreditvertrag. Schließen die Fernabsatzbestimmungen das Widerrufsrecht aus, so bleibt das Widerrufsrecht nach § 495 BGB davon unberührt. Jedenfalls gewähren alle angesprochenen Verbraucherschutzbestimmungen, also auch diejenigen für Haustürgeschäfte und Verbraucherdarlehensverträge, dem Verbraucher ein Widerrufsrecht, so dass im Einzelfall eine Entscheidung über die Konkurrenzsituation auch überflüssig ist.

### 3.2.5 Spezielle Informationspflichten gegenüber dem Verbraucher

*Zusätzliche Informationspflichten*

Die Fernabsatzbestimmungen enthalten umfangreiche Informationspflichten für den Unternehmer, die den Verbraucher vor übereilten Geschäftsabschlüssen schützen sollen. Diese ergänzen die bereits erörterten allgemeinen Informationspflichten im elektronischen Geschäftsverkehr (vgl. hierzu oben, Kapitel 3.1). Geregelt sind die Informationspflichten in § 312 c BGB sowie in einer gemäß Art. 240 EGBGB eigens erlassenen BGB-Informationspflichten-Verordnung (***BGB-InfoV***). Die Informationen sind gemäß § 312 c Abs. 2 BGB, § 1 BGB-Info-V dem Verbraucher in ***Textform*** mitzuteilen (zur Textform vgl. oben, Kapitel 2.5). Die

Informationen müssen in einer dem eingesetzten Fernkommunikationsmittel entsprechenden Weise klar und verständlich erfolgen. Es gilt das ***Transparenzgebot***. Obwohl man im Internet weitgehend Englisch als Verkehrssprache eingeführt hat, müssen die Informationen in der jeweiligen ***Verhandlungssprache*** erfolgen.

*Systematik*

Das Gesetz unterscheidet systematisch zwischen Informationspflichten vor und nach Vertragsschluss.

### 3.2.5.1 Informationspflichten vor Vertragsschluss

*Vor Vertragsschluss*

Gem. § 312 c Abs. 1 BGB, Art. 240 Nr. 1 und 2 EGBGB, § 1 Abs. 1 und 2 BGB-InfoV hat der Unternehmer den Verbraucher bereits vor Abschluss des Fernabsatzvertrages umfassend zu informieren. Zwischen der Informationserteilung und dem Vertragsschluss muss keine bestimmte Zeitspanne liegen, jedoch müssen die Informationen so rechtzeitig erfolgen, dass dem Verbraucher eine ***angemessene Bedenkzeit*** für seine Bestellentscheidung bleibt.

*Bereits in der Werbung*

Damit sind die Informationspflichten bereits im Rahmen von Werbematerialien und Marketingaktionen zu erbringen, aufgrund derer sich der Verbraucher zur Bestellung entschließt. Die entsprechenden Informationen müssen z. B. bereits auf Werbeprospekten, in Warenhauskatalogen oder auf den ***Webseiten im Internet*** enthalten sein (BT-Drucksache 14/2658 Seite 105).

*Telefonate*

Bei Telefongesprächen muss der Unternehmer gemäß § 312 c Abs. 1, Satz 2 BGB seine Identität und den geschäftlichen Zweck des Vertrages bereits ***zu Beginn*** des Gespräches ausdrücklich offen legen. Im Übrigen genügen hier summarische Angaben, sofern der Verbraucher damit einverstanden ist (BT-Drucksache 14/3195 Seite 31). Sofern erwünscht, müssen allerdings detaillierte Informationen nachgereicht werden.

*Katalog der Pflichten*

Im Einzelnen enthalten § 312 c Abs. 1 BGB, Art. 240 Nr. 1 und 2 EGBGB, § 1 Abs. 1 und 2 BGB-Info-V den nachfolgenden Katalog an Informationspflichten, welche der Unternehmer gegenüber dem Verbraucher in ***Textform*** zu erbringen hat:

- der geschäftliche Zweck des Vertrages muss offengelegt werden
- die Identität des Unternehmers
- ladungsfähige Anschrift des Unternehmers
- wesentlichen Merkmale der Ware oder Dienstleistung, sowie darüber, wie der Vertrag zustande kommt

- die Mindestlaufzeit des Vertrages, wenn dieser eine dauernde oder regelmäßig wiederkehrende Leistung zum Inhalt hat
- einen Vorbehalt, eine in Qualität und Preis gleichwertige Leistung zu erbringen oder einen Vorbehalt, die versprochene Leistung im Falle ihrer Nichtverfügbarkeit nicht zu erbringen
- den Preis der Ware oder Dienstleistung einschließlich aller Steuern und sonstiger Preisbestandteile
- gegebenenfalls zusätzlich anfallende Liefer- und Versandkosten
- Einzelheiten hinsichtlich der Zahlung und der Lieferung oder Erfüllung
- das Bestehen eines Widerrufs- oder Rückgaberechts
- Kosten, die dem Verbraucher durch die Nutzung der Fernkommunikationsmittel entstehen, sofern sie über die üblichen Grundtarife, mit denen der Verbraucher rechnen muss, hinausgehen
- die Gültigkeitsdauer befristeter Angebote, insbesondere hinsichtlich des Preises

### 3.2.5.2 Informationspflichten nach Vertragsschluss

*Katalog der Pflichten*

Gem. § 312 c Abs. 2 BGB, Art. 240 Nr. 3 EGBGB, § 1 Abs. 3 BGB-InfoV hat der Unternehmer den Verbraucher ***alsbald***, spätestens bis zur vollständigen Erfüllung des Vertrages, bei Waren spätestens bei Lieferung an den Verbraucher zu informieren über:

- die Bedingungen, Einzelheiten der Ausübung und Rechtsfolgen des ***Widerrufs oder Rückgaberechts*** sowie über den Ausschluss des Widerrufs- und Rückgaberechts
- die Anschrift der Niederlassung des Unternehmers, bei welcher der Verbraucher ***Beanstandungen*** vorbringen kann, sowie eine ladungsfähige Anschrift des Unternehmens und bei juristischen Personen, den Namen des Vertretungsberechtigten
- Informationen über ***Kundendienst*** und geltende Gewährleistungs- und Garantiebedingungen
- die Kündigungsbedingungen bei Verträgen, die ein ***Dauerschuldverhältnis*** betreffen und für eine längere Zeit als ein Jahr oder für unbestimmte Zeit geschlossen werden

*Unmittelbare Dienstleistungen*

Dies gilt gemäß § 312 c Abs. 3 BGB nicht für Dienstleistungen, die ***unmittelbar*** u. a. durch das Medium Internet erbracht werden, sofern diese Leistungen in einem Mal erfolgen und direkt abgerechnet werden. Der Verbraucher muss sich in diesem Fall aber über die Anschrift der Niederlassung des Unternehmens informieren können, bei der er Beanstandungen vorbringen kann.

### 3.2.6 Widerrufsrecht

Dem Verbraucher steht bei Vertragsschlüssen im Internet ein Widerrufsrecht gemäß §§ 312 d, 355 BGB zu, das auch durch formlose Rücksendung der Ware ausgeübt werden kann.

*Widerrufsfrist*

Die Widerrufsfrist beträgt gemäß § 355 Abs. 1 BGB ***14 Tage***, zur Fristwahrung genügt die ***rechtzeitige Absendung*** des Widerrufs oder der Ware. Der Widerruf muss ***keine Begründung*** enthalten.

*Fristbeginn*

Die Widerrufsfrist beginnt gemäß § 312 d Abs. 2 BGB nicht vor Erfüllung der oben benannten Informationspflichten, bei der Lieferung von Waren nicht vor dem Tag ihres Eingangs beim Empfänger, bei der wiederkehrenden Lieferung gleichartiger Waren nicht vor dem Tag des Eingangs der ersten Teillieferung und bei Dienstleistungen nicht vor dem Tag des Vertragsschlusses. Gemäß § 312 e Abs.3 BGB ist auch die Erfüllung der Pflichten aus § 312 e Abs.1 BGB, Art. 241 EGBGB, § 3 BGB-InfoV (vgl. hierzu oben, Kapitel 3.3.3) notwendig, um die kurze Widerrufsfrist von 14 Tagen in Lauf zu setzen.

*Ausschlussfristen*

Beginnt die Widerrufsfrist nicht zu laufen, weil der Unternehmer Informationspflichten nicht erfüllt hat, so erlischt das Widerrufsrecht gemäß § 355 Abs. 3 BGB erst ***sechs Monate*** nach Vertragsschluss. Diese 6-Monatsfrist beginnt bei Lieferung von Waren nicht vor dem Tag ihres Eingangs beim Empfänger. Wird der Verbraucher jedoch speziell über sein Widerrufsrecht nicht ordnungsgemäß belehrt, so erlischt sein Widerrufsrecht nach der neuen Fassung des § 355 Abs. 3 BGB ***überhaupt nicht***.

*Versandkosten*

Grundsätzlich trägt der ***Unternehmer*** die Versand- und Rücksendekosten, wenn die Bestellung widerrufen wird. Gemäß § 357 Abs. 2 Satz 3 BGB kann eine Übernahme der Rücksendekosten durch den Verbraucher bei einem Gesamtbestellwert der Waren ***bis 40 EUR*** vertraglich vereinbart werden (z. B. in AGB). Bei Kleinbestellungen kann der Unternehmer die Rücksendekosten also auf den Verbraucher abwälzen, um sein Geschäft rentabel zu halten.

*Ausnahmen*

Das Widerrufsrecht besteht gemäß § 312 d Abs. 4 BGB nicht,

- bei der Lieferung von Waren, die nach ***Kundenspezifikation*** angefertigt werden oder eindeutig auf die persönlichen Bedürfnisse zugeschnitten sind oder die aufgrund ihrer Beschaffenheit nicht für eine Rücksendung geeignet sind oder ***schnell verderben*** können oder deren Verfalldatum überschritten würde
- bei der Lieferung von Audio- oder Videoaufzeichnungen oder von Software, sofern die gelieferten Datenträger vom Verbraucher ***entsiegelt*** worden sind
- bei der Lieferung von Zeitungen, Zeitschriften und Illustrierten
- bei der Erbringung von Wett- und Lotteriedienstleistungen
- bei Verträgen, die in der Form von Versteigerungen geschlossen werden.

*Dienstleistung*

Sofern mit Zustimmung des Verbrauchers mit der Ausführung der Dienstleistung bereist vor Ende der Widerrufsfrist begonnen wurde (z. B. beim Download) erlischt das Widerrufsrecht gemäß § 312 d Abs. 3 BGB.

### 3.2.7 Beweislast

*Beweislast des Unternehmers*

Für fast alle kritischen Punkte im Fernabsatzbereich muss der Unternehmer im Zweifel den Sachverhalt darlegen und beweisen. Über die Frage etwa, wann, wie und mit welchem Inhalt die Widerrufsbelehrung erfolgt ist oder ob die sonstigen Informationspflichten ordnungsgemäß erfüllt wurden. Zum Großteil handelt es sich hier um innerbetriebliche Vorgänge, die nicht vom Verbraucher bewiesen werden können. Die Tatsache allerdings, ob eine Bestellung fristgemäß widerrufen wurde, hat der Verbraucher zu beweisen.

### 3.2.8 Praktische Umsetzung

*Gesetzliches Muster*

Gemäß § 1 Abs. 3, Satz 2, § 14 BGB-InfoV kann der Unternehmer für die Belehrung über das Widerrufsrecht das in Anlage 2 zu § 14 BGB-InfoV vorgesehene gesetzliche Muster verwenden, das wie folgt lautet:

**Widerrufsbelehrung**

**Widerrufsrecht (1)**

Sie können Ihre Vertragserklärung innerhalb von zwei Wochen **(2)** ohne Angabe von Gründen in Textform (z. B. Brief, Fax, E-Mail) oder durch Rücksendung der Sache widerrufen. Die Frist beginnt frühestens mit Erhalt dieser Belehrung. Zur Wahrung der Widerrufsfrist genügt die rechtzeitige Absendung des Widerrufs oder der Sache. Der Widerruf ist zu richten an: (*Firma und ladungsfähige Anschrift des Unternehmens*).

**Widerrufsfolgen (3)**

Im Falle eines wirksamen Widerrufs sind die beiderseits empfangenen Leistungen zurückzugewähren und ggf. gezogene Nutzungen (z. B. Zinsen) herauszugeben. Können Sie uns die empfangene Leistung ganz oder teilweise nicht oder nur in verschlechtertem Zustand zurückgewähren, müssen Sie uns insoweit ggf. Wertersatz leisten. Bei der Überlassung von Sachen gilt dies nicht, wenn die Verschlechterung der Sache ausschließlich auf deren Prüfung – wie sie etwa im Ladengeschäft möglich gewesen wäre – zurückzuführen ist.

Im Übrigen können Sie die Wertersatzpflicht vermeiden, indem Sie die Sache nicht wie ein Eigentümer in Gebrauch nehmen und alles unterlassen, was deren Wert beeinträchtigt.

Paketversandfähige Sachen sind auf unsere Kosten und Gefahr zurückzusenden **(4)**. Nicht paketversandfähige Sachen werden bei Ihnen abgeholt.

***Anmerkungen:***

**zu (1):** Sofern eine einschlägige Dienstleistung vorliegt, ist der besondere Hinweis erforderlich:

„Ihr Widerrufsrecht erlischt vorzeitig, wenn Ihr Vertragspartner mit der Ausführung der Dienstleistung mit Ihrer ausdrücklichen Zustimmung vor Ende der Widerrufsfrist begonnen hat oder Sie diese selbst veranlasst haben (z. B. durch Download etc.)".

**zu (2):** Wird die Belehrung erst nach Vertragsschluss mitgeteilt, lautet die Formulierung für die Widerrufsfrist „innerhalb von einem Monat".

**zu (3):** Der Absatz „Widerrufsfolgen" kann entfallen, wenn die beiderseitigen Leistungen erst nach Ablauf der Widerrufsfrist erbracht werden. Dasselbe gilt, wenn eine Rückabwicklung nicht in Betracht kommt (z. B. bei einer Bürgschaft).

**zu (4):** Ist entsprechend § 357 Abs. 2 Satz 3 BGB eine Übernahme der Versandkosten durch den Verbraucher vereinbart worden, kann der Satz weggelassen werden. Statt dessen ist an dieser Stelle in das Muster folgender Text aufzunehmen:

„Bei einer Rücksendung aus einer Warenlieferung, deren Bestellwert insgesamt bis zu 40 EUR beträgt, haben Sie die Kosten der Rücksendung zu tragen, wenn die gelieferte Ware der Bestellten entspricht. Andernfalls ist die Rücksendung für Sie kostenfrei".

*Keine Doppelinformation*

In der Praxis ergeben sich aufgrund der zerrissenen und verworrenen gesetzlichen Regelungen zahlreiche ***Umsetzungsschwierigkeiten***. So sind die Informations- und Belehrungspflichten nach dem Fernabsatzrecht teilweise bereits in den allgemeinen Informationspflichten für den E-Commerce enthalten. Hier muss der Unternehmer selbstverständlich nicht doppelte Informationen liefern.

*Downloadmöglichkeit*

Schwierigkeiten bereitet in der Praxis insbesondere die Übermittlung der Informationen an den Verbraucher. Nach der gesetzlich vorgeschriebenen Textform ist an sich die praktikable Downloadmöglichkeit für den Verbraucher zur Erfüllung der Informationspflichten ausreichend. Allerdings kommt der Unternehmer hier leicht in ***Beweisschwierigkeiten***. Nach der überwiegenden Meinung ist ein Download für die Textform nur ausreichend, wenn er tatsächlich ausgeführt wird, was vom Unternehmer zu beweisen ist. Diesen Nachweis jedoch wird er nur unter Schwierigkeiten führen können, es sei denn, er lässt sich den Download vom Verbraucher ***(schriftlich) bestätigen***. Ein solcher Zwang zur Bestätigung vor Vertragsschluss aber hält aufgrund des verbreiteten Misstrauens im E-Commerce viele Verbraucher vom Vertragsschluss ab, wirkt also ***geschäftsschädigend***. Gleiches gilt für die vorvertragliche Versendung der umfangreichen Informationsinhalte etwa per E-Mail.

*Praktikable Lösung*

Will man hier eine praktikable Lösung suchen, so kann man dem Unternehmer raten, es trotz der Beweisschwierigkeiten bei einer Downloadmöglichkeit, ohne zwingende Rückbestätigung, zu belassen. Nach erfolgtem Vertragsschluss kann der Unternehmer dann zusätzlich die Informationspflichten z. B. in Form einer pdf-Datei transportieren. Eine solche Konstruktion sollte man insgesamt als ausreichend ansehen, da sie dem bezweckten Verbraucherschutz voll auf genügt. Alles andere legt dem E-Commerce unnötig Steine in den Weg.

*Unsensible Regelung*

Dass der Gesetzgeber bei genauer Auslegung an sich eine Rückbestätigung der umfangreichen Informations- und Belehrungsinhalte durch den Verbraucher verlangt, belegt die geringe Sensibilität, mit der die Informationspflichten im E-Commerce umgesetzt wurden. Die komplizierten und unpraktikablen gesetzlichen Regelungen sind ein Grund für den ***Misserfolg im E-Commerce*** und erklären, warum die Informationspflichten immer noch weitgehend unbeachtet bleiben.

## 3.3 Rechtsfragen bei Online-Auktionen

Schon der Begriff der Internet- oder Online-Auktion wirft die erste rechtliche Frage auf. Ist es möglich, dass privatrechtliche Unternehmen im Internet öffentliche Versteigerungen durchführen? Die bekanntesten Namen in diesem Zusammenhang sind ebay und ricardo. Gerade der Erfolg der Internetplattform ebay in den vergangenen Jahren hat eine ganze Reihe rechtlicher Fragestellungen aufgeworfen, die von Unternehmen und Privatpersonen, sei es als Anbieter oder Ersteigerer, immer wieder gestellt werden.

### 3.3.1 Verbraucher oder Unternehmer

Eine erste entscheidende Weichenstellung für die Bewertung aller rechtlichen Probleme rund um Internet-Auktionen ist die Beantwortung der Frage, ob ein Verbraucher oder ein Unternehmer die Waren zur Versteigerung anbietet.

*Unternehmer*

Ein ***Unternehmer*** ist gem. § 14 Abs. 1 BGB eine natürliche oder juristische Person, die bei Abschluss der Rechtsgeschäfte eine gewerbliche oder selbstständige berufliche Tätigkeit ausübt. Unternehmereigenschaft besitzt, wer planmäßig, dauerhaft und entgeltlich Leistungen am Markt anbietet. Hierzu gehören insbesondere auch ***Kleingewerbetreibende***, Handwerker oder Freiberufler. Auch nebenberufliche Tätigkeiten unterfallen dem Unternehmerbegriff. Auf eine ***Gewinnerzielungsabsicht*** kommt es nicht an.

Vorsicht geboten ist für besonders aktive Anbieter im Rahmen von Online-Auktionen, da sie Gefahr laufen als nebenberufliche Unternehmer oder Kleingewerbetreibende eingestuft zu werden. Anhaltspunkte hierfür können eine besonders hohe Anzahl von Versteigerungen in einem kurzen Zeitraum, besonders viele Bewertungen von Nutzern des Auktionshauses oder aussagekräftige Selbstbezeichnungen wie ***Powerseller*** sein.

*Hinweispflicht*

Hier stellt sich die Frage, ob der Unternehmer verpflichtet ist, auf seine ***Händlereigenschaft*** hinzuweisen. Gem. § 1 Abs. 1 Nr. 1 BGB Informationsverordnung (BGB-InfoV) muss der Unternehmer den Verbraucher vor Abschluss eines Vertrages über seine Identität informieren. Dies kann er aber nur ordnungsgemäß tun, wenn er seine Händlereigenschaft offen legt. Nach Meinung des OLG Oldenburg (Beschluss vom 20.01.2003 AZ 1 W 6/03) muss ein gewerblicher Händler auf seine Unternehmereigenschaft nicht hinweisen, da der ebay-Nutzer wisse, dass auf der Plattform nicht nur Privatpersonen, sondern auch gewerbliche Händler Waren anbieten, so dass keine Irreführung des Verbrauchers vorliege. Dem Gericht kann nicht gefolgt werden, da § 1 Abs. 1 Nr. 1 BGB-InfoV offensichtlich übersehen wurde.

Der ***private Anbieter*** muss die Informationspflichten nach den Fernabsatzbestimmungen hingegen nicht beachten, da sie nur im Verhältnis Verbraucher – Unternehmer anwendbar sind.

*Verbraucher*

Umgekehrt ist gem. § 13 BGB ein ***Verbraucher***, wer als natürliche Person Rechtsgeschäfte abschließt, die weder einer gewerblichen noch selbstständigen beruflichen Tätigkeit zuzurechnen sind. Verbraucher können ausschließlich ***natürliche Personen*** sein. Juristische Personen, also insbesondere Kapitalgesellschaften, unterfallen dem Verbraucherbegriff nicht. Umgekehrt sind ohne Rücksicht auf ihren ökonomischen Status alle natürlichen Personen auch Verbraucher. ***Existenzgründer*** sind solange Verbraucher, solange ihre unternehmerische Tätigkeit noch nicht begonnen hat.

### 3.3.2 Zustandekommen des Vertrages

Der ***Begriff*** der Online- oder Internet-Auktion ist lediglich ein Schlagwort, das aufgrund der rechtlichen Entwicklung inzwischen irreführend ist.

*Rechtsprechung*

Nach einer richtungsweisenden Entscheidung des ***BGH*** vom 07.11.2001 (BGH NJW 2002, 363, ***ricardo.de***) wurde im Hinblick auf viele offene Rechtsfragen der Online-Auktionen klargestellt:

*Rechtsnatur*

Bei Internet-Auktionen kommt kein Vertrag durch Zuschlag im Sinne von § 156 BGB zustande. Auch nach der sonst überwiegenden Rechtsprechung sind Online-Auktionen ***keine Versteigerungen*** gem. § 34b Gewerbeordnung (GewO), sondern Anbieter und Ersteigerer schließen einen herkömmlichen ***Kaufvertrag*** ab (KG CR 2002, 47). Bei einer Versteigerung kommt gem. § 156 BGB der Vertrag durch den Zuschlag zustande, der bei Internet-Auktionen nicht gegeben ist (OLG Hamm CR 2002, 213, 214).

*Vertragsschluss*

Das Mindestgebot des Anbieters in Verbindung mit der Freischaltung seiner Angebotsseite ist eine rechtsverbindliche Willenserklärung, nämlich das ***Angebot*** zum Kaufvertrag und nicht lediglich eine unverbindliche Aufforderung zur Abgabe von Angeboten (sogenannte *„invitatio ad offerendum“*). Im Gegensatz zu den sonstigen Online-Angeboten etwa in Webshops, die lediglich als „invitatio ad offerendum“ eingestuft werden (siehe hierzu oben, Kapitel 1.1.1.1) Die korrespondierende ***Annahmeerklärung*** liegt im Höchstgebot des Käufers (so auch OLG Hamm CR 2002, 213, 214). Es handelt sich um eine Annahme, die nur unter der Bedingung abgegeben wird, dass sie bei Auktionsende das höchste Gebot darstellt.

Die Auktionsplattform ist als jeweiliger ***Empfangsvertreter*** für die Erklärung der Parteien gem. § 164 Abs. 3 BGB anzusehen, sodass die Erklärungen gem. § 130 Abs. 1 Satz 1 BGB wechselseitig zugehen. Damit liegen die gem. §§ 145ff. BGB für einen Vertragsschluss notwendigen beiden Willenserklärungen vor, sodass ein Kaufvertrag zustande kommt.

*AGB*

Der BGH hat auch klargestellt, dass die Allgemeinen Geschäftsbedingungen (AGB) der Auktionsplattform nicht Vertragsbestandteil werden. AGB für Internet-Auktionen können jedoch als ***Auslegungshilfe*** herangezogen werden, wenn Erklärungen der Auktionsteilnehmer nicht aus sich heraus verständlich sind. Damit anerkennt der BGH die Bedeutung der Auktions-AGB als Auslegungshilfe an.

Die von den Auktionsteilnehmern abgegebenen Willenserklärungen sind ***rechtsverbindlich***, da es sich bei einer Internetauktion nicht um ein Spiel im Sinne von § 762 BGB handelt.

*Testangebote*

Entgegen den Auktionsbedingungen der meisten Internetplattformen versehen manche Anbieter ihr Angebot mit dem ausdrücklichen Hinweis, es handle sich nur um eine Umfrage, um einen Preistest oder der angegebene Preis sei lediglich ***Verhandlungsbasis***. Hier fehlt der für einen wirksamen Vertrag notwendige ***Rechtsbindungswille*** des Verkäufers, sodass ein Vertrag nicht zustande kommt. Der Verstoß gegen die Nutzungsbedingungen der Auktionsplattform macht den Vertrag nicht unwirksam. Jedoch kann der Anbieter bei Beschwerden von Käufern für die Zukunft von der Plattform ausgeschlossen werden.

### 3.3.3 Scheingebote

Die Möglichkeit des gegenseitigen Hochschaukelns bei einer Versteigerung lädt zu vielerlei Missbrauch ein. Es ist daher eine weitverbreitete Praxis, dass Anbieter von Waren ***selbst mitsteigern***, also Scheinangebote abgeben, um den Preis und damit den erzielten Gewinn in die Höhe zu treiben. Ein solches Verhalten ist irreführend und daher jedenfalls ***wettbewerbswidrig***, so dass Konkurrenten des Anbieters das Verhalten abmahnen können. Auch kann ein solchermaßen mit einem zu hohen Kaufpreis zustande gekommener Vertrag wegen Irrtums ***angefochten*** werden. Allerdings muss der Käufer die Scheingebote nachweisen, was ihm in der Praxis regelmäßig nicht gelingen wird.

Jedenfalls verstößt das Verhalten gegen § 10 Nr. 2 der AGB von ebay, so dass ein auffälliger Anbieter, gegen den häufiger Beschwerden ergehen, von der Auktionsplattform ***ausgeschlossen*** werden kann. Nach der Vorschrift ist ebenso die Einschaltung von ***Strohmännern***, die Scheingebote abgeben, untersagt. Hier gilt das Gesagte entsprechend, allerdings wird der notwendige Nachweis hier noch weniger gelingen.

Vor allem bestimmte ***Niedrigpreis-Angebote*** im Rahmen von Online-Auktionen können wettbewerbswidrig sein. Sofern ein hochwertiges Produkt mit einem gegenüber der unverbindlichen Preisempfehlung unverhältnismäßig niedrigen Mindestgebot von 1 EUR beworben wird, liegt eine ***unlautere Werbung*** im Sinne eines übertriebenen, wettbewerbswidrigen Anlockens von Kunden vor (OLG Hamburg CR 2002, 291). Ein solches Verhalten kann im Verhältnis zwischen Unternehmern von der Konkurrenz abgemahnt werden.

### 3.3.4 Zulässigkeit von Hilfsmitteln

Die sogenannte ***Sniper-Software*** ist ein Programm, dass sich anstelle des Bieters auf die Auktionsplattform einlogt, um für den Bieter zu einem bestimmten Zeitpunkt dessen Maximalgebot abzugeben. Es handelt sich mithin um eine Software, die dem Ersteigerer Hilfestellung leistet und Vorteile bringt. Ob die Verwendung solcher Sniper-Software rechtswidrig ist, wurde bisher in der Rechtsprechung uneinheitlich entschieden (LG Hamburg, Urteil vom 27.02.2003, AZ 315 O 624/02; LG Berlin, Urteil vom 11.02.2003, AZ 15 O 704/02). Jedenfalls ist die Verwendung solcher Hilfsmittel gem. § 10 Nr. 5 der ebay-AGB ***unzulässig***.

### 3.3.5 Minderjährige Geschäftspartner

An Versteigerungen im Internet als einem besonders jungen Medium nehmen in großer Zahl auch Jugendliche und Minderjährige teil. Sofern – unabhängig, ob er als Anbieter oder Ersteigerer auftritt – der Geschäftpartner das ***siebte Lebensjahr*** noch nicht vollendet hat, ist er gem. §§ 104, 105 BGB ***geschäftsunfähig*** und der mit ihm geschlossene Vertrag nichtig.

*Minderjährige*

Hat der Geschäftspartner zwar das siebte, aber noch nicht das achtzehnte Lebensjahr vollendet, so ist er gem. §§ 106 ff. BGB als sogenannter Minderjähriger nur ***beschränkt geschäftsfähig***. Gem. § 107 BGB kommt ein Kaufvertrag nur mit ***Einwilligung der Eltern*** wirksam zustande. Allerdings können die Eltern die Wirksamkeit des Vertrages auch durch ihre nachträgliche Zustimmung erreichen, § 108 BGB. Geschäfte mit Minderjährigen können auch von Vorteil sein, da bis zur Zustimmung der Eltern ein außerordentliches ***Widerrufsrecht*** gem. § 109 Abs. 1 BGB besteht. War also für den Vertragspartner des Minderjährigen der Kauf von Nachteil, etwa weil das Höchstgebot zu niedrig ausgefallen ist, so hat er bei schneller Reaktion die Möglichkeit, bis zur Zustimmung der Eltern wieder aus dem Kaufvertrag herauszukommen.

### 3.3.6 Widerrufsrecht nach Fernabsatzrecht

*Anwendbarkeit*

Hier stellt sich zunächst die Frage, ob für Internet-Auktionen das Fernabsatzrecht der §§ 312 b ff. BGB in Verbindung mit der BGB-InfoV anwendbar ist. Für ***Versteigerungen*** im Sinne des § 156 BGB hat der Gesetzgeber gem. § 312 d Abs. 4 Nr. 5 BGB das Widerrufsrecht ausdrücklich ausgeschlossen. Versteht man also die Internet-Auktionen als Versteigerungen im gesetzlichen Sinne, so besteht keine Widerrufsmöglichkeit. Die überwiegende Rechtsprechung verneint wie gesehen mangels Zuschlag eine Versteigerung im Sinne des § 156 BGB, so dass die Widerrufsvorschriften des BGB grundsätzlich ***anwendbar*** sind: Das ***Widerrufsrecht*** des Verbrauchers ist nicht gemäß § 312 d Abs. 4 Nr. 5 BGB ausgeschlossen, da der Vertragsschluss bei der Internetauktion nicht gem. § 156 BGB durch Zuschlag erfolgt, sondern ein herkömmlicher Kaufvertrag gegeben ist (LG Hof CR 2002, 844). Dem soll hier gefolgt werden.

Darüber hinaus müssen wie auch sonst im Fernabsatzbereich die Voraussetzungen für die Anwendbarkeit der Fernabsatzbestimmungen vorliegen. Es muss sich also insbesondere um ein ***Distanzgeschäft*** zwischen einem Unternehmer und einem Verbraucher handeln. Das Widerrufsrecht besteht entsprechend der Anwendbarkeit der Fernabsatzbestimmungen nur dann, wenn der Anbieter Unternehmer und der Ersteigerer ***Verbraucher*** im Sinne der §§ 13, 14 BGB ist (Vergleiche zum Fernabsatzrecht im Detail oben, Kapitel 3.2).

*Folgen*

In der Folge bestehen umfangreiche ***Informationspflichten*** gegenüber dem Verbraucher, insbesondere muss der Unternehmer gem. § 312 c Abs. 1 Nr. 1 BGB in Verbindung mit § 1 Abs. 1 BGB-InfoV informieren über seine Identität, seine ladungsfähige Anschrift, wesentliche Merkmale der Ware oder Dienstleistung, den genauen Bruttopreis, die genauen Liefer- und Zahlungsbedingungen sowie über das Bestehen des Widerrufsrechts.

Die ***Widerrufsfrist*** beträgt gem. § 355 Abs. 1 BGB zwei Wochen ab Lieferung der Ware. Unterbleibt eine Belehrung über das Widerrufsrecht, so beträgt die Widerrufsfrist gem. § 355 Abs. 3 BGB sogar sechs Monate.

Sofern der Verbraucher das Ersteigerungsgeschäft widerruft, ist er zur Rücksendung der Ware verpflichtet. Die ***Kosten*** und die Gefahr der Rücksendung trägt in diesem Fall grundsätzlich der Unternehmer. Jedoch hat dieser gem. § 357 Abs. 3 BGB durch entsprechende Gestaltung seiner AGB oder Kundeninformationen die Möglichkeit, dem Verbraucher bei einer Bestellung bis zu einem Betrag von 40 EUR die Rücksendekosten vertraglich aufzuerlegen. Enthält also die bei der Versteigerung angebotene Ware eine entsprechende Klausel des Unternehmers, so muss der Verbraucher die Rücksendekosten selbst tragen. Bei einem Bestellwert über 40 EUR trägt die Rücksendekosten immer der Unternehmer. Maßgeblicher Wert ist hierbei der Bruttopreis der gesamten Bestellung, nicht der rückgesandten Ware.

### 3.3.7 Gewährleistungsansprüche

*Kaufvertragsrecht*

Bei den Gewährleistungsrechten für Internet-Auktionen gelten keine Besonderheiten gegenüber dem herkömmlichen Kaufvertragsrecht. Demnach hat der Anbieter eine mangelfreie Ware zu liefern. Ein ***Sachmangel*** ist gegeben, wenn die sogenannte Ist- von der Soll-Beschaffenheit abweicht, also die tatsächliche Beschaffenheit anders ist, als bei Abschluss des Kaufvertrages vereinbart wurde.

Die ***Soll-Beschaffenheit*** einer Kaufsache orientiert sich u. a. an den Anpreisungen des Verkäufers, bei Internet-Auktionen also insbesondere an der Produktbeschreibung auf der Angebotsseite. Weicht der tatsächliche Zustand erheblich davon ab, liegt ein Fehler vor, der dem Käufer umfangreiche ***Gewährleistungsrechte*** eröffnet. Gem. § 437 BGB hat der Käufer bei Mängeln ein

Recht zunächst auf Nachbesserung, bei Fehlschlagen derselben, ein Recht auf Minderung des Kaufpreises oder Rücktritt vom Vertrag. Zusätzlich besteht die Möglichkeit, Schadensersatz etwa wegen vergeblicher Aufwendungen zu verlangen.

*Verbraucherschutz*

Auch hinsichtlich der Frage, inwieweit ein Gewährleistungsausschluss vereinbart werden kann, ergeben sich keine Besonderheiten. Auch hier gelten die Verbraucherschutzbestimmungen, so dass bei Auktionsgeschäften zwischen einem Unternehmer als Anbieter und einem Verbraucher als Ersteigerer (sogenannter ***Verbrauchsgüterkauf***, vgl. § 474 Abs. 1 BGB) gem. § 475 Abs. 1 BGB ein ***Gewährleistungsausschluss unwirksam*** ist. Auch kann gem. § 475 Abs. 2 BGB die Verjährung der Gewährleistungsrechte nicht abgekürzt werden. Die Gewährleistungsfrist beträgt gem. § 438 Abs. 1 BGB regelmäßig zwei Jahre für neue Ware und kann gem. § 475 Abs. 2 BGB bei ***gebrauchten Sachen*** durch vertragliche Vereinbarung auf ein Jahr verkürzt werden.

*Geschäfte unter Gleichgestellten*

Auch bei Geschäften, an denen ***nur Verbraucher*** beteiligt sind, bestehen die Gewährleistungsrechte. Zwischen Verbrauchern ist ein Gewährleistungsausschluss aber grundsätzlich wirksam. Dies geschieht etwa durch Vereinbarung einer Klausel „Kauf unter Ausschluss jeglicher Gewährleistung“. Auf den Gewährleistungsausschluss kann sich der Verkäufer gem. § 444 BGB nicht berufen, wenn er den Mangel arglistig verschwiegen oder eine Garantie für die Beschaffenheit der Ware übernommen hat. Entsprechendes gilt für die Gewährleistungsrechte ***zwischen Unternehmern***.

### 3.3.8 Kollision mit Marken- und Schutzrechten

Es steigert die Attraktivität von Angeboten im Internet, wenn die Produktpräsentation mit Bildern und Markenbezeichnungen versehen ist. Hiergegen ist grundsätzlich nichts einzuwenden, so dass die versteigerten Sachen auch mit Fotos und den Markenbezeichnungen versehen werden dürfen.

Allerdings darf die Werbung mit Markenbezeichnungen nicht die Qualität einer ***kennzeichenmäßigen Nutzung*** der Marken erreichen. Dies ist immer dann der Fall, wenn - losgelöst von der konkreten Produktbezeichnung und Beschreibung - die Marke an sich beworben wird, um Kunden anzulocken. Die Verwendung der Marke muss also auf die Beschreibung des konkreten Angebots beschränkt bleiben.

### 3.3.9 Transportrisiko

*Versendungskauf*

Bei Online-Auktionen wird die ersteigerte Ware auf dem Postwege versandt, sodass ein sogenannter Versendungskauf gem. § 447 BGB vorliegt. Die Vorschrift bestimmt, dass die ***Transportgefahr*** mit Übergabe an die Post oder einen Transporteur auf den Käufer übergeht. Wird die Ware etwa auf dem Transportwege beschädigt, so geht dies zu Lasten des Käufers, der auch die beschädigte Ware bezahlen muss.

Abhilfe kann hier eine ***Transportversicherung*** schaffen, die auf Verlangen des Käufers vom Anbieter abgeschlossen wird. Sofern der Anbieter trotz Weisung des Käufers eine Versicherung nicht abschließt, trägt er gem. § 447 Abs. 2 BGB jedenfalls das Transportrisiko.

*Verbraucher*

Der Käufer trägt die Transportgefahr allerdings nur so lange, wie die Beteiligten beide Verbraucher oder beide Unternehmer sind, oder der Verkäufer ein Verbraucher und der Ersteigerer ein Unternehmer ist. Für den Fall des ***Verbrauchsgüterkaufs*** (Anbieter ist Unternehmer, Ersteigerer ist Verbraucher) trifft § 447 Abs. 2 BGB eine abweichende Regelung, indem er § 447 BGB für nicht anwendbar erklärt. Damit kommt es zur Anwendung der Grundregel des § 446 BGB, wonach die Gefahr des zufälligen Untergangs oder der Beschädigung der Kaufsache erst ***mit der Übergabe*** an den Käufer auf diesen übergeht. Die Gefahren des Transports trägt also noch der Verkäufer, sofern er Unternehmer ist.

### 3.3.10 Zahlungsmodalitäten

*Risikoverteilung*

Beim Zahlungsverhalten offenbart sich das eigentliche Risiko des Online-Auktionshandels, dass für den Verkäufer hauptsächlich darin besteht, dass der Käufer keine Zahlung leistet. Jedoch kann der Verkäufer relativ einfach Sicherheit erlangen, indem er wie regelmäßig üblich mit dem Käufer dessen ***Vorleistungspflicht*** vereinbart. Auf der Käuferseite besteht das Risiko, dass keine oder eine mangelhafte Ware geliefert wird oder aber die Ware auf dem Transportwege verloren geht oder beschädigt wird.

*Nichtzahlung*

Sofern der Kaufpreis nicht bezahlt wird, ist der Käufer zunächst unter Fristsetzung zur Zahlung aufzufordern. Bei fruchtlosem Verstreichen der Frist kann der Verkäufer gem. § 323 Abs. 1 BGB vom Vertrag ***zurücktreten***. Sofern die Ware schon geliefert wurde, muss der Kaufpreis eingeklagt werden.

*Warenlieferung unterbleibt*

Sofern der Käufer den Kaufpreis bereits bezahlt hat aber eine *Warenlieferung unterbleibt*, gilt grundsätzlich dieselbe Vorgehensweise. Auch hier ist der Verkäufer unter Fristsetzung zur Lieferung der Ware aufzufordern, bei Nichtlieferung besteht anschließend ein ***Rücktrittsrecht***. Sofern der Verkäufer das Geld nur einkassiert, ohne sich wieder zu melden, kann Anzeige wegen ***Betrug*** bei den Ermittlungsbehörden erstattet werden. Auch hier bleibt nur, das Geld im Klagwege zurückzufordern.

*Treuhandservice*

Um finanzielle Verluste zu vermeiden, bieten Anbieter wie ebay ab einem Warenwert von 200 EUR einen Treuhandservice an, um das ***Betrugsrisiko*** gering zu halten. Hiernach zahlt der Käufer zunächst auf ein Treuhandkonto der Auktionsplattform den Kaufpreis ein, was dem Verkäufer mitgeteilt wird. Dieser verschickt daraufhin die Ware, die vom Käufer geprüft werden kann. Erst nach Prüfung wird der Kaufpreis von der Auktionsplattform an den Verkäufer ausgezahlt. Die hierfür aufzuwendende ***geringe Gebühr*** lohnt sich in der Regel. Allerdings gewährt die Auktionsplattform damit zumeist keine juristische Unterstützung bei eintretenden rechtlichen Streitigkeiten, sondern nur eine Abwicklungshilfe.

### 3.3.11 Missbrauchsfälle

Zur Vorbeugung gegen künftige Vorfälle sollte bei allen Missbrauchsfällen die Auktionsplattform ***informiert*** werden, die in der Regel entsprechende Hinweis- und Bewertungsdateien über die Seriösität der Anbieter führt.

*Bewertungssystem*

Unter § 6 der ebay-AGB ist hierfür ein umfangreiches ***Bewertungssystem*** mit Vertrauenssymbolen vorgesehen. Aufgrund des Bewertungssystems sollen sich die Beteiligten nach der Durchführung einer Transaktion gegenseitig bewerten. Es soll dabei helfen, die Zuverlässigkeit der Anbieter und Ersteigerer einzuschätzen. Unter anderem vergibt ebay bei Vorliegen der Voraussetzungen das sogenannte ***„Powerseller-Symbol“*** oder das Symbol ***„geprüftes Mitglied“***. Das sind Verkäufer, die nach den Angaben der Auktionsplattform professionell und vorbildlich bei ebay handeln. Aus rechtlicher Sicht muss auf den Nebeneffekt solcher Vertrauenssymbole hingewiesen werden, insbesondere ist ein Powerseller stets als Unternehmer mit den daraus folgenden Konsequenzen einzustufen (vgl. hierzu oben, Kapitel 3.3.1).

*Käuferschutz*

Auktionsplattformen wie ebay bieten einen sogenannten Käuferschutz an, der als ***Kulanzleistung*** in Betrugsfällen einen Ausgleich schaffen soll. Bis zu einer Wertobergrenze von 200 EUR zahlt die Auktionsplattform unter bestimmten Bedingungen einen Ausgleich für vergebliche Zahlungen des Käufers. Ein Rechtsanspruch auf diesen Käuferschutz besteht jedoch nicht. Voraussetzungen für den Käuferschutz sind zumeist eine ***Selbstbeteiligung,*** die bei ebay 25 EUR beträgt, sowie ein ausgeglichenes Bewertungsprofil von Anbieter und Käufer, sodass Schwierigkeiten nicht vorhersehbar waren.

# 4 Haftungsfragen

Im Internet, aber auch im Intranet, sind eine ***unüberschaubare Vielzahl*** illegaler oder unerwünschter Inhalte präsent. Neben den Viren stellen sie inzwischen das größte Problem bei der Internetnutzung dar. Man denke nur an die neueste Variation in Form der Spam-Problematik, die eine große Flut pornografischer und gesetzeswidriger Inhalte mit sich bringt. Neben der Belästigung, die mit den Inhalten verbunden ist, stellen sich die Verantwortlichen in den Unternehmen und Behörden zu Recht die Frage, welche Haftungsrisiken bestehen.

## 4.1 Problemstellung – haftungsrelevante Inhalte

*Verbreitung am Arbeitsplatz*

Die ***Internetnutzung am Arbeitsplatz***, die den Download illegaler Inhalte aufgrund der technischen Möglichkeiten (große Bandbreite) begünstigt, steht im Mittelpunkt der Problematik. Soll der Arbeitsplatz nicht die ***Hauptverbreitungsquelle*** der illegalen Inhalte bleiben, muss ein Bündel von rechtlichen (gesetzlichen), organisatorischen und technischen Filtermaßnahmen erfolgen. Andernfalls wirken die Inhalte als Hemmschuh der Gesamtentwicklung, weil das Medium Internet nur zurückhaltend eingesetzt werden kann.

*Problembereiche*

Etwa im ***Ausbildungsbereich***, wo minderjährige Jugendliche den Umgang mit dem Internet erlernen, können illegale Inhalte nicht hingenommen werden. In der ***Schule*** sind sogar Kinder betroffen, so dass ein flächendeckender und effektiver Einsatz des Mediums immer mit der Hypothek belastet wird, illegale Inhalte vollständig ausfiltern zu müssen. In der Folge ist ein hoher Aufwand an Technik und Kontrollmaßnahmen erforderlich, was die Kosten in die Höhe treibt und den Einsatz des Mediums bremst oder gar verhindert. Nicht zuletzt auch deshalb, weil begründete Haftungsängste bei Arbeitgebern und sonstigen Netzbetreibern bestehen, die für Verunsicherung sorgen.

## 4.2 Das Haftungsszenario

*Vielschichtige Haftungs-konstellationen*

Die ***konkreten Haftungskonstellationen*** sind vielschichtig. Im Vordergrund steht bei der Haftungsproblematik zunächst der Download illegaler Dateien durch Mitarbeiter. Hierzu zählen vor allem ***Raubkopien*** von urheberrechtlich geschützten Werken wie Software, Filme, Videos und Musikstücke. Durch jeden Download erfolgt eine urheberrechtswidrige Vervielfältigung des geschützten Werkes, die strafrechtlich zur Anzeige gebracht werden kann und zivilrechtlich zu Schadensersatzansprüchen führt.

*mp3-Dateien*

Durch die kürzlich erfolgte Urheberrechtsnovelle hat sich die Problematik verschärft, weil nun klargestellt wurde, dass der ***Download von mp3-Dateien*** aus offensichtlich rechtswidrigen Quellen (etwa die bekannten Peer-to-Peer-Systeme wie kazaa, edonkey etc.) urheberrechtswidrig ist. Die Besonderheit der ***Peer-to-Peer-Systeme*** besteht darin, dass die Betreiber selbst auf ihren zentralen Servern keine Raubkopien anbieten, sondern lediglich eine Software, durch die der Benutzer in die Lage versetzt wird, an einem Netzwerk mit Millionen von Endusern teilzunehmen. Der Download erfolgt also nicht von einer zentralen Plattform, sondern von einem anderen Enduser (eben „peer-to-peer"), der die illegalen Dateien in einem geöffneten Ordner (sogenannter ***Shared-Folder***) bereitstellt. Die Peer-to-Peer-Software ist so konfiguriert, dass der offene Ordner bei der Installation der Software automatisch eingerichtet wird. Lädt sich nun ein User von einem anderen User aus dem Netzwerk ein mp3-File herunter, so wird die mp3-Datei automatisch im Shared-Folder abgelegt.

*Download am Arbeitsplatz*

Hieraus ergeben sich vor allem für den Arbeitgeber mögliche Konsequenzen, da er damit rechnen muss, dass die große Bandbreite in den Unternehmen Mitarbeiter dazu verleitet, urheberrechtswidrige Dateien am Arbeitsplatz herunterzuladen. Es ist daher keine Seltenheit, dass eine Vielzahl z. B. von mp3-Files über die Server von Arbeitgebern angeboten werden. Dies kann zur ***Strafanzeige***, vor allem aber auch zu hohen ***Schadensersatzforderungen*** der Musikindustrie führen. Es besteht ein beträchtlicher wirtschaftlicher Risikofaktor, auch weil die Schadensberechnung bisher nicht abschließend geklärt ist. Sofern für jeden urheberrechtswidrigen Download eine nicht verkaufte Musik-CD als Schaden angesetzt wird, gelangt man schnell in fünfstellige Schadensersatzbereiche. Das Angebot einer Vielzahl von mp3-Files über Monate hinweg im Shared-Folder, verbunden mit dem hohen Multiplikator des angebundenen, weltweiten Netzwerkes mit Millionen von Usern, führt zu hohen Downloadzahlen und damit zu hohen Schadenssummen. Nachdem die Musikindustrie in den letzten Jahren v.a. auch durch den Austausch von mp3-Files in den Peer-to-Peer-Systemen zweistellige Umsatzrückgänge hinnehmen musste, werden die Peer-to-Peer-Systeme verstärkt observiert, um größere Downloadvorgänge straf- und zivilrechtlich zu verfolgen.

*Gästebücher, Newsletter*

Neben dem Download können sich gängige Haftungskonstellationen immer auch dann ergeben, wenn ein Unternehmen mit ***fremden Inhalten*** umgeht. Dies geschieht z. B. beim Betrieb von Gästebüchern oder Newslettern, wenn externe Personen Eintragungen vornehmen, also Inhalte in die Systeme des Unternehmens einbringen, die das Unternehmen nicht selbst generiert hat. In Gästebüchern und Newslettern können von außen Inhalte ***gepostet*** werden, die strafbar und/oder zivilrechtlich verfolgbar sind, etwa ***Beleidigungen*** von Personen des öffentlichen Lebens oder illegal angebotene Produkte, wie Arzneimittel oder Pornografie. Es stellt sich hier die Frage, inwieweit das Unternehmen als Betreiber der EDV-Systeme für die illegalen Angebote mitverantwortlich ist.

*Host-Provider*

Eine ähnliche Problematik besteht, wenn das Unternehmen für seine Kunden ***Webspace*** im Rahmen von Hosting-Verträgen zur Verfügung stellt, sodass der Kunde über die Server des Unternehmens seine Inhalte ins Internet stellen kann. Diese Fälle betreffen sowohl die klassischen Internet-Service-Provider, wie auch alle anderen Unternehmen, die fremde Inhalte im Rahmen ihrer Dienstleistung verwalten und ins Netz stellen.

*Inhalte von E-Mails*

Fremdinhalte können auch im profanen Alltagsbetrieb zum Problem werden, etwa wenn ***betriebsinterne E-Mail-Verteiler*** Anhänge mit zweifelhaften Dateien enthalten. In den letzten Jahren ist die ***Spam-Problematik*** stark angestiegen. Auch durch die Spam-Mails werden illegale Inhalte wie Pornografie- oder Arzneimittelwerbung transportiert, für die sich die Frage der Mitverantwortlichkeit des Arbeitgebers stellen kann. Besonders herauszustellen sind die Fälle von ***illegaler Pornografie*** – also pornografische Darstellungen mit Gewalt, Kindern oder Tieren - deren Verbreitung gem. § 184 Abs. 3 StGB strafbar ist. Dabei ist besonders zu beachten, dass gem. § 184 Abs. 5 StGB bereits der *Besitz* von Kinderpornografie strafbar ist.

*Minderjährige*

Die Pornografie muss jedoch nicht illegal sein, um zum Problem zu werden. Gemäß § 184 Abs. 1 StGB ist auch herkömmliche

Pornografie strafbar, sofern sie Personen unter 18 Jahren – also etwa ***Azubis*** – zugänglich gemacht wird. Gerade die sehr beliebten betriebsinternen E-Mail-Verteiler mit Anhang führen nach dem Schneeballprinzip zu einer weiten und unkontrollierten Verbreitung von Dateien. Kommen minderjährige Azubis auf diesem Wege oder durch Download aus dem Internet mit pornografischem Material in Kontakt, stellt sich die Frage der Mitverantwortlichkeit des Arbeitgebers. Zur Strafanzeige des Arbeitgebers kann es insbesondere kommen, wenn empörte Eltern von solchen Vorgängen Kenntnis erlangen, etwa weil pornografische Inhalte mit nach Hause gebracht werden. Besonders praxisrelevant und brisant sind die Fälle, wenn die Verletzung religiöser Moralvorstellungen hinzukommt. Auch wenn die in der Folge eingeleiteten Strafverfahren nicht zur Verurteilung führen, ist der Imageschaden für das Unternehmen beträchtlich.

## 4.3 Die Haftung nach dem TDG

Maßgebliches Gesetz für Haftungsfragen der Teledienste im IT-Bereich ist das ***Teledienstegesetz*** (TDG), das vor allem eine ganze Reihe von Haftungsprivilegierungen vorsieht. In der Folge werden deshalb zunächst im speziellen TDG Antworten auf die vielfältigen Haftungsfragen gesucht. Soweit dabei Probleme ungelöst bleiben, wird im Anschluss ergänzend auf die allgemeine Haftungssystematik zurückgegriffen.

Schematisch lässt sich die Haftungsregelung des TDG wie folgt darstellen:

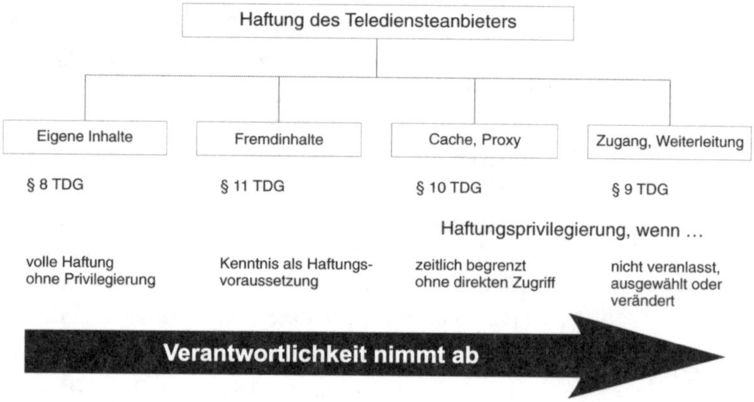

### 4.3.1 Gesetzliche Regelung

*Übergreifende Geltung*

Das Rechtsleben wird geprägt durch die Aufteilung in die drei großen Gebiete Zivilrecht, Strafrecht und öffentliches Recht. Regelmäßig kann ein Gesetz nur einem dieser Bereiche zugeordnet werden. Nicht so das TDG, das gebietsübergreifend für alle drei Disziplinen gleichermaßen gilt.

*Fortlaufende Novellierung*

Die gesetzlichen Bestimmungen für die Haftung im Internet hinken naturgemäß der ständig fortschreitenden technischen Entwicklung hinterher. Der rasche Wandel im IT-Sektor bringt für den Gesetzgeber regelmäßig die Notwendigkeit mit sich, die gesetzlichen Regelungen anzupassen. Das TDG wird daher immer wieder novelliert, zuletzt durch das ***Gesetz für den elektronischen Geschäftsverkehr*** (EGG) vom 01.01.2002 (BGBl I 2001, 3721), das der Umsetzung der Vorgaben der ***E-Commerce-Richtlinie*** 2000/31/EG vom 8.6.2000 (ABlEG Nr. L 178 vom 17.07.2000,1) diente.

### 4.3.2 Haftungsprivilegierung

*Keine eigene Anspruchsgrundlage*

Das Teledienstegesetz enthält die wesentlichen Haftungsregeln für Teledienste. Es enthält aber – was oft missverstanden wird – keine eigenen haftungsbegründenden Regeln, also weder Anspruchsgrundlagen für Schadensersatzansprüche noch Straftatbestände. Es führt auch nicht zu einer Haftungsverschärfung gegenüber der allgemeinen gesetzlichen Haftungssituation. Vielmehr schafft das TDG zusätzlich zu den allgemeinen Gesetzen Haftungsvoraussetzungen und Bedingungen und führt so zu einer ***Haftungsprivilegierung*** gegenüber der allgemeinen Rechtslage. Andernfalls ginge die Haftung im Internet zu weit. So würde z. B. das automatisierte Zwischenspeichern von illegalen Inhalten auf dem Proxy-Server ohne spezielle Privilegierung zu einer Haftungskonstellation führen.

*Prüfungsreihenfolge*

Bei der Prüfung von Haftungsfragen ist also zunächst der Schadensersatzanspruch oder die Strafbarkeit nach den allgemeinen Gesetzen (etwa das BGB bzw. StGB) festzustellen, um sodann die speziellen Haftungsvoraussetzungen des TDG zusätzlich zu überprüfen. Erst wenn diese zusätzlichen Voraussetzungen des TDG vorliegen, ist eine zivilrechtliche Haftung für Schadensersatz oder eine strafrechtliche Verantwortlichkeit gegeben.

### 4.3.3 Teledienste

*Definition*

Nach der Legaldefinition des § 2 Abs. 1 TDG sind ***Teledienste*** alle elektronischen Informations- und Kommunikationsdienste, die für eine individuelle Nutzung von kombinierbaren Daten wie Zeichen, Bilder oder Töne bestimmt sind und denen eine Übermittlung mittels Telekommunikation zugrunde liegt.

*Inhaltliche Angebote*

Hierzu gehören gemäß § 2 Abs. 2 TDG insbesondere Angebote zur Nutzung des Internets oder anderer Netze, das virtuelle Angebot von Waren und Dienstleistungen mit unmittelbarer Bestellmöglichkeit, virtuelle Angebote zur Information oder Kommunikation, Telebanking, elektronischer Datenaustausch, Telespiele usw. Obwohl diese Aufzählung im Gesetz nur beispielhaft und nicht abschließend ist, wird deutlich, dass der Anwendungsbereich des TDG alle ***inhaltlichen Angebote*** im Internet, Intranet und anderen virtuellen Netzen erfasst. Dabei liegt die Betonung auf den „inhaltlichen" Angeboten, in Abgrenzung zur Telekommunikation, die den Übertragungsvorgang sowie die Übertragungswege der Daten erfasst.

*Verhältnis Arbeitgeber-Arbeitnehmer*

Über die Frage, ob der Arbeitgeber, allein schon deshalb zu einem ***Teledienst*** wird, weil er seinen Mitarbeitern den Internetnutzung vermittelt, kann gestritten werden. Nach der hier vertretenen Ansicht, ist die reine Zugangsvermittlung kein Teledienst, was zur Nichtanwendbarkeit des TDDSG führt (vgl. hierzu im Einzelnen unten, Kapitel 6.4). Die Frage der Anwendbarkeit des TDG und seiner Haftungsnormen richtet sich jedoch nach § 3 Nr. 1 TDG, wonach unter den Begriff des ***Diensteanbieters*** neben den Telediensten ausdrücklich auch die Zugangsvermittler fallen. Durch die Einrichtung des Internetzuganges für die Mitarbeiter wird der Arbeitgeber zum ***Zugangsvermittler*** (Access-Provider), weshalb er im Verhältnis zu seinen Arbeitnehmern ein Diensteanbieter im Sinne des TDG ist. Dies gilt erst recht, wenn er für seine Arbeitnehmer im Intranet auch inhaltliche Nutzungsangebote bereithält, sodass er zum Teledienst wird.

Damit ist im Verhältnis Arbeitgeber-Arbeitnehmer das TDG jedenfalls anwendbar, und zwar nicht nur im Bereich der Privatnutzung der Arbeitnehmer, sondern auch für die ***dienstliche Nutzung***, die im Gegensatz zu § 1 Nr. 1 TDDSG für den Geltungsbereich des TDG nicht ausdrücklich ausgenommen wurde.

Da alle Netzwerke und Inhalte umfasst sind, erfährt das TDG im IT-Bereich eine sehr ***breite, umfassende Anwendung***.

## 4.4 Haftung für eigene Inhalte

*Art der Inhalte*

Die Haftungssystematik des TDG unterscheidet nach der Art möglicher illegaler Inhalte. Von entscheidender Bedeutung ist zunächst, ob ein eigener oder ein fremder Inhalt vorliegt. ***Eigene Inhalte*** sind solche, die der Diensteanbieter selbst generiert oder sich zu eigen macht, während ***Fremdinhalte*** von dritten Personen in das EDV-System des Teledienstes eingebracht werden. Wird z. B. auf einer Webseite neben allgemeinen Informationen, die vom Telediensteanbieter selbst stammen, auch ein Gästebuch zur Verfügung gestellt, so sind die dort durch externe Dritte vorgenommenen Eintragungen für den Teledienst Fremdinhalte.

*Keine Privilegierung*

Für eigene Inhalte sieht das Teledienstegesetz keine Privilegierung vor, da es in § 8 Abs. 1 TDG bestimmt, dass Diensteanbieter für eigene Informationen ***voll verantwortlich*** sind. Das Gesetz regelt hier eine Selbstverständlichkeit. Wer Inhalte selbst generiert, muss auch dafür einstehen. Für eigene Inhalte besteht daher die volle Haftung nach den allgemeinen Gesetzen.

*Einbeziehung fremder Inhalte*

Eigene Inhalte müssen aber nicht notwendig selbst erzeugt werden, sondern können auch durch Einbeziehung fremder Inhalte in das eigene Angebot entstehen. Man spricht von einem ***Sich-Zu-Eigen-Machen*** der fremden Inhalte. Eine detaillierte Beschreibung fremder Inhalte oder die fehlende Klarstellung des Zitatcharakters können deshalb zur vollen Verantwortlichkeit von eigenen Inhalten führen.

Schwierigkeiten bereiten vor allem ***Konzernstrukturen*** mit Mutter- und Tochtergesellschaften. Hier kann zweifelhaft sein, ob es sich um einen eigenen Inhalt der Konzernmutter oder um Fremdinhalte von anderen Konzerngesellschaften handelt. Eine solche Konstellation lag zum Beispiel dem nachfolgend dargestellten Compuserve-Fall zugrunde.

## 4.5 Haftung für Fremdinhalte

Die Verantwortlichkeit für Fremdinhalte bildet die ***Kernproblematik*** im Haftungsrecht. Hier entstehen in den Unternehmen – also insbesondere im Verhältnis zwischen Arbeitgeber und Arbeitnehmer – die meisten Probleme, wie sich aus der obigen Schilderung der Haftungsszenarien ergibt. So z. B. wenn ein Mitarbeiter illegale Inhalte wie mp3-Files aus dem Internet herunter lädt und auf dem Server seines Arbeitgebers abspeichert.

### 4.5.1 Kenntnis als Voraussetzung

*Positive Kenntnis*

Gemäß § 11 S. 1 TDG sind Teledienste für Fremdinhalte, die sie für einen Nutzer ***speichern***, nur haftbar, wenn sie ***positive Kenntnis*** von den Inhalten erlangen, ohne unverzüglich die Inhalte zu ***entfernen*** oder den Zugang zu sperren. Dies gilt zunächst nur hinsichtlich der Strafbarkeit uneingeschränkt, während für die Schadensersatzhaftung der Maßstab aufgeweicht wurde. Strafbarkeit kann also nur eintreten, wenn der Arbeitgeber oder sonstige Diensteanbieter tatsächlich Kenntnis von den strafbaren Inhalten erlangt hat. Wird er z. B. auf einen beleidigenden Inhalt in seinem Gästebuch hingewiesen, so hat er diesen Inhalt unverzüglich zu entfernen, andernfalls macht er sich strafbar.

*Bewusstes Bereithalten*

Problematisch und diskussionswürdig ist, wann die Kenntnis als Haftungsvoraussetzung tatsächlich vorliegt. Ob bereits das ***bewusste Bereithalten*** von Inhalten ausreicht oder positive Kenntnis vom konkreten Inhalt erforderlich ist. Anzeigenmärkte, Gästebücher, Diskussionsforen oder Newsgroups enthalten große Mengen fremder Inhalte, die der Betreiber natürlich bewusst bereit hält, ohne dass er von diesen Inhalten konkret Kenntnis erlangen muss. Würde dieses bewusste Bereithalten bereits zur Haftung führen, wäre folglich der Betreiber verpflichtet, die gesamten Fremdinhalte ständig auf Illegalität hin zu durchforsten.

*Fazit*

Für die Haftung ist deshalb *positive* Kenntnis – im Sinne einer tatsächlichen, ***konkreten Kenntnis*** vom rechtswidrigen Inhalt – zu fordern.

## 4.5.2 Aktive Nachforschung

*Keine Nachforschungspflicht*

Eine Nachforschungspflicht besteht gerade nicht. Gem. § 8 Abs. 2 TDG sind Diensteanbieter nicht verpflichtet, die von ihnen übermittelten oder gespeicherten Informationen zu überwachen oder nach Umständen zu forschen, die auf eine rechtswidrige Tätigkeit hinweisen. Es besteht also keine Verpflichtung zur ***aktiven Suche*** nach illegalen Inhalten, schon weil dies technisch und personell ***nicht leistbar*** wäre. Große Host-Provider mit Millionen von Kunden, denen jeweils Speicherplatz für die eigene Homepage eingerichtet wird, können die entstehenden riesigen Datenmengen unmöglich regelmäßig kontrollieren. Noch dazu müsste eine Kontrolle in kurzen Intervallen wiederholt werden, da sich die Inhalte täglich ändern können.

*Freiwillige Nachforschung*

Trotz fehlender Nachforschungspflicht ist es in vielen Unternehmen üblich, schon aus ***Imagegründen*** nach unerwünschten und illegalen Inhalten zu suchen. Zu Recht fürchtet man die negative Medienberichterstattung, wenn etwa kinderpornografische Inhalte auf den Firmenservern entdeckt werden. Sofern ein Unternehmen Nachforschungen durchführt, umso besser. Allerdings sollte bei Kenntniserlangung dann auch entfernt werden. Denn wenn diese Kenntnis nachgewiesen werden kann, dann liegt der Haftungstatbestand vor und der Teledienst hat gerade aufgrund seiner Kontrollmaßnahmen ein Eigentor geschossen. Insofern ist der Ratschlag zur ständigen Kontrolle der Systeme nach wie vor ein ***zweischneidiges Schwert***. Denn bis dato führt die Gesetzeslage immer noch zu der unerfreulichen Konsequenz, dass der redliche Telediensteanbieter, der in lauterer Absicht Inhaltskontrollen vornimmt, schlechter steht als ein Anbieter, der von vornherein auf derartige Kontrollen verzichtet. Unter diesem Gesichtspunkt muss sich die Regelungssystematik des TDG Kritik gefallen lassen.

## 4.5.3 Evidenzhaftung für Schadensersatz

*Fahrlässigkeitsmaßstab*

Stets ist zwischen der zivilrechtlichen Haftung für Schadensersatz und der strafrechtlichen Verantwortlichkeit zu unterscheiden. Während Strafbarkeit nach § 11 S. 1 TDG positive Kenntnis voraussetzt, ist die Schadensersatzhaftung seit der Haftungsverschärfung durch das EGG weitergehend. Demnach führt nicht nur die Kenntnis vom rechtswidrigen Inhalt, sondern auch schon die Kenntnis von Tatsachen, aus denen der rechtswidrige Inhalt ***offensichtlich*** wird, zum Schadensersatzanspruch. Das EGG stellt damit abweichend von der bisherigen Regelung, die Vorsatz

(= Kenntnis) verlangt hat, einen Fahrlässigkeitsmaßstab in Form einer ***Evidenzhaftung*** auf, nach dem offensichtliche Indizien ausreichen. Dies bedeutet für den Teledienst zwar keine aktive Nachforschungspflicht, aber eine ***erhöhte Sorgfaltspflicht***. Auch nach dem neuen Wortlaut des Gesetzes ist die fahrlässige Unkenntnis – das sogenannte „Kennen-müssen" – nicht vollständig erfasst, sondern auf Evidenzfälle beschränkt. Trotzdem wird der, bislang nur von einzelnen Gerichtsentscheidungen ausgesprochene, Fahrlässigkeitsmaßstab ausdrücklich gesetzlich verankert.

*Rechtsprechung*

Damit hat sich der Gesetzgeber einer Tendenz in der Rechtsprechung angenähert, die auch bisher schon zu einer ***extensiven Auslegung*** des Kenntnismerkmals neigte. So führt nach Ansicht des Landgerichts Trier (Urteil vom 16.05.2001 – 4 O 106/00 – rechtskräftig) oder des Landgerichts München I (NJW 2000, 2214 – „AOL MIDI-Files") auch der ***bedingte Vorsatz***, also das gleichgültige „und wenn schon!", das „bewusste Wegschauen" im Sinne eines „es wird schon nichts passieren" zur Haftung. AOL etwa musste sich die Kenntnis seiner „Scouts", d. h. der zwar im Auftrag des Online-Anbieters, aber unentgeltlich tätigen AOL-Kunden als eigene Kenntnis analog § 166 BGB zurechnen lassen.

Nach den Maßstäben dieser Rechtsprechung ergibt sich eine Pflicht des Unternehmens, das Problem der illegalen Inhalte zu erkennen und ***geeignete Gegenmaßnahmen*** – etwa die Installation von Filtersystemen – zu ergreifen. Hier zeigt sich, dass der redliche Anbieter, der Inhaltskontrollen durchführt, schlechter steht als ein Anbieter, der die Augen verschließt. Darüberhinaus haben die benannten Gerichtsentscheidungen keine Antwort auf die ungelöste Frage gegeben, wie denn bei großen Datenmengen zu verfahren ist, also eine Kontrolle personell unmöglich wird. Unmögliches aber kann nicht verlangt werden, so dass eine Nachforschungspflicht entsprechend § 8 Abs. 2 TDG nicht bestehen kann.

### 4.5.4 Kenntniszurechnung

*Zurechnung in juristischen Personen*

Werden Inhalte im Namen von Unternehmen bzw. juristischen Personen verbreitet, so trifft die Strafbarkeit zu aller erst den Geschäftsführer oder Vorstand des Unternehmens. Da die juristische Person selbst nicht bestraft werden kann, wird die Geschäftsleitung zur Verantwortung gezogen. Diese kann ihre Haftungssituation nicht durch ***Aufgabendelegation*** mit dem Argument verbessern, sie selbst habe von den illegalen Inhalten keine Kenntnis erlangt. Andernfalls könnte eine Umgehung der Haftungsbestimmungen auf simple Weise durch das Drei-Affen-Prinzip erfolgen: „Nichts gesehen, nichts gehört, nicht gehaftet". Die Kenntnis wird in ***arbeitsteiligen Organisationen*** deshalb zugerechnet.

*Stellvertreter*

Zugerechnet wird zunächst die Kenntnis all derjenigen Personen, die im Rechtsverkehr für das Unternehmen handeln können, also mit ***Vertretungsmacht*** ausgestattet sind. Hierzu gehören Geschäftsführer, Vorstände, aber auch Prokuristen und sonstige Bevollmächtigte.

*Wissensvertreter*

Zugerechnet wird aber nach der BGH-Rechtsprechung analog § 166 BGB auch die Kenntnis von sogenannten ***Wissensvertretern***, also Personen, die ***fachlich*** mit der Problematik betraut sind, wie etwa Sicherheitsbeauftragte, Mitarbeiter von Organisationsabteilungen oder Systemadministratoren. Erlangt z. B. ein Administrator Kenntnis von strafbaren Inhalten auf den Servern seines Arbeitgebers, so muss er unverzüglich tätig werden, um die Zugänglichkeit dieser Inhalte zu unterbinden, andernfalls macht sich das Unternehmen und damit die Geschäftsleitung strafbar. Hierüber besteht weitgehend Einigkeit.

*Herkömmliche Mitarbeiter*

Juristisch problematisch ist die Frage, ob auch die Kenntnis ***herkömmlicher Mitarbeiter***, die fachlich mit IT-Sicherheit oder illegalen Inhalten nicht betraut wurden, für die Haftung oder Strafbarkeit des Unternehmens ausreichend ist. Das Problem hat hohe Praxisrelevanz, insbesondere wenn über betriebsinterne E-Mail-Verteiler illegale Dateianhänge verbreitet werden. Aufgrund der breiten Streuung nehmen regelmäßig eine Vielzahl von Mitarbeitern innerhalb des Unternehmens Kenntnis vom illegalen Inhalt. Diese ***weitläufige Kenntniserlangung*** kann dem Unternehmen sicherlich nicht pauschal und voraussetzungslos zugerechnet werden. Vielmehr wird man zur Lösung auf die allgemeinen Haftungsregeln, insbesondere die Verkehrssicherungspflichten (hierzu sogleich unten) zurückgreifen müssen.

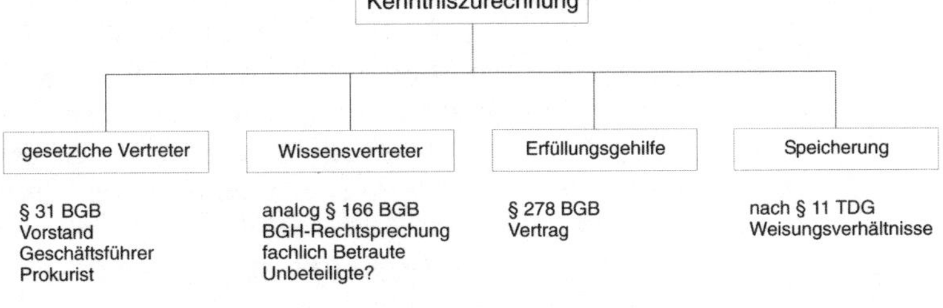

### 4.5.5 Weisungsverhältnisse

*Keine Haftungsprivilegierung*

Allerdings wurde im Rahmen der Novellierung und Haftungsverschärfung durch das EGG § 11 Satz 2 TDG neu eingeführt, nach dem die Kenntnis als Haftungsvoraussetzung entfällt, wenn der Nutzer dem Diensteanbieter untersteht oder von ihm beaufsichtigt wird. Die sonst übliche Haftungsprivilegierung wird damit innerhalb von Weisungsverhältnissen aufgehoben, so dass der Diensteanbieter mit der ***Speicherung*** für die Fremdinhalte nach den allgemeinen Regeln haftet. Hierunter fallen z. B. ***Konzernkonstellationen***, wenn die Konzernmutter einen Inhalt der von ihr beaufsichtigten Tochtergesellschaft ins Netz stellt. Die Vorschrift trifft nach ihrem Wortlaut auf alle ***weisungsunterworfenen Personen*** zu, z. B. auch auf den Verlag, der die Schriften eines weisungsabhängigen Autors auf seinen Webseiten veröffentlicht.

*Arbeitsverhältnisse*

Verbleibt die Frage, ob die Vorschrift auch auf das Verhältnis des Arbeitgebers zu den ihm unterstellten Arbeitnehmern anwendbar ist. Also etwa wenn ein Mitarbeiter raubkopierte Software aus dem Internet herunterlädt und auf dem Server seines Arbeitgebers abspeichert. Dafür spricht, dass auch das Arbeitsverhältnis ein Weisungsverhältnis ist. Allerdings erbringt der Arbeitgeber - anders als die Konzernmutter oder der Verlag - in Bezug auf die illegalen Inhalte des Arbeitnehmers in der Regel keine Teledienstleistung. Er will die Inhalte nicht ins Netz stellen, vielmehr liegt ein Missbrauch des Arbeitnehmers vor. Hier ist die ***Rechtslage unklar***, schon weil das Gesetz keine näheren Angaben dazu macht. Wie so oft bleiben die praktischen Kernprobleme gesetzlich ungeregelt.

*Garantenstellung des Arbeitgebers*

Im Kern geht es um die Frage, inwieweit den Arbeitgeber eine ***Garantenpflicht*** für die rechtsmissbräuchlichen Nutzungen der Arbeitnehmer in den virtuellen Netzwerken trifft. Es ginge sicherlich zu weit, ohne weitere Voraussetzungen, allein an den Abspeichervorgang eine umfassende Mithaftung des Arbeitgebers zu knüpfen. Lädt z. B. ein Arbeitnehmer illegale Pornografie herunter, so kann dies nicht unmittelbar dem Arbeitgeber angelastet werden. Andernfalls würde man das Verschuldensprinzip durch eine Gefährdungshaftung ersetzen. Jedoch kann man die in § 11 Satz 2 TDG zum Ausdruck kommende Intention des Gesetzgebers als ***Tendenzaussage*** werten: „Im Weisungsverhältnis werden abgespeicherte Inhalte auch ohne Kenntnis zugerechnet“. Der Inhalt rückt also näher an den Arbeitgeber heran. Unter welchen weiteren Voraussetzungen aus der Annäherung eine Mitverantwortlichkeit wird, richtet sich nach den allgemeinen

Haftungsregeln, insbesondere wird man zur Lösung auf die Systematik der ***Verkehrssicherungspflichten*** (vgl. unten, Kapitel 4.6) zurückgreifen müssen.

## 4.5.6 Zumutbarkeit der Sperrung

*Bisherige Rechtslage*

Nach der bisherigen Rechtslage vor Novellierung durch das EGG bestimmte der § 5 Abs. 2 TDG a.F. für die Haftung für Fremdinhalte: „Diensteanbieter sind für fremde Inhalte, die sie zur Nutzung bereithalten nur dann verantwortlich, wenn sie von diesen Inhalten Kenntnis haben und es ihnen ***technisch möglich und zumutbar*** ist, deren Nutung zu verhindern."

*Zumutbarkeitsvoraussetzung*

Neben der Kenntnis, musste also auch die Zumutbarkeit der Sperrung gegeben sein. Diese Zumutbarkeitsvoraussetzung ist in der Neufassung des TDG nicht mehr ausdrücklich enthalten. Daraus kann jedoch nicht geschlossen werden, dass die Möglichkeit oder Zumutbarkeit des Entfernens nicht mehr Haftungsvoraussetzung ist. Vielmehr hat der Gesetzgeber ganz offensichtlich die Zumutbarkeitsklausel als eine rechtliche ***Selbstverständlichkeit*** für nicht mehr erwähnenswert erachtet. Auch nach der neuen Rechtslage kann der Gesetzgeber oder die Rechtsprechung nichts Unzumutbares verlangen. Die Voraussetzung der Zumutbarkeit muss nach wie vor in die Haftungsnormen hinein gelesen werden.

*Beispiele*

So können von einem Unternehmen etwa Kontrollmaßnahmen, die personell oder wirtschaftlich ***unverhältnismäßig*** wären, nicht verlangt werden. Die Kontrolle illegaler Inhalte stößt auch dann an eine Zumutbarkeitsgrenze, wenn die Einsichtnahme durch den Arbeitgeber gegen ***Datenschutzbestimmungen*** verstoßen würde.

*Compuserve-Urteil*

Die Haftungssystematik des TDG steht nicht nur auf dem Papier, sondern hat in der Praxis weitreichende Auswirkungen. Dies zeigt sich vor allem an so medienwirksamen Ereignissen wie dem ***Compuserve-Urteil*** (AG München vom 28.05.1998, MMR 1998, 429 ff.).

*Sachverhalt*

Die Compuserve Deutschland GmbH betrieb als Tochter der amerikanischen Muttergesellschaft lediglich Rooter und Einwahlknoten, hielt aber selbst ***keine eigenen Inhalte*** zur Nutzung bereit. Nach dem Auftauchen von ***Kinderpornografie*** in einer Newsgroup erging von der Staatsanwaltschaft an den Geschäftsführer der Compuserve Deutschland GmbH der Hinweis, man möge die betreffende Newsgroup schließen. Der Geschäftsführer von Compuserve Deutschland meldete die Aufforderung an die amerikanische Mutter, woraufhin zunächst eine Sperrung erfolgte, die jedoch aus schwer nachvollziehbaren Gründen einige Zeit später wieder aufgehoben wurde. Nachdem die Staatsanwaltschaft den erneuten Betrieb der Newsgroup festgestellt hatte, wurde der Geschäftsführer vor dem Amtsgericht München wegen Verbreitung illegaler Pornografie gem. § 184 Abs. 3 Nr. 2 StGB angeklagt und verurteilt. Das Urteil ist in der Fachliteratur auf Ablehnung gestoßen und wurde in der Berufungsinstanz vom Landgericht München wieder aufgehoben. Es gilt seither als Schulfall, einerseits für die juristischen Risiken, denen Telediensteanbieter in hohem Maße unterworfen sind, andererseits aber auch für die Notwendigkeit der Haftungsprivilegierungen im TDG.

*Rechtliche Einordnung*

Es ist zunächst fraglich, ob hier hinreichende ***Kenntnis*** als Haftungsvoraussetzung für Fremdinhalte vorlag. Zwar hatte der deutsche Geschäftsführer durch den Hinweis der Staatsanwaltschaft zunächst Kenntnis von den illegalen Inhalten erlangt, war jedoch nach Weitermeldung davon ausgegangen, dass die amerikanische Mutter die Inhalte sperrt. Aus seiner Sicht hatte der Geschäftsführer das Notwendige getan. Die Wiederöffnung der Newsgroup durch die amerikanische Mutter lag nicht in seinem Verantwortungsbereich. Man kann hier also schon die Kenntnisvoraussetzung verneinen. Jedenfalls aber lag eine ***zumutbare Möglichkeit*** der Sperrung für den deutschen Geschäftsführer nicht vor, da er als Tochterunternehmen auf die amerikanische Mutter keinen zwingenden Einfluss nehmen konnte. Vielmehr hätte der amerikanische Geschäftsführer angeklagt werden müssen.

Die Compuserve-Entscheidung hat die öffentliche Meinung in zwei Lager gespalten. Die Befürworter der Verurteilung führen v.a. an, der deutsche Geschäftsführer habe trotz Kenntnis nicht gesperrt, obwohl er hierzu technisch in der Lage gewesen wäre. Sofern letzteres zutrifft, kann auch diese Meinung vertreten werden. Die Compuserve-Entscheidung zeigt, dass die „Kenntnis" vom illegalen Inhalt ***kein hinreichendes Haftungskriterium*** ist, sondern nur ein Parameter unter vielen. Die komplexen Sachverhalte in der Praxis lassen sich mit diesem groben Maßstab nicht befriedigend lösen.

### 4.5.7 Absolute Haftungsprivilegierung

*Automatisiertes Zwischenspeichern*

Keinerlei Haftungsfolgen werden gem. § 10 TDG durch das ***automatisierte Zwischenspeichern*** von Inhalten, etwa beim Betrieb eines Proxy-Servers oder eines Cache ausgelöst. Voraussetzung ist, dass die Zwischenspeicherung automatisch und zeitlich begrenzt erfolgt und allein dem Zweck dient, die Übermittlung der fremden Inhalte effizienter zu machen, ohne dass dabei die fremden Informationen verändert werden. Hier war der Gesetzgeber aufgrund der ***technischen Sachzwänge*** – insbesondere der Notwendigkeit zur Beschleunigung der Übermittlung – gehalten, die automatisierte Zwischenspeicherung von der Haftung freizustellen. Andernfalls wäre z. B. der Betrieb von Proxy-Servern haftungsrechtlich fragwürdig, da dort zwangsläufig eine Vielzahl illegaler Inhalte zwischengespeichert werden.

*Weiter-leitung, Zugangs-vermittlung*

Ebenso vollständig haftungsprivilegiert sind gem. § 9 TDG Dienstanbieter, die lediglich die Weiterleitung von Inhalten vornehmen (so z. B. der ***E-Mail-Provider***) oder die lediglich den Zugang zum Internet vermitteln (so z. B. der klassische ***Access-Provider***), sofern sie die Übermittlung nicht veranlasst und den Adressaten oder die übermittelte Information weder ausgewählt noch verändert haben. Die Nutzung des Internets wäre insgesamt in Frage gestellt, würde man den reinen Zugangsvermittler für die zahlreichen, im Internet vorgefundenen, illegalen Inhalte verantwortlich machen. Auch die reine Weiterleitung etwa durch den E-Mail-Dienst darf nicht zu einer Verantwortlichkeit für die transportierten Inhalte führen, schon weil dem E-Mail-Dienst die Inhaltskontrolle untersagt ist. Als TK-Anbieter unterliegt er dem ***Fernmeldegeheimnis*** und würde sich bei Einsichtnahme strafbar machen (vgl. unten, Kapitel 6.2). Dem E-Mail-Dienst obliegt lediglich die ***Transportfunktion***, ohne dass eine inhaltliche Beziehung zu den transportierten Daten entsteht.

*Spam-Filter*

Dies führt zu Konsequenzen, etwa im Hinblick auf die ***Spam-Problematik***. Der Provider ist aufgrund der Gesetzeslage in § 9 TDG nicht verpflichtet, zum Wohle des Kunden inhaltliche Filtermaßnahmen vorzunehmen, also einen Spam-Filter einzusetzen. Vielmehr bleibt der Empfänger der Spam-Mails auf sich gestellt (vgl. unten, Kapitel 7.3.1).

*Verhältnis Arbeitgeber-Arbeitnehmer*

Für Haftungsfragen im Verhältnis Arbeitgeber-Arbeitnehmer ist die ***absolute Haftungsprivilegierung*** des § 9 Abs. 1 TDG ebenfalls anwendbar, denn der Arbeitgeber ist Diensteanbieter und Teledienst im Sinne des TDG. Den Arbeitgeber trifft also keine Verantwortlichkeit, wenn Mitarbeiter im Zuge der privaten oder dienstlichen Internetnutzung mit illegalen oder obszönen Inhalten konfrontiert werden.

### 4.5.8 Persönliche Haftung von Mitarbeitern

*Allgemeine Gesetze*

Nicht nur für das Unternehmen, sondern auch für die fachlich betrauten Mitarbeiter wie etwa Systemadministratoren, denen die Bekämpfung illegaler Inhalte hauptsächlich obliegt, stellt sich die Frage der Haftung. Mitarbeiter sind zivilrechtlich für Schäden nur im Rahmen der besonderen arbeitsrechtlichen Vorgaben der ***gefahrgeneigten Tätigkeit*** haftbar zu machen. Im übrigen gelten die ***allgemeinen Gesetze***, nach denen z. B. schon der Besitz von Kinderpornografie strafbar ist. Illegale Inhalte dieser Art sollten vom Administrator also nur dann zu Beweiszwecken mitgeschnitten und aufbewahrt werden, wenn sie umgehend an die Ermittlungsbehörden weitergereicht werden. Andernfalls macht sich der Administrator selbst strafbar. Eine Beihilfestrafbarkeit kommt insbesondere auch dann in Betracht, wenn der Administrator illegale Inhalte trotz Kenntnis nicht unterbindet oder sperrt.

*Haftungsentlastung*

Auf den Administrator sind die ***Haftungsprivilegierungen*** des TDG nicht anwendbar, da er weder Zugangsvermittler noch Teledienst ist. Bei Regressansprüchen im Innenverhältnis zwischen Arbeitgeber und Arbeitnehmer kommen ihm jedoch die Grundsätze der gefahrgeneigten Tätigkeit zu gute, wonach dem Arbeitnehmer in der Regel nur ***grob fahrlässiges*** Verhalten angelastet werden kann. Hier kann nach der Rechtsprechungspraxis der Arbeitgeber gegen Mitarbeiter wie z. B. Systemadministratoren regelmäßig keine Schadensersatzansprüche geltend machen.

### 4.5.9 Allgemeine Störerhaftung

*Unterlassungspflicht ohne Verschulden*

In der Regel folgt die Haftungssystematik dem Verschuldensprinzip, tritt also nur ein, wenn entweder Kenntnis oder Fahrlässigkeit gegeben ist. Die gilt insbesondere im Hinblick auf Schadensersatz und Strafbarkeit. Davon unabhängig besteht eine aus der allgemeinen Störerhaftung folgende ***Unterlassungspflicht***, die dem Diensteanbieter auch bei völlig schuldlosem Verhalten obliegt. Da ein Verschulden nicht gegeben ist, beschränkt sich die Rechtsfolge auf die Pflicht zur Unterlassung, ohne dass zusätzlich Schadensersatzansprüche oder Strafbarkeit vorliegen.

*Beispiel Internet-Café*

Betreibt ein Unternehmen z. B. einen öffentlich zugänglichen PC, an dem jeder Mitarbeiter in den Pausenzeiten freien und unbeschränkten Zugang zum Internet hat (sogenanntes ***Internet-Café***), so liegt eine reine Zugangsvermittlung durch das Unternehmen vor, die gem. § 9 TDG vollständig haftungsprivilegiert ist. Werden nun über dieses Internet-Café permanent illegale Handlungen – etwa Download von raubkopierter Software – vorgenommen, so obliegt dem betreibenden Unternehmen trotz der Haftungsfreistellung die allgemeine Unterlassungspflicht, den missbräuchlich verwendeten Internetzugang zu sperren. Man spricht hier auch von der ***allgemeinen Störerhaftung***, die verschuldensunabhängig jeden trifft, der für einen rechtswidrigen Vorgang ursächlich wird.

## 4.6 Verkehrssicherungspflichten und Organisationsverschulden

*Sicherung von Gefahrenquellen*

Wer eine ***Gefahrenquelle*** eröffnet, hat für deren Sicherung zu sorgen. Diese allgemeine Haftungsregel gilt nicht nur für den IT-Bereich, sondern für jede Art von Gefahrenquelle, etwa im Straßenverkehr oder bei der Produktion von Wirtschaftsgütern. Es handelt sich um eine Ausprägung des ***Verursacherprinzips***. Wer sein Intranet zum Zwecke der Information und Kommunikation mit dem Internet verbindet, eröffnet eine Gefahrenquelle, die er zu sichern hat. Juristisch spricht man von Verkehrssicherung und der Erfüllung von ***Verkehrssicherungspflichten***, die im Falle des Unterlassens zur Haftung führen.

*Organisationsverschulden*

In arbeitsteiligen Organisationen (Unternehmen, Behörden) hat die Leitungsebene durch Anordnungen dafür zu sorgen, dass durch die betrieblichen Arbeitsabläufe Dritte nicht geschädigt werden (BGH MDR 68, 139). Bei Verletzung dieser Organisationspflichten liegt ein selbständiges ***Organisationsverschulden*** vor, dass – unabhängig von der Gehilfenhaftung nach § 831 BGB – zur eigenen Haftung nach § 823 BGB führt. Die Verletzung von Verkehrssicherungspflichten kann in Schadensersatzansprüche und Strafbarkeit münden. Nach der allgemeinen Definition von Verschulden gemäß § 276 BGB ist das ***vorsätzliche***, aber auch das ***fahrlässige*** (sorgfaltswidrige) Verhalten erfasst. Fahrlässige Straftatbestände sind selten. Im IT-Bereich werden in der Regel nur vorsätzliche Taten strafbar sein, während Schadensersatzansprüche sowohl durch fahrlässiges wie auch durch vorsätzliches Verhalten entstehen können.

*Haftungssystematik*

Das Unterlassen von Verkehrssicherungspflichten führt zur Haftung. Umgekehrt ist die Erfüllung von Verkehrssicherungspflichten ein präventiver Schutz gegen Schadensersatzansprüche und Strafbarkeit. Wer das notwendige Maß an Sicherheit erbringt, indem er erforderliche technische und organisatorische Maßnahmen ergreift, dem kann, wenn gleichwohl ein Schaden eintritt, kein Verschuldensvorwurf gemacht werden. Mit anderen Worten: Die Erfüllung der Verkehrssicherungspflichten führt zur ***Haftungsfreizeichnung***, auch wenn ein Schaden eintritt. Der Sorgfältige, vorausschauend Planende wird für seine Vorsorgemaßnahmen belohnt, auch wenn sich das verbliebene ***Restrisiko*** in einem Schaden realisiert hat. Verkehrssicherungspflichten wollen keine lückenlose Verantwortlichkeit begründen, weil das unternehmerische Risiko untragbar groß würde. Ein Restrisiko wird in Kauf genommen und nicht dem Unternehmer, sondern der Allgemeinheit aufgebürdet.

Zur Verdeutlichung mag das folgende allgemeine Beispiel dienen. Die ***Räumung des Gehwegs*** im Winter ist nichts anderes als die Sicherung einer Gefahrenquelle durch die verpflichteten Mieter oder Grundstückseigentümer. Die entsprechenden Verkehrssicherungspflichten sind in örtlichen Streu- und Räumsatzungen der Kommune konkretisiert, wo beispielsweise das dreimal tägliche Räumen oder Bestreuen vom Anlieger gefordert wird. Kommt trotz Erfüllung dieser Verkehrssicherungspflichten jemand zu schaden, so haftet der Anlieger nicht, denn es hat sich ein Restrisiko verwirklicht, das die Allgemeinheit zu tragen hat. Wird dagegen nicht geräumt, so besteht wegen der Pflichtverletzung eine Haftungsvermutung zu Lasten des säumigen Anliegers. Zu seiner Haftungsentlastung müsste er beweisen, dass der Fußgänger nicht wegen Schnee und Eisglätte, sondern in Wahrheit wegen eigener Unachtsamkeit zu Fall kam. Dies wird ihm regelmäßig nicht gelingen.

Die Verkehrssicherungspflichten geben einen Anreiz für Vorsorgemaßnahmen zur Schaffung von juristischer Sicherheit, die unter dem Strich Schadenseratzansprüche und Strafbarkeit vermeidet. ***Juristische Sicherheit*** ist das vorausschauende Vermeiden von Haftungsfolgen, was letztlich die ***maßgebliche Leitlinie*** eines vernünftigen Sicherheitskonzeptes sein sollte, das sich streng an wirtschaftlichen Kriterien orientiert. Weitergehende Sicherheit ist ein Ideal, das im Rahmen eines begrenzten Budgets regelmäßig nicht finanzierbar ist.

*Haftungsprävention*

Auch wenn Gesetz und Rechtsprechung die Haftungsvoraussetzungen bisher nicht klar definiert haben, kann Haftung in der IT weitgehend durch ***vorausschauende Eigeninitiative*** vermieden werden. Unabhängig davon, wie der Gesetzgeber oder die Rechtsprechung die Haftungsfragen letztlich regeln werden, kann einem Unternehmen kein Verschuldensvorwurf gemacht werden, das sinnvolle und zweckmäßige technische und organisatorische Vorkehrungen getroffen hat, um das Problem der illegalen Inhalte zu minimieren. Wer eine Gefahrenquelle erkennt und daraufhin hinreichende Maßnahmen ergreift, wird seinen Verkehrssicherungspflichten gerecht und von einem möglichen Vorwurf des Organisationsverschuldens frei. ***Haftungsprävention*** ist daher möglich.

*Umfang der Pflichten*

Hier fügt sich natürlich unmittelbar die Frage an, welches Maß an technischen und organisatorischen Vorkehrungen notwendig ist, um juristische Sicherheit zu schaffen. Eine Verkehrssicherung, die jeden Schaden ausschließt, also hunderprozentige Sicherheit schafft, ist nicht erreichbar. Verlangt werden kann aber ein technisch sinnvolles Maß an Sicherheit, dass die wirtschaftlichen Möglichkeiten eines Unternehmens nicht überstrapaziert. Dabei sind die Grundsätze der ***Verhältnismäßigkeit*** anzuwenden. Je größer die Wahrscheinlichkeit des Schadenseintritts und je schwerer der drohende Schaden, desto größer ist der Umfang der notwendigen Maßnahmen. Der BGH spricht von Vorkehrungen, die nach den konkreten Umständen und den Sicherheitserwartungen der Verkehrsanschauung zur Beseitigung der Gefahren erforderlich und ***wirtschaftlich zumutbar*** sind (BGH NJW 85, 1076; 78, 1629). Damit kann von großen Unternehmen und Behörden mehr verlangt werden, als von Kleinbetrieben, für die u.U der Einsatz teurer Technik nicht erschwinglich ist.

*Technische Regelwerke*

Für bestimmte Bereiche wird der Inhalt der Verkehrssicherungspflichten konkretisiert durch Regelwerke wie die ***DIN-Vorschriften*** (OLG Hamm NZV 95, 484). Soweit ist die Entwicklung im IT-Sektor allerdings noch nicht. Orientierung verschaffen auch die Zertifizierungsstandards ISO 17799 oder BSI-Grundschutz. Wer die Maßgaben des zuständigen Bundesamts erfüllt, ist jedenfalls auf der sicheren Seite. Allerdings wird solch umfassende Sicherheit zumindest für kleinere Unternehmen nicht bezahlbar sein.

## 4.7 Haftung für Links

*Bewusste Gesetzeslücke*

Die Haftung für Links ist ***gesetzlich nicht geregelt,*** insbesondere in den einschlägigen Haftungsvorschriften des TDG nicht erwähnt. Zunächst ging man von einem redaktionellen Versehen des Gesetzgebers aus. Da nun aber auch im Zuge der Novellierung des TDG durch das EGG keine Regelung nachgeschoben wurde, ist klar geworden, dass die Lücke bewusst nicht geschlossen wird. Dem Gesetzgeber fehlt offensichtlich der Lösungsansatz für die komplexe Problematik. Damit sind die Regeln der §§ 8ff. TDG nicht unmittelbar anwendbar. Auch eine ***analoge Anwendung*** muss unterbleiben, da sie nur bei unbewussten Lücken möglich ist. Da die Lücke an sich vom Gesetzgeber nicht gewünscht, sondern nur mangels Lösungsweg offen gelassen wird, können die im TDG verankerten Rechtsgedanken für die Linkproblematik aber zumindest fruchtbar gemacht werden.

*Strafbare Beihilfe*

Die Verlinkung auf einen strafbaren Inhalt kann eine ***Beihilfehandlung*** sein, weil sie die Verbreitung des strafbaren Inhalts fördert. Die Hilfestellung durch die Verlinkung muss allerdings ***vorsätzlich***, also mit Wissen und Wollen, erfolgen. Hierzu muss der Linksetzer die Strafbarkeit des verlinkten Inhalts kennen. Diese Kenntnis ist Voraussetzung für eine strafbare Beihilfe. Die Voraussetzungen für die Strafbarkeit der Beihilfe und das Kenntniserfordernis in § 11 TDG befinden sich somit im Gleichlauf, sodass kein Systembruch zwischen Strafrecht und der Haftung im TDG erfolgt.

*Sprechender Link*

Wird die Strafbarkeit einer Webseite schon aus der Domain ersichtlich, so ist die Verlinkung auf diese Seite ein vorsätzliches Fördern und damit strafbare Beihilfe. Gerade im Hinblick auf strafbare Pornografie, Raubkopien und Hackerseiten sind ***„sprechende" Domainbezeichnungen*** möglich. Allerdings werden solche Fälle im Verhältnis zur Vielzahl der Links selten vorkommen. In der Praxis ist eher eine gegenläufige Entwicklung zu beobachten, nach der auch harmlose Allgemeinbezeichnungen für illegale Webauftritte verwendet werden. Insgesamt wird man aus der Domainbezeichnung nur selten die Strafbarkeit ableiten können.

*Nachweispflicht*

Deshalb muss dem Linksetzer von den Ermittlungsbehörden die Kenntnis von den strafbaren Inhalten nachgewiesen werden. Dies wird regelmäßig nur gelingen, wenn ein ***ausdrücklicher Hinweis*** der Staatsanwaltschaft auf eine strafbare Seite vorausgegangen ist oder Zeugen – z. B. Mitarbeiter eines Unternehmens – herangezogen werden können.

*Kunden-beschwerde*

Vorsicht ist geboten, wenn ein Kunde des Unternehmens über eine Verlinkung auf eine strafbare Seite gelangt und sich darüber bei dem Unternehmen ***beschwert***. Hier entsteht nicht allein ein Imageschaden, sondern vor allem auch ein Haftungstatbestand. Durch die Mitteilung des Kunden erlangt das Telediensteunternehmen die notwendige Kenntnis, sodass zur Vermeidung von Strafbarkeit der Link unverzüglich entfernt werden muss. Hier sollten Nachlässigkeiten vermieden werden, da im Zweifel über Zeugenaussagen von Mitarbeitern belegbar ist, dass ein solcher Hinweis von Kundenseite vorlag.

*Unbemerkte Änderung*

Probleme entstehen in der Praxis vor allem, wenn sich der hinter dem Link stehende Inhalt ändert. Vormals harmlose Domains, deren Inhalt der Linksetzer kannte und fördern wollte, werden verkauft und zu einem strafbaren Webauftritt umfunktioniert. Für den Teledienst besteht im Hinblick auf solche Fälle ***keine Nachforschungspflicht***. Auch gemäß § 8 Abs. 2 TDG sind Teledienste nicht zur ständigen Überwachung der von ihnen verlinkten Inhalte verpflichtet. Ändern sich die verlinkten Inhalte vom Linksetzer unbemerkt, so wird keine Strafbarkeit begründet.

*Haftungsumfang*

Aus der fehlenden Nachforschungspflicht folgt auch, dass eine Haftung des Linksetzers allenfalls für die ***erste Linkebene*** eintreten kann. Dagegen ist er keinesfalls verpflichtet, die im verlinkten Inhalt enthaltenen weiteren Links zu überprüfen. Die Anzahl der Links und Inhalte wird nach dem Schneeballprinzip so unüberschaubar groß, dass diesbezügliche Prüfungspflichten nicht leistbar wären. Der Gesetzgeber äußert sich hierzu nicht, in der Literatur aber werden Haftungsfragen überwiegend nur in Bezug auf den Inhalt der ersten Linkebene diskutiert.

## 4.8 Haftung für Viren

Die Virenproblematik ist die älteste Sicherheitsgefahr und besteht schon länger als die kommerzielle Nutzung des Internet selbst. Laut einhelliger Berichterstattung in den einschlägigen Medien nimmt die Gefahr durch Viren laufend zu.

### 4.8.1 Erscheinungsformen

*Viren und Würmer*

***Viren*** sind Schädlingsprogramme, die Computersysteme infizieren, indem sie sich selbsttätig in Dateien kopieren oder auf sonstige Weise verbreiten, und auf vielfältige Weise Schäden verursachen. Sofern das Programm insbesondere Netzwerke befällt, spricht man von ***Würmern***, einer besonderen Form von Internet-Viren. Obwohl Würmer in der Praxis eine größere Rolle spielen, ist der Begriff des „Virus" als Bezeichnung für das Gesamtphänomen gebräuchlicher und wird deshalb in der Folge insgesamt verwendet.

*Technische Zusammenhänge*

Der klassische Virus stiftet Schaden, indem er Daten löscht, verändert oder unbrauchbar macht. Moderne Virentechnologie jedoch geht über die destruktive Schadensverursachung hinaus. Verwendet werden intelligente Methoden, wie Trojanische Pferde, die Daten ausspionieren oder öffentlich verbreiten. Das ***Trojanische Pferd*** ist ein schadensstiftendes Programm, das sich - zumeist getarnt als harmlose Anwendung – in ein EDV-System einschleicht.

*Gefährdungspotential*

In der Allianz von Viren- und ***Hackertechniken*** liegt eine besondere Bedrohung. Würmer wie „Bugbear" sind in der Lage, Passwörter und Kreditkartennummern auszuspionieren. Hierzu werden Tastatureingaben mitgeschnitten („keylogger") oder geheime Zugänge eingerichtet, die den Zugriff auf befallene Rechner oder Netzwerke ermöglichen („backdoor").

Die Verbreitung der Viren und Würmer erfolgt vornehmlich über den E-Mail-Verkehr. Dabei nimmt die Gefährlichkeit der Schädlinge laufend zu. Längst ist das Öffnen der E-Mail oder des Anhanges nicht mehr Voraussetzung für eine Infektion. Der Wurm „Bugbear" beispielsweise wird bereits durch die Ansicht im ***E-Mail-Vorschaufenster*** übertragen. Die aktuelle Generation von Massenwürmern benötigen ***kein Trägermedium*** mehr, sondern verbreiten sich selbsttätig allein durch das Booten des Rechners oder Starten der Mail-Software. Dabei verwenden sie Zieladressen, die sie zuvor – ebenfalls selbständig – in den Dateien des Versenders ausfindig gemacht haben, z. B. die gesamte Adressdatei des Mailprogramms.

*Potentielle Schädiger*

Virenversender können in zwei Gruppen eingeteilt werden. Die ***absichtlichen Versender***, handelnd mit hoher krimineller Energie, und die ***unbewußten Schädiger***, welche ohne es zu wollen, aufgrund sorgloser Handhabung des Virenschutzes an andere Viren weiterleiten oder Schäden verursachen.

*Absichtliche Versender*

Absichtliche Versender und alle anderen, die bewusst zur Verbreitung von Viren beitragen (etwa Programmierer, Anbieter von Viren etc.) sind zweifelsohne für ihre Handlungen ***voll verantwortlich*** (Schadensersatz und Strafbarkeit). Allerdings klafft zwischen der juristischen Verantwortlichkeit und der tatsächlichen Durchsetzbarkeit – etwa von Schadensersatzansprüchen – in der Praxis ein großes ***Vollzugsdefizit***. Gerade wegen der Strafdrohung verschleiert der absichtliche Versender seine Herkunft – etwa durch unrichtige Absender- und IP-Adressen – oder er agiert von vornherein unerreichbar aus dem Ausland. Auf das Abenteuer einer Klage im Ausland wird sich der Geschädigte nur ungern einlassen, denn die Prozesse sind langwierig und bergen ein hohes Kostenrisiko.

*Unbewusste Schädiger*

Der Geschädigte wird sich daher möglicherweise in seiner näheren Umgebung nach einem erreichbaren Ersatz umsehen. Dabei gerät leicht auch der ***unbewusste Versender*** ins Visier, der - zwar ohne Wollen und kriminelle Energie - aber als letztes Glied in der Versenderkette dem Geschädigten den Virus zugeleitet und damit den Schaden (mit-)verursacht hat. Daneben kann ein Virusschaden aber nicht nur durch Versendung, sondern immer dann entstehen, wenn mit fremden Daten umgegangen wird, etwa bei der ***Datenverarbeitung im Auftrag*** eines Dritten. Fraglich nur, ob und unter welchen Voraussetzungen der Fahrlässige für den eingetretenen Schaden haftbar ist. Rechtlich ist zwischen deliktischen und vertraglichen Schadensersatzansprüchen zu unterscheiden. Hierzu sogleich.

*Strafbarkeit*

Eine ***Strafanzeige*** kommt nur gegen den absichtlichen Versender oder Schädiger in Betracht, da Sachbeschädigung, Datenveränderung oder Computersabotage nur vorsätzlich, nicht aber fahrlässig begangen werden können.

## 4.8.2 Deliktische Ansprüche

*Anspruchs-grundlagen*

Hier kommen verschiedene Anspruchsgrundlagen in Betracht. Neben der ***unerlaubten Handlung*** nach § 823 Abs. 1 BGB auch § 823 Abs. 2 BGB, sofern gleichzeitig eine Straftat oder die Verletzung eines anderen Schutzgesetzes vorliegt, sowie die ***sittenwidrige Schädigung*** nach § 826 BGB bei vorsätzlicher Verbreitung.

*Eigentums-verletzung*

Voraussetzung für eine Haftung nach § 823 I BGB ist eine Verletzung der dort genannten Rechtsgüter, wobei insbesondere Eigentum, allgemeines Persönlichkeitsrecht und das Recht am eingerichteten Gewerbetrieb in Betracht kommen. Nach herrschender Meinung in Literatur und Rechtsprechung besitzen auch Daten Sacheigenschaft, da sie körperliche Gegenstände im Sinne von § 90 BGB sind. Der BGH anerkennt die Sacheigenschaft von Daten, sofern sie auf einem Datenträger abgespeichert sind (BGH NJW 1993, 2436, 2437 f.). Werden folglich durch einen Virus Daten verletzt oder in ihrer Verfügbarkeit beeinträchtigt, so ist eine ***Eigentumsverletzung*** gegeben. Erst recht liegt eine Eigentumsverletzung vor, wenn die Störung durch den Virus bis auf die beteiligte Hardware (Rechner, Netzwerke) durchschlägt, z. B. wenn Datenträger neu formatiert werden müssen, PCs abstürzen oder nicht mehr booten.

*Sonstige Rechtsverletzung*

Auch ist das Recht am „***eingerichteten und ausgeübten Gewerbebetrieb***" verletzt, sofern die Integrität, Verfügbarkeit oder Vertraulichkeit von Daten beeinträchtigt wird. Das gilt selbst dann, wenn der Virus tatsächlich keine Schadensgefahr in sich trägt, sondern lediglich ein untauglicher Versuch oder Täuschungsmanöver (Hoax) ist. Dies folgt unmittelbar aus der Rechtsprechung zur unverlangten Versendung von E-Mails (Spam), die ebenfalls als Eingriff in den Gewerbebetrieb- bzw. Persönlichkeitsrechtsverletzung eingestuft werden (vgl. hierzu ausführlich unten, Kapitel 7.1.4). Verletzt der Virus die Vertraulichkeit der Daten, weil sie ausspioniert oder öffentlich verbreitet werden, so liegt eine ***Persönlichkeitsrechtsverletzung*** vor. Mittelbar können Virenschäden auch ***Gesundheit oder Leben*** gefährden, wenn die verursachte Beeinträchtigung der EDV zur Störung von technischen Einrichtungen – beispielsweise in Krankenhäusern – führt. Eine unmittelbare Beeinträchtigung dieser Rechtsgüter durch Viren scheidet aber aus.

*Verkehrs-sicherungs-pflichten*

Wird der Virus fahrlässig verbreitet, so besteht das vorwerfbare Verhalten in der ***Unterlassung*** von Virenschutzmaßnahmen. Ein Unterlassen aber führt nur bei Handlungspflichten (zur Ergreifung von Virenschutzmaßnahmen) aus einer ***Garantenstellung*** zur Haftung. Im Bereich der IT-Sicherheit ergibt sich die notwendige Garantenstellung vornehmlich aus der Pflicht zur Beherrschung von selbstgeschaffenen Gefahrenquellen. Nach der Rechtsprechung des BGH gilt: Die Sachherrschaft über eine Gefahrenquelle begründet auch die Pflicht, von ihr ausgehende Gefahren zu beherrschen (BGH NJW-RR 1995, 215 mit weiteren Nachweisen). Durch jede Teilnahme an den Kommunikationsvorgängen in den Netzwerken (Intranet, Internet etc.), insbesondere des E-Mail-Verkehrs, wird die Gefährdungslage erkennbar erhöht (BGH NJW 1990, 1236, 1237). Damit ist der Inhaber des Rechners oder Netzwerkes zur Schaffung eines effektiven Virenschutzes verpflichtet. Die Rechtsprechung bejaht eine Schadensersatzpflicht für die Verbreitung von Computerviren, sofern ein fehlender aktualisierter Virenschutz für den Schaden verantwortlich ist (LG Hamburg CR 2001, 667 ff.).

### 4.8.3 Umfang der Verkehrspflichten

*Maßgebliche Parameter*

In welchem Umfange ein Kommunikationsteilnehmer zu Sicherungsmaßnahmen verpflichtet ist, beurteilt sich in erster Linie nach den Sicherheitserwartungen der ***Verkehrsanschauung*** der beteiligten Kreise (BGH NJW 1985, 1076; 1994, 3348, 3349; 2002, 1263, 1264). Maßgebliche Parameter sind vor allem die ***Quantität*** der vom Teilnehmer geschaffenen Gefahren sowie die Verhältnismäßigkeit der möglichen Abwehrmaßnahmen im Rahmen des ***wirtschaftlich Zumutbaren*** (BGH NJW 1988, 1380; 1997, 2517; NJW-RR 2002, 525, 526 mit weiteren Nachweisen). Im Zuge der vorzunehmenden ***Gesamtabwägung*** aller beteiligten Interessen sind insbesondere das schutzwürdige Vertrauen und die Möglichkeit von ***Eigenschutzmaßnahmen*** des Kommunikationspartners zu berücksichtigen. Möglicherweise scheitert eine Haftung des Versenders schon an der mangelnden Schutzwürdigkeit des Empfängers (OLG Hamm NJW-RR 2002, 233, 234ff.; OLG Köln NJW-RR 2003, 806, 807).

*Abwägung im Einzellfall*

Die Abwägung im Einzellfall ist komplex angelegt und hat eine Vielzahl beteiligter Interessen und Konstellationen zu berücksichtigen. Dabei sind nicht nur die Umstände beim Versender entscheidend. Das Nutzungsprofil des Empfängers kann maßgeblich mitverantwortlich dafür sein, in welchem Ausmaß ein Virus Schäden anrichten kann. Versendet der Empfänger z. B. sensible Daten über das Internet – etwa die Zugangsdaten für das Online-Banking – so ist sein möglicher Schaden durch einen Virus der Tastaturangaben mitliest („keylogger") wesentlich größer. Folglich ist hier der Empfänger in weitem Umfange schon zu Eigenschutzmaßnahmen verpflichtet.

*Private Empfänger*

Der Gedanke der ***Vorteilserlangung*** kann ebenfalls zur Begründung und zum Umfang von Schutzpflichten herangezogen werden. Soweit das Internet gewerblich genutzt und dadurch wirtschaftliche Gewinne erzielt werden, erscheinen Sicherungspflichten als zumutbar und geboten. Dies führt zu einer begründbaren ***Ungleichbehandlung*** von Privaten und Unternehmen (BGH NJW 52, 1050; BGH LM Nr. 10 zu § 823 BGB). Nur der ***private Empfänger*** von Daten in der B2C-Beziehung erscheint schutzwürdig und darf sich auf einen effektiven Virenschutz durch den kaufmännischen Versender verlassen. Alle anderen Empfänger im B2B-, C2C- und C2B-Verhältnis dagegen genießen keinen Vertrauensschutz, sondern sind zur Eigensicherung verpflichtet.

*Gesetzliche Verkehrspflichten*

Verkehrssicherungspflichten von Unternehmen und Gleichgestellten bezüglich der Datensicherung können sich auch aus den verschiedensten ***gesetzlichen Bestimmungen*** ergeben. § 203 StGB begründet eine Garantenstellung zahlreicher Berufsgruppen und Bereiche für besonders sensible Daten, die der Verschwiegenheitspflicht unterliegen; nach § 25 a Abs. 1 Nr. 2 KWG müssen Kredit- und Finanzinstitute über angemessene Sicherheitsvorkehrungen für den Einsatz ihrer EDV verfügen; nach Abschnitt V. der GoBS (Grundsätze ordnungsmäßiger DV-gestützter Buchführungssysteme) des Bundesministerium der Finanzen sind Risiken für die gesicherten Programme/Datenbestände hinsichtlich Unauffindbarkeit, Vernichtung und Diebstahl zu vermeiden; nach § 9 BDSG in Verbindung mit der Anlage zur Norm haben Unternehmen und Behörden sicherzustellen, dass Unbefugte keinen Zugriff auf personenbezogene Daten haben. Die Beispiele ließen sich fortführen. Insbesondere hinsichtlich Viren, die einen unberechtigten Zugriff Dritter bewirken, enthalten sie umfangreiche Verkehrssicherungspflichten. Die zitierten Normen werden von der Rechtsprechung – ebenso wie technische Regelwerke, z. B. DIN-Normen – als ***Maßstab*** für die berechtigten Sicherungserwartungen der gefährdeten Verkehrskreise herangezogen (BGH NJW 1997, 582, 583f.; 2001, 2019, 2020; BGH NJW-RR 2002, 525, 526f.).

Diesem Maßstab entsprechend darf etwa der private Kommunikationsteilnehmer – als Empfänger wie auch als Versender – auf ein angemessenes Virenschutzniveau beim gewerblichen Unternehmen vertrauen. Die Schutzwürdigkeit der Privaten entfällt nicht durch die dazwischen geschalteten ***Provider***, die z. B. den Transport der E-Mails bewirken, da diese Dienstleister gem. § 8 Abs. 2 TDG zum Virenschutz nicht verpflichtet sind.

*Verschulden*

Es kommt auf das Maß persönlichen Verschuldens des Versenders an, dass von verschiedenen Faktoren bestimmt sein kann. Wurde der Virus zu einem Zeitpunkt weitergeleitet, zu dem noch kein ***„Update“*** der Antiviren-Software (Signatur des neuen Virus) verfügbar war, wird man dem ungewollten Versender keinen Vorwurf machen können, weil kein taugliches Abwehrmittel zur Verfügung stand. Bislang zumindest gilt die Zeitspanne zwischen erstmaligem Auftauchen des Virus und Einspielen des Update als unbeherrschbare Gefahr, da der Virenschutz ***reaktiv*** arbeitet. Allerdings ändert sich der Stand der Technik fortlaufend. Unter dem Stichwort „***Day Zero Attack***“ werden bereits Lösungen diskutiert, die auch schützen sollen, wenn der Hackerangriff („exploit“) bereits vor dem Schließen der Sicherheitslücke („patch“) auf dem Markt ist. Setzt sich ein solcher ***proaktiver*** Schutz durch, muss er in das Sicherheitskonzept und den Virenschutz aufgenommen werden. Aktuell noch beginnt die Haftung, sobald die gängigen Antiviren-Produkte den Virus erfasst und gefixt haben.

*Update-Intervalle*

Hier stellt sich die Frage, ob und in welchen Intervallen der Versender seine Antiviren-Software updaten muss. Eine gesetzliche Regelung dieser Problematik sucht man vergeblich. Man wird deshalb nach den allgemeinen Fahrlässigkeitsmaßstäben abwägen müssen. Es kommt zunächst darauf an, welches Gefahrenpotential die Tätigkeit des Versenders birgt. Also etwa wie groß die Firma ist oder wie hoch ihr E-Mail-Aufkommen. Regelmäßig wird man jedoch beim gewerblichen Einsatz des E-Mail-Dienstes den ***upgedateten Virenscanner*** als erforderlich und verhältnismäßig ansehen dürfen. Man wird dann auf die Marktüblichkeit der Intervalle im Rahmen des wirtschaftlich Zumutbaren abstellen können.

*Behörden*

Die hinsichtlich der Unternehmen getroffenen Aussagen gelten entsprechend für Behörden in ihrem deliktischen und vertraglichen Beziehungsgeflecht insbesondere gegenüber Privatpersonen.

### 4.8.4 Vertragliche Ansprüche

*Umfang vertraglicher Schutzpflichten*

Verkehrssicherungspflichten führen jedoch nicht allein zu einer deliktischen Haftung, sondern bestehen auch innerhalb von vertraglichen Beziehungen. Zur Begründung genügt bereits die Aufnahme von ***Vertragsverhandlungen***. Der Umfang der vertraglichen Schutzpflichten orientiert sich am ***Vertragszweck*** sowie an den ***deliktischen Verkehrspflichten***, da nach der Rechtsprechung (BAG NJW 2000, 3369, 3370f.; OLG Nürnberg NJW-RR 1986, 1224; LG Hamburg NJW 1997, 2606, 2607) die berechtigten Sicherheitserwartungen der Vertragsparteien mit denen der beteiligten Verkehrskreise gleich laufen. Auf die Ausführungen zum Umfang der deliktischen Verkehrspflichten kann deshalb verwiesen werden. Demnach ist auch im Rahmen vertraglicher Beziehungen der ***private Empfänger*** besonders schutzwürdig. Vertragliche Ansprüche führen deshalb zumeist gleichzeitig zu einer deliktischen Haftung. Eine Ausdehnung der Haftung durch ***Zurechnung*** gem. § 278 BGB im Rahmen der vertraglichen Ansprüche erfolgt nicht, da Verstöße gegen Virenschutzpflichten dem Unternehmen ohnehin analog § 31 BGB zugerechnet werden.

*Vertragliche Weitergabe*

Der Virenschutz kann auch ***ausdrücklich*** vertraglich vereinbart oder weitergegeben werden, etwa im Rahmen des ***Outsourcens*** von EDV-Dienstleistungen. Der externe Dienstleister ist dann vertraglich verpflichtet, für die Virenabwehr zu sorgen. Tut er dies nicht oder nicht ausreichend, so liegt ein Vertragsverstoß vor, der ebenfalls zum ***Schadensersatz*** führen kann. Zur Vermeidung von Rechtsstreitigkeiten empfiehlt es sich, die übernommenen Pflichten im Detail im Vertrag festzuschreiben.

### 4.8.5 Einwendungen gegen Schadensersatzansprüche

*Unabwendbarkeit des Schadens*

Eine Haftung scheidet aus, wenn der Virenschaden auch bei Einsatz marktüblicher Virenschutzsoftware nicht hätte verhindert werden können. Dies betrifft insbesondere Schäden durch ***neu auftretende Viren***, solange die gängigen Virenschutzhersteller ihre Produkte noch nicht durch ein taugliches Gegenmittel abgedatet haben, in der Regel ein Zeitraum von mehreren Stunden und Tagen. Solange dieser Zeitraum technisch nicht abgesichert werden kann, entstehen mangels Verschulden auch keine Schadensersatzansprüche.

*Mitverschulden des Empfängers*

Die Virengefahr ist mittlerweile seit Jahrzehnten virulent und bedrohte die Datenbestände lange vor der flächendeckenden Internetnutzung. Im Zusammenspiel mit der breiten Berichterstattung in den Medien ist die Gefährdungslage durch Viren bei allen Beteiligten ***hinreichend bekannt.*** Sofern der Virenschaden in einem kommunikativen Austauschverhältnis entstanden ist, kann der in Anspruch genommene zumeist ein ***Mitverschulden*** des Empfängers gem. § 354 BGB einwenden, da der geschädigte Empfänger offensichtlich ebenfalls keinen ausreichenden Virenschutz betrieben hat. Handelt es sich um ein Unternehmen, das am E-Mail-Verkehr zu geschäftlichen Zwecken teilnimmt, so wird man auch dort den upgedateten Virenschutz verlangen können. Schadensersatzansprüche zwischen zwei Unternehmen werden also regelmäßig erschwert, weil der Empfänger am Schaden zumindest eine Teilschuld selbst trägt, da er die erforderliche Sicherung nicht vorgehalten hat. Anders im B2C-Bereich, wo die Privatperson auf einen Virenschutz des Unternehmens vertrauen darf.

Entsteht der Schaden erst durch eine ***fehlende Datensicherung***, weil verlorene Daten nicht wieder hergestellt werden können, so verneint die Rechtsprechung in vielen Fällen sogar insgesamt eine Ersatzpflicht (BGH NJW 1996, 2924, 2926; OLG Hamm NJW-RR 1992, 1503; OLG Karlsruhe NJW-RR 1997, 554). Hier spielen die Umstände des Einzelfalles eine tragende Rolle.

*Datenverarbeitung durch Dienstleister*

Ein Virusschaden kann jedoch nicht nur durch Versendung, sondern insbesondere auch beim ***Umgang mit fremden Daten*** entstehen, etwa bei der Datenverarbeitung im Auftrag eines Dritten, beim Outsourcing oder sonstigem Umgang mit Kundendaten. Hierin liegt die eigentliche Haftungsgefahr der Viren. Den eingeschalteten Dienstleister trifft ein wesentlich ***größeres Haftungsrisiko*** für Virenschäden, denn er kann sich – anders als der Versender – regelmäßig nicht auf ein Mitverschulden berufen, sondern trägt das Haftungsrisiko alleine.

*E-Mail-Disclaimer*

Zur Möglichkeit von Haftungsausschlüssen siehe sogleich unten. Juristisch nicht empfehlenswert ist der weitverbreitete ***E-Mail-Anhang*** „diese Mail ist geprüft und virenfrei". Denn der Versender übernimmt die Gewähr, dass die Mail tatsächlich virenfrei ankommt. Dies kann der Versender aber nicht vorhersehen und beherrschen, da die Mail sich auch unterwegs infizieren kann. Im Falle eines Rechtsstreits ist der Versender zudem ***beweisbelastet***.

### 4.8.6 Verantwortlichkeit der Mitarbeiter

Innerhalb des Unternehmens oder der Behörde ist allein der Arbeitgeber für den Virenschutz verantwortlich. Eine Pflicht der Mitarbeiter, selbst für Sicherheit zu sorgen, ist gegenüber Dritten (z. B. Kunden) nicht gegeben. Allenfalls kann der Mitarbeiter im Innenverhältnis zu seinem Arbeitgeber – also rein ***arbeitsrechtlich*** – zur Verantwortung gezogen werden, sofern der Virenschaden durch dienstliche Fehlleistungen verursacht wurde. Hier beschränkt sich die Schadensersatzpflicht des Arbeitnehmers nach den Grundsätzen der ***gefahrgeneigten Tätigkeit*** auf grobe Pflichtverstöße. Regelmäßig wird daher das Unternehmen bei seinen Mitarbeitern ***keinen Regress*** nehmen können, wenn es für Fremdschäden aufkommen musste oder selbst einen Virenschaden erlitten hat.

## 4.9 Haftungsausschlüsse

Aufgrund der weitreichenden Rechtsfolgen liegt der Gedanke nahe, der Haftungsgefahr mit juristischen Mitteln zu begegnen. Ob und inwieweit dies gelingen kann, wird nachfolgend erörtert.

### 4.9.1 Disclaimer

*Informationsfunktion*

Die Wirkung von Disclaimern (Haftungsfreizeichnungsklauseln) zur Vermeidung von Strafbarkeit wird weithin ***überschätzt***. Disclaimer können zivilrechtlich eine ***Informationsfunktion*** erfüllen. Etwa wenn auf einer Anwaltseite keine Gewähr für die Richtigkeit der Inhalte übernommen und somit Haftungspflichten wie in einem Mandatsverhältnis ausgeschlossen werden. Bei Fehlinformation oder Missverständnis kann sich der Nutzer dann nicht auf Unkenntnis berufen und Schadensersatz verlangen.

*Wortlaut*

Aufgrund der Haftungssystematik des TDG, wonach Kenntnis Haftungsvoraussetzung bei Fremdinhalten ist, gilt stark vereinfacht: „Wer nichts gesehen und gehört hat, ist nicht verantwortlich." Zur Vermeidung von Haftung sollte der Anbieter beim Betrieb von Gästebüchern oder Diskussionsforen jegliche Moderation oder Kommentierung unterlassen und jedenfalls nach außen klarstellen, dass die Inhalte der Seiten nicht regelmäßig kontrolliert werden. Hierzu kann folgender ***Disclaimerwortlaut*** verwendet werden: „Das von der Musterfirma betriebene Gästebuch versteht sich als unmittelbares Diskussionsforum für die Nutzer unserer Seite, das von Seiten der Musterfirma weder kommentiert, noch moderiert oder kontrolliert wird."

*Keine Haftungsfreizeichnung*

Dagegen sind Disclaimer strafrechtlich weitgehend bedeutungslos. Insbesondere bleiben pauschale Distanzierungen, mit denen sich der Diensteanbieter von der Haftung für Inhalte oder Verlinkungen ***freizeichnen*** will, ohne Wirkung. Konkrete Distanzierungen von bestimmten Links oder gar Inhalten sind sogar kontraproduktiv, da sie gerade die Kenntnis von der Strafbarkeit oder Rechtswidrigkeit dokumentieren können. Wer sich vom Inhalt hinter einem bestimmten Link zu distanzieren versucht, schießt ein Eigentor.

*Charakter von AGB*

Disclaimer und ihre Verwendung – etwa im Abspann der E-Mail – haben den Charakter von AGB und kommen folglich nur bei ***vertraglicher Einbeziehung*** zwischen den Beteiligten zum Tragen. Es sind die auch sonst geltenden AGB-rechtlichen Schutzbestimmungen zu beachten.

### 4.9.2 Allgemeine Geschäftsbedingungen

*Beschränkungen*

Beliebtes Mittel zur Haftungsbeschränkung sind auch Allgemeine Geschäftsbedingungen (AGB). Der rechtlichen Gestaltung sind allerdings durch den Gesetzgeber enge Grenzen gesetzt. So kann gem. § 276 BGB weder in Individualverträgen noch in AGB die Haftung für ***vorsätzliches*** Verhalten ausgeschlossen werden. Ein Haftungsausschluss ist zumindest in AGB für ***grob fahrlässiges*** Verhalten gem. § 309 Nr. 7b BGB, für ***Leben, Körper und Gesundheit*** gem. § 309 Nr. 7a BGB und für vertragswesentliche Hauptleistungspflichten (sogenannte ***Kardinalpflichten***) gem. § 307 Abs. 2 Nr. 2 BGB unwirksam. Wird gegen diese Vorschriften verstoßen, scheidet eine Haftungserleichterung aus, da die AGB-Klausel insgesamt unwirksam wird. Eine geltungserhaltende Reduktion der Klausel erfolgt nicht, vielmehr gilt ersatzweise die gesetzliche Haftungskonstellation. Ebenso können ***zugesicherte Eigenschaften*** durch AGB nicht wieder ausgeschlossen werden. Gem. § 14 ProdHaftG kann die Ersatzpflicht des Herstellers für ***Produkthaftungsmängel*** weder ausgeschlossen noch beschränkt werden. Entgegenstehende Vereinbarungen etwa in AGB sind nichtig.

*Entlastungsspielraum*

Folglich bleibt aufgrund der weitreichenden Beschränkungen des AGB-Rechts und der sonstigen Vorschriften nur ein schmaler Entlastungsspielraum, der auf ***leicht fahrlässig verursachte Sachschäden*** beschränkt ist. Hierauf sollte sich ein Unternehmen – etwa im Verhältnis zu seinen Kunden – nicht verlassen. Vielmehr ist IT-Sicherheit nur durch ein Bündel von technischen, juristischen und organisatorischen Maßnahmen erreichbar.

## 4.10 Das IT-Sicherheitskonzept

### 4.10.1 Ganzheitliche IT-Sicherheit

*Komponenten*

Die rein ***technische Sicherheit*** mit Funktionalitäten wie Firewall, Virenscanner, Contentfilter usw. bilden im Zusammenspiel mit den ***organisatorischen Maßnahmen*** wie Policy, Nutzungsrichtlinien, Schulungen, Information der Mitarbeiter, Durchführung von Audits durch zertifizierte Auditoren, Ausbildung eines Risk-Management und schließlich die Möglichkeit einer Zertifizierung, um Sicherheit auch nach außen darstellbar zu machen, die notwendigen Vorkehrungen, um juristische Sicherheit zu erreichen. Umgesetzt wird die juristische Sicherheit – also die Vermeidung der Haftung für Schadensersatz und Strafbarkeit – in ***rechtlichen Gestaltungen*** wie Arbeitsverträgen, Betriebs- oder Dienstvereinbarungen etc. Das wirtschaftlich-finanzielle Restrisiko, das auch nach erheblichem Aufwand verbleiben wird, kann durch eine ***IT-Haftpflichtversicherung*** aufgefangen werden.

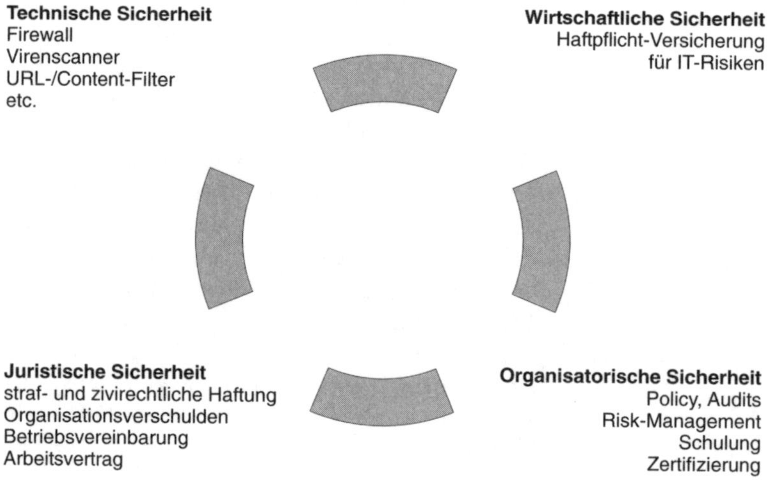

*Ganzheitlichkeit*

Betrachtet man IT-Sicherheit als ein ganzheitliches Konzept oder bildhaft als den Bau eines Hauses, so lassen sich die verschiedenen Sicherheitskomponenten wie Bausteine auf- und ineinander fügen. Das Haus kann in verschiedenen Stockwerken, nach und nach im Sinne einer freien ***Skalierbarkeit*** errichtet werden. Ganzheitliche IT-Sicherheit erschöpft sich nicht im Querschnittscharakter der Disziplin, also in einem Nebeneinander von technischen, organisatorischen und juristischen Komponenten. Ganzheitlichkeit bedeuted vielmehr, dass sich die verschiedenen Komponenten gegenseitig bedingen, eng miteinander verflochten und voneinander abhängig sind und so ein ***untrennbares Ganzes*** bilden. Einige ***Beispiele*** mögen dies verdeutlichen.

*Strafbarkeit von Hackerangriffen*

Das juristische Wissen um die ***Strafbarkeitsgrenze von Hackeraktivitäten*** ermöglicht eine gewinnbringende Einbindung der Abschreckungswirkung von Strafgesetzen in das Sicherheitskonzept. Die Angst vor Strafanzeige wird viele Hacker abschrecken. Wer die Strafbarkeitsgrenze von Hackerangriffen kennt, weiß bis zu welchem Punkt er gänzlich auf sich alleine gestellt ist und ab welcher Schwelle er die Abschreckungswirkung der Strafgesetze für sein Sicherheitskonzept nutzbar machen kann. Juristische Kenntnisse bedingen technische und organisatorische Abwehrmaßnahmen gegen Hackerangriffe. Sie ermöglichen damit einen effizienteren Einsatz des vorhandenen Sicherheitsbudgets.

*Mitbestimmung des Betriebsrates*

Die Einrichtung technischer Sicherheit in Unternehmen ist im weiten Umfange ***mitbestimmungspflichtig*** (vgl. unten, Kapitel 6.10.2). Wer für teures Geld Sicherheitstechnik einkauft, sollte die Abstimmung mit dem Betriebsrat nicht versäumen. Sonst kann es passieren, dass Firewall oder Contentfiltersysteme am Ende nicht eingesetzt werden können, weil der Betriebsrat seine Zustimmung verweigert. Es wird deutlich, dass der Einsatz von Sicherheitstechnik von der rechtlichen Gestaltung – der Zustimmung des Betriebsrates in einer Betriebsvereinbarung – abhängen kann.

*Juristische Sicherheit als Leitsatz*

Die ***Vermeidung von Haftung*** erfordert juristische Grundkenntnisse, welches Ausmaß an Technik und organisatorischen Maßnahmen erforderlich ist, um unter dem Strich Schadensersatzansprüche und Strafanzeigen zu vermeiden. In nahezu jeder Firma wird das Sicherheitsbudget knapp bemessen sein, so dass die vorhandenen finanziellen Ressourcen effektiv eingesetzt werden müssen. Bei der Schaffung von IT-Sicherheit wird sich ein Unternehmen die Verfolgung ideeller Ziele regelmäßig nicht leisten können. Die Herangehensweise wird vielmehr von der streng wirtschaftlichen Maxime bestimmt sein, wie unter dem

Strich Haftung vermieden werden kann. Ein Sicherheitskonzept, welches das Unternehmen vor Schadensersatzansprüchen und Strafanzeigen Dritter bewahrt, ist unter wirtschaftlichen Gesichtspunkten die effektivste Lösung. Sicherheitskonzepte, Policies oder Nutzungsrichtlinien sollten daher unter dem Leitsatz von Haftungsprävention und ***juristischer Sicherheit*** erstellt werden.

*Datenschutzbestimmungen*

Werden in einem Unternehmen Kontrollmaßnahmen zur Überwachung der Internetnutzung durchgeführt, so müssen sie den ***Datenschutzbestimmungen*** entsprechen. Andernfalls können die gewonnenen Ergebnisse in einem nachfolgenden Arbeitsgerichtsprozess nicht verwertet werden (Beweisverwertungsverbot, siehe unten Kapitel 6.9). Der Arbeitgeber verliert nicht nur den Kündigungsschutzprozess und muss die Kosten tragen, sondern muss u. U. einen Mitarbeiter weiterbeschäftigen, der bereits durch Missbrauch aufgefallen ist.

*Fazit*

Die Beispiele ließen sich beliebig fortsetzen. Die nackte Technik allein ist nicht ausreichend, sondern benötigt einen ***juristisch-organisatorischen Rahmen***, in dem sie effektiv und rechtssicher funktionieren kann. Der Einsatz von Technik ohne ***„Spielregeln“*** ist auf Dauer nicht denkbar, sondern allenfalls Anfangserscheinung in einem frühen technischen Entwicklungsstadium. Man denke nur an so simple Beispiele wie die breite Nutzung des Automobils im Straßenverkehr, die ohne Verkehrsregeln nicht möglich wäre. Technik, Organisation und rechtliche Gestaltung stehen nicht funktionslos nebeneinander, sondern bilden eine ineinander verwobene Einheit. IT-Sicherheit benötigt daher wie jede technische Innovation eine ganzheitliche Betrachtungsweise und Konzeption.

### 4.10.2 Maßnahmen zur Haftungsprävention

*Technische Filtermaßnahmen*

Die Vermeidung und Reduzierung illegaler Inhalte, vor allem auf den Firmenservern, ist zu aller erst Aufgabe ***technischer Filtermaßnahmen***, wie URL-, Content- und Spamfilter. Ein guter ***URL-Filter*** allein ist durch das Sperren unerwünschter und illegaler Seiten in der Lage das Problem ganz erheblich zu dezimieren. Hier können je nach der Bedürfnisstruktur des Unternehmens Sparten, die bei der dienstlichen Nutzung keine Rolle spielen, weggeschnitten werden. Ein datenbankgestützter URL-Filter enthält eine sehr große Zahl von URLs, die in verschiedene Sparten unterteilt sind. So ist ein Unternehmen in der Lage etwa die Bereiche Pornografie und Gewaltverherrlichung herauszufiltern. Durch die Unterteilung des Internetangebots bzw. der URLs in eine Vielzahl verschiedener Sparten und Untersparten kann eine ganz individuelle Anpassung und Skalierung vorgenommen werden.

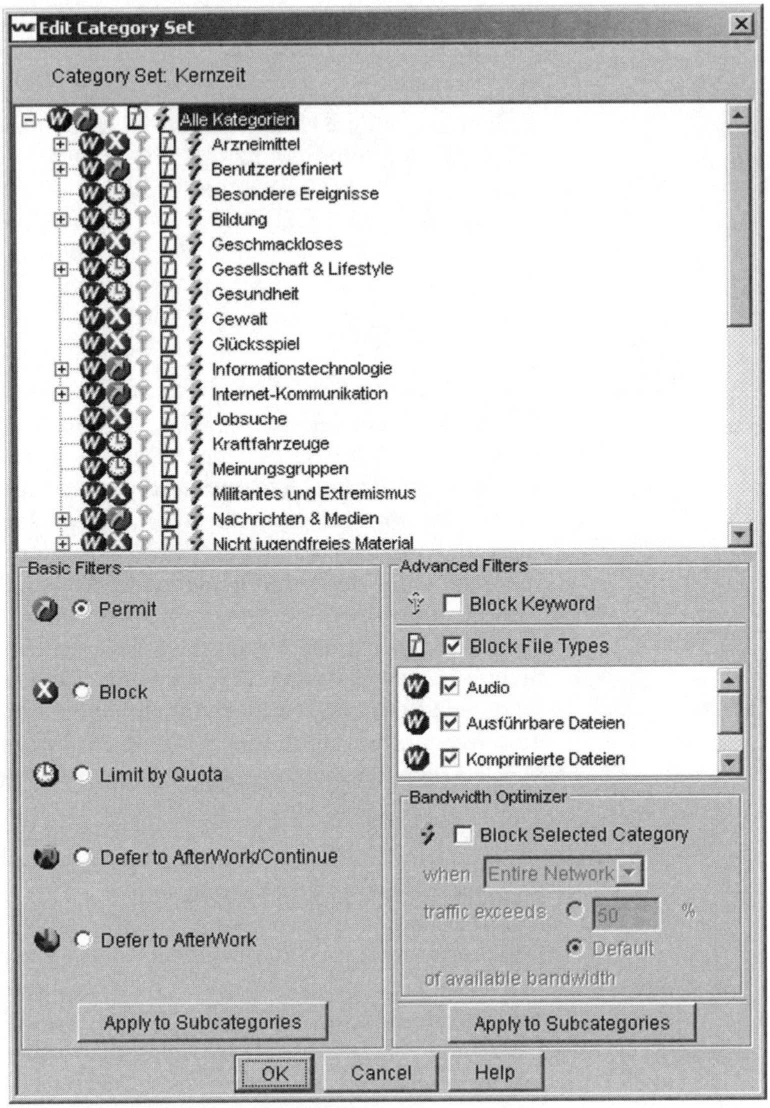


Je nach Firmenphilosophie kann der URL-Filter mit einem ***Warnbildschirm*** gekoppelt sein, der dem Arbeitnehmer anzeigt, wann er versucht hat, eine gesperrte Seite aufzurufen.

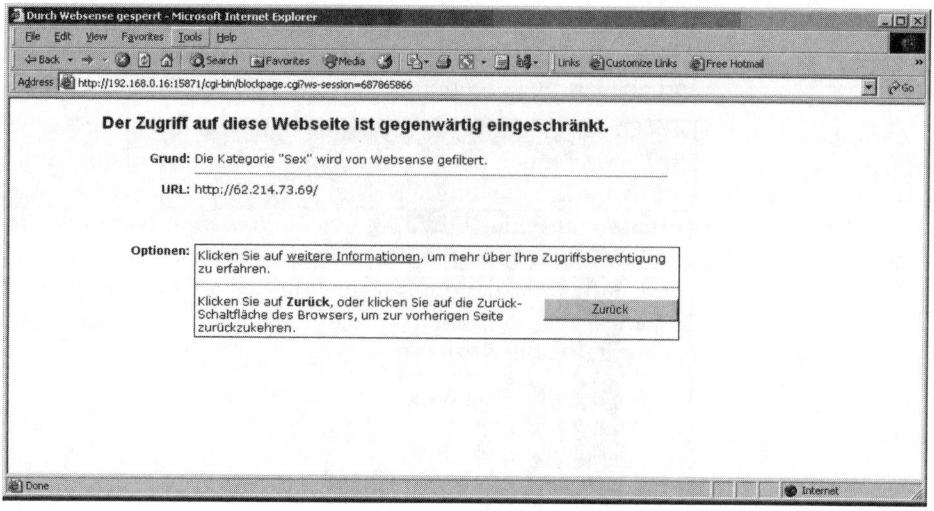


Der Warnbildschirm ist mit einer relativ hohen Abschreckungswirkung verbunden, da dem User in regelmäßigen Abständen klar wird, dass Seiten einer bestimmten Kategorie nicht erlaubt sind. Wer eine solche „Überwachungspräsenz" in seiner Firma nicht möchte, der kann den Warnbildschirm aber auch abschalten oder eine der zahlreichen anderen Möglichkeiten ergreifen, die Privatnutzung zu begrenzen. Hier bieten die aktuellen Filterprodukte eine Breite Palette von phantasievollen Möglichkeiten. So beispielsweise die Vergabe von Zeitkontingenten für bestimmte Seiten, die nicht zwingend ganz gesperrt werden müssen, weil sei für das Unternehmen nicht imageschädigend sind.

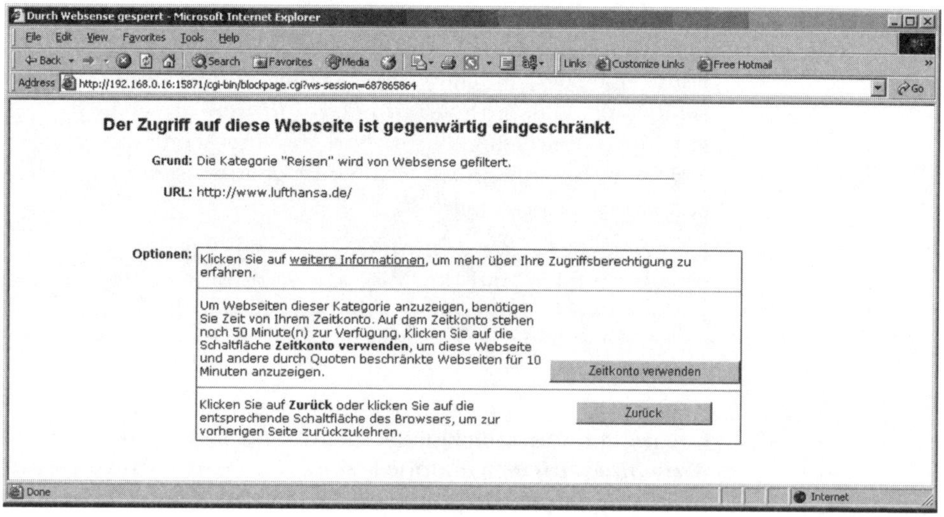

Zusätzlich können ***Content- und Spam-Filter*** für eine weitere erhebliche Reduzierung des Aufkommens an illegalen Inhalten sorgen.

*Haftungsprävention*

Der Einsatz technischer Filtermaßnahmen macht belegbar, dass ein Unternehmen die Gefahr illegaler Inhalte erkennt und Maßnahmen dagegen ergreift. Die Technik ist daher ein wichtiger Bestandteil bei der Erfüllung der ***Verkehrssicherungspflichten*** und der Vermeidung von Organisationsverschulden. Es liegt auf der Hand, dass der Einsatz technischer Filter, die einen hohen Prozentsatz des Problems wegfiltern auch das ***Haftungsrisiko*** ganz erheblich reduzieren.

*Organisatorische Maßnahmen*

Wie stets ist die Technik allein aber nicht hinreichend. Im Sinne der Ganzheitlichkeit von IT-Sicherheit müssen organisatorische und rechtliche Maßnahmen hinzutreten, die mit der Technik aufs Engste abgestimmt und verwoben sein sollten. Hierzu gehören organisatorische Maßnahmen wie eine sinnvolle und transparente ***Zuständigkeitsverteilung***, die bei allen Mitarbeitern bekannt ist. Wer im E-Mail-Anhang oder sonst auf dem Unternehmensserver illegale Vorgänge bemerkt, sollte wissen, an welche zuständige Stelle im Unternehmen er sich wenden kann. Sinnvoll ist auch die Einrichtung einer ***anonymen Meldestelle***, um dem Peinlichkeitseffekt zu begegnen. Gerade bei den hochgradig illegalen Inhalten wie Kinderpornografie wird die Hemmschwelle, eine zuständige Stelle zu informieren, besonders ausgeprägt sein. Besonders wichtig ist eine transparente Zuständigkeitsverteilung im Hinblick auf die Kontrolle der Beschäftigten.

Eine angemessene aber auch effektive ***Missbrauchskontrolle*** ist das wesentlichste organisatorische Moment für die Vermeidung illegaler Inhalte und damit zur Haftungsprävention. Schließlich müssen ***Nutzungsrichtlinien*** geschaffen werden, die in verständlicher Form den Arbeitnehmern klar machen, in welchem Umfang private Nutzung erlaubt ist und welche Nutzungsverbote bestehen.

Die ***rechtliche Gestaltung*** der Zuständigkeitsverteilung, Nutzungsrichtlinien und der Missbrauchskontrolle sollte im Rahmen des Arbeitsvertrages oder aber, sofern eine Arbeitnehmervertretung vorhanden ist, in einer Betriebs-/Dienstvereinbarung erfolgen (vgl. hierzu unten, Kapitel 6.10) . Gerade bei der Haftungsprävention wird die ganzheitliche Trias, bestehend aus Technik, Organisation und rechtlicher Gestaltung besonders deutlich. Wer notwendige Technik eingerichtet, erforderliche organisatorische Maßnahmen ergriffen und beides zusammen mit dem Betriebsrat in einer sinnvollen rechtlichen Gestaltung umgesetzt hat, der hat sowohl für den Eigenschutz wie auch für die Haftungsprävention das Wesentliche getan. Schließlich wirkt sich eine solchermaßen abgerundete Vorgehensweise auch auf das Betriebsklima positiv aus. Transparente und angemessene Nutzungsrichtlinien, die bei allen Mitarbeitern bekannt sind, führen zu einer ***Vertrauenssituation***, die der Freiheit des Mediums Internet angemessen ist. Wer ständige Überwachung und Sanktionen auch bei kleinsten Übertretungen fürchten muss, wird bei der Nutzung des Internets eine Zwangsjacke tragen. Die wertvolle Freiheit und Vielfalt des Mediums bedingt auch für die Nutzung am Arbeitsplatz größere Freizügigkeit, als man dies von anderen Unternehmensressourcen gewohnt ist.

### Maßnahmenkatalog Haftungsprävention

- **Ganzheitlichkeit:** technisch, organisatorisch und rechtlich
- **technisch:**
    - upgedateter Virenschutz
    - URL-Filter > Warnbildschirm
    - Content-, Spam-Filter
- **organisatorisch:**
    - Zuständigkeits-, Verantwortlichkeitsverteilung
    - Policy, Nutzungsrichtlinien
    - Überwachung der Beschäftigten
    - Meldestelle >anonym
- **rechtliche Gestaltung:**
    - Betriebs-/ Dienstvereinbarung
    - Steuerung durch Verträge
    - AGB
- **Transparenz:** Vertrauen + Warnfunktion

# 5 Internetnutzung am Arbeitsplatz

*Medium der Zukunft*

Das Internet ist das ***Transportmedium*** der Zukunft, nicht nur weil es als globales Medium grenzenlos einsetzbar ist, sondern insbesondere weil es neben Texten auch Musik, Bilder, Videos, Töne etc. transportieren kann und damit den bisherigen Kommunikationsmedien Briefpost, Fax und Telefon bei weitem überlegen ist. Neben der Überlegenheit als Transportmittel tritt zudem die ständig ansteigende ***Informationsfunktion***, welche die tradierten Kommunikationsmittel nur sehr eingeschränkt erbringen können.

Nach neueren Untersuchungen verfügen bereits 13 % aller Arbeitnehmer (ca. 4 Millionen Personen) über einen Internetzugang, wobei der Prozentsatz stetig zunimmt. Dem wirtschaftlichen Vorteil durch das Internet aufgrund seiner Transport- und Informationsfunktion wird sich auf Dauer niemand verschließen können. Der Internetzugang am Arbeitsplatz gehört für viele Unternehmen und Berufsgruppen bereits heute zur selbstverständlichen Realität und wird an Bedeutung weiter zunehmen. Die rechtliche Ausregulierung, insbesondere der Ausgleich von Persönlichkeitsrecht und Kontrollbedürfnis ist deshalb notwendige Voraussetzung für eine gedeihliche Entwicklung der Internetnutzung am Arbeitsplatz.

## 5.1 Private oder dienstliche Internetnutzung

*Abgrenzung*

Eine ***dienstliche Nutzung*** liegt vor, sofern ein Bezug zu den Aufgaben des Arbeitnehmers besteht oder der wirtschaftliche Erfolg des Arbeitgebers durch die Tätigkeit gefördert wird.

Alle anderen Nutzungszwecke sind ***privat***. Die Abgrenzung erfolgt also zweckorientiert nach funktionalen Kriterien und nicht nach der Art der Tätigkeit oder dem räumlichen Kommunikationsbereich. So kann die Kontaktpflege zu Kunden oder Geschäftspartnern einen sehr persönlichen Charakter haben und trotzdem dienstlich veranlasst sein. Ebenso die telefonische Mitteilung an den Ehegatten, man werde heute erst später nach Hause kommen. Dagegen ist die innerbetriebliche Kommunikation z. B. via E-Mail rein privat, sofern ein Zusammenhang mit dienstlichen Aufgaben nicht besteht.

Die Aufgabenwahrnehmung des ***Betriebsrates*** ist dienstlicher Natur.

Wurde der Internetzugang gerade erst eingerichtet, so kann während einer spielerischen Anlernphase auch das Surfen in rein privaten Internetbereichen zu Lernzwecken dienstlicher Natur sein (ArbG Wesel NJW 2001, 2491f.).

## 5.2 Erlaubte oder verbotene Privatnutzung

*Dispositionsfreiheit des Arbeitgebers*

Ausgangspunkt ist die Frage, ob der Arbeitgeber die private Internetnutzung ausdrücklich verboten oder gestattet hat. Der Arbeitgeber hat es grundsätzlich selbst in der Hand, ob und in welchem Umfang er die Privatnutzung zulassen will. Dies obliegt seiner ***alleinigen Dispositionsbefugnis***, denn er könnte den Internetzugang auch wieder schließen oder gar nicht erst einrichten. Der Beschäftigte hat also ***keinen Anspruch*** auf eine Privatnutzung, auch nicht in einem geringfügigen Umfange, wie in der Rechtsprechung zur Telefonnutzung anerkannt. Ausnahmen hiervon können für dienstlich veranlasste Privatmitteilungen in Frage kommen, etwa eine Benachrichtigung nach Hause bei kurzfristigen Überstunden; oder in Notfällen, etwa bei dringenden Behördenangelegenheiten oder erkrankten nahen Angehörigen. Wobei diese Notfallargumentation im mobilen Handy-Zeitalter stark eingeschränkt ist.

### 5.2.1 Ausdrückliche Erlaubnis

*Vereinbarung oder Erteilung*

Sofern der Arbeitgeber eine ausdrückliche Erlaubnis erteilt, kann sich aus dieser zugleich auch der Umfang der Nutzungsbefugnis ergeben. Üblicherweise wird die Zulässigkeit der Privatnutzung in einer Betriebsvereinbarung oder dem Arbeitsvertrag vereinbart. Möglich ist aber auch eine einseitige Vorgabe des Arbeitgebers, etwa in Nutzungsbedingungen für die Belegschaft oder durch das Einrichten einer zusätzlichen privaten E-Mail-Adresse für den Arbeitnehmer. Die Privatnutzung ist dann lediglich in den Grenzen dieser Vereinbarungen oder Vorgaben zulässig.

## 5.2.2 Konkludente Erlaubnis

*Aus den Umständen*

Von einer konkludenten, schlüssigen oder stillschweigenden Gestattung spricht man, wenn eine ausdrückliche Erlaubnis fehlt, aber ***aus den Umständen*** in der Firma auf eine Erlaubnis geschlossen werden kann. Zwar gibt es auch Stimmen, die wegen der Gefahren des Internet (etwa durch Viren) bei fehlender ausdrücklicher Erlaubnis von einem generellen Nutzungsverbot ausgehen und deshalb eine konkludente Gestattung ablehnen. Dies kann aber nicht überzeugen, da der Arbeitgeber ohnehin für Gefahrenvorsorge (etwa durch Virenscanner) sorgen muss und deshalb keine zusätzlichen Kosten entstehen.

*Schutzwürdiges Vertrauen*

Allerdings kann allein aus der Tatsache, dass kein ausdrückliches Privatnutzungsverbot ausgesprochen wurde, noch keine konkludente Gestattung abgeleitet werden. Vielmehr müssen andere Umstände hinzutreten. So etwa, wenn das ***private Telefonieren*** im Unternehmen gestattet ist und durch die private Internetnutzung keine erheblichen Zusatzkosten entstehen (***Flatrate***). Der Arbeitnehmer wird dann regelmäßig annehmen dürfen, dass auch eine private Internetnutzung erlaubt ist. Jedoch gibt es hier keinen Automatismus. Maßgeblich ist vielmehr, ob der Arbeitnehmer eine Gestattung annehmen durfte und sein Vertrauen deshalb schutzwürdig ist. Sobald andere Umstände einem solchen Vertrauen entgegenstehen, darf eine stillschweigende Erlaubnis nicht mehr unterstellt werden.

*Umfang*

Hat der Arbeitgeber die Privatnutzung ausdrücklich gestattet, aber ihren ***Umfang*** nicht festgelegt, so muss dieser ebenfalls aus den näheren Umständen geschlossen werden. Auch hier können wieder ***Parallelwertungen aus der Telefonpraxis*** entnommen werden. Darf etwa nur in den Pausenzeiten privat telefoniert werden, so wird man einen entsprechenden Willen des Arbeitgebers auch für die private Internetnutzung unterstellen dürfen.

*Telefonpraxis*

Parallelwertungen aus der Telefonpraxis werden zum Teil abgelehnt, da die Internetnutzung mehr Gefahren birgt als das Telefon. Maßgeblich aber ist, dass die Gerichte die Telefonrechtsprechung oftmals entsprechend anwenden, da die Rechtsprechung zum Internet noch nicht die genügende Dichte aufweist (so etwa das ArbG Wesel NJW 2001, 2490). Mit Parallelwertungen muss also gerechnet werden.

### 5.2.3 Betriebliche Übung (Betriebsübung)

*Definition*

Wie gesehen spricht der Arbeitgeber oftmals weder ein Verbot noch eine Erlaubnis zur Privatnutzung ausdrücklich aus. Die Erlaubnis zur Privatnutzung kann sich dann auch aus einer ***betrieblichen Übung*** ergeben. Sie liegt vor, wenn der Arbeitnehmer aus einem regelmäßigen Verhalten des Arbeitgebers folgern darf, dass ihm gewährte Leistungen oder Vergünstigungen auch in Zukunft erhalten bleiben (BAG NZA 1998, 423). Aus der fehlenden Regelung allein kann noch nicht geschlossen werden, dass erlaubt ist, was nicht verboten wurde. Ohne entsprechende Anhaltspunkte darf eine Erlaubnis in Form der betrieblichen Übung nicht unterstellt werden.

*Dauerhafte Duldung*

Voraussetzung ist, dass der Arbeitnehmer das Internet ***in Kenntnis*** des Arbeitgebers über einen längeren Zeitraum für private Zwecke genutzt hat und dieser das Verhalten widerspruchslos duldet. Zeitlich muss also eine gewisse Verfestigung eingetreten sein. Davon kann ausgegangen werden, wenn der Arbeitgeber die Privatnutzung ***mindestens 6-12 Monate*** lang nicht beanstandet hat. Allein die tatsächliche Privatnutzung durch den Arbeitnehmer begründet also noch keine betriebliche Übung. Hinzukommen muss ein bewusstes Verhalten des Arbeitgebers, der die Privatnutzung kannte – oder für ihn zumindest erkennbar war – und gleichwohl nichts unternommen hat. Der mutmaßliche Wille des Arbeitgebers kann hier von Bedeutung sein.

*Pro-Forma-Verbot*

In der Praxis kommt es häufig vor, dass der Arbeitgeber irgendwann in der Vergangenheit ***pro forma*** ein Privatnutzungsverbot ausgesprochen hat, dieses aber im betrieblichen Alltag nicht gelebt wird, tatsächlich also eine Duldung der Privatnutzung vorliegt. Weil dem Arbeitgeber keine zusätzlichen Kosten entstehen, steht er der Privatnutzung im Grunde gleichgültig gegenüber, so lange sie im Rahmen bleibt. Es stellt sich die Frage, ab wann aus einem solchen Verhalten eine betriebliche Übung entsteht und was der Arbeitgeber tun kann, um die Entstehung zu vermeiden.

*Vermeidung ihrer Entstehung*

Man wird hier vom Arbeitgeber sicher nicht verlangen können, das Verbot durch technische Überwachung umsetzen und bei Verstößen durch Abmahnungen oder gar Kündigungen sanktionieren zu müssen. Soll die Entstehung einer betrieblichen Übung verhindert werden, muss aber ein Privatnutzungsverbot zumindest ausgesprochen bleiben und von Zeit zu Zeit ***erneuert*** werden. Will der Arbeitgeber darüberhinaus sicher gehen, darf sein Verhalten nicht im Widerspruch zu seinem Verbot stehen. Erhält er Kenntnis von einer unzulässigen Privatnutzung, muss er den

Arbeitnehmer zumindest auf sein rechtswidriges Verhalten durch eine ***Ermahnung*** hinweisen.

*Schützenswertes Vertrauen*

Unterbleibt dies, können andere Arbeitnehmer mit Recht darauf vertrauen, dass eine Privatnutzung zulässig ist. Wird die Privatnutzung im Arbeitsalltag Usus, weil jeder private Dinge erledigt und sich diese Praxis herumgesprochen hat, entsteht nach einer gewissen Zeit eine betriebliche Übung, unabhängig davon, ob der Arbeitgeber sich hierzu verpflichten will oder nicht. Es kommt dann allein auf die objektiven Verhältnisse an, insbesondere ob tatsächlich ein ***Vertrauenstatbestand*** für die Arbeitnehmer entstanden ist. Wer auf eine zulässige Privatnutzung vertrauen darf, dessen Persönlichkeitsrechte sind schützenswert. Ein möglicher entgegenstehender subjektiver Wille des Arbeitgebers muss dann zurücktreten. Im Zweifel lässt sich die betriebliche Übung insbesondere durch Zeugenaussagen von Mitarbeitern belegen.

### 5.2.4 Beseitigung der Erlaubnis

Sofern der Arbeitgeber seine ausdrücklich oder konkludent erklärte Erlaubnis nicht mehr aufrechterhalten will, stellt sich die Frage, auf welchem Wege er sie zurücknehmen kann.

*Ausdrückliche Erlaubnis*

Sofern sich die Erlaubnis aus einer einseitigen Erklärung des Arbeitgebers (Nutzungsrichtlinie) ergibt, kann sie auch wieder einseitig zurückgenommen werden (***actus-contrarius-Grundsatz***). Wurde die Gestattung im Arbeitsvertrag vereinbart, ist eine Zusatzvereinbarung mit dem Arbeitnehmer notwendig. Weigert sich der Arbeitnehmer muss eine ***Änderungskündigung*** erfolgen. Es ist für den Arbeitgeber deshalb ratsam, in die Privatnutzungsklausel einen ***Widerrufsvorbehalt*** aufzunehmen, so dass ein Widerruf vom Arbeitgeber auch einseitig erklärt werden kann.

*Betriebs-vereinbarung*

Wurde die Gestattung in einer ***Betriebsvereinbarung*** geregelt, so bedarf ein Widerruf der Zustimmung des Betriebsrates. Weigert sich der Betriebsrat, muss eine fristgerechte ***Kündigung*** der gesamten Betriebsvereinbarung erfolgen. Die ordentliche Kündigungsfrist beträgt gemäß § 77 Abs. 5 BetrVG drei Monate, wobei abweichende Vereinbarungen möglich sind. Denkbar ist auch eine fristlose Kündigung, sofern ein wichtiger Grund vorliegt, an dessen Vorliegen aber strenge Anforderungen zu stellen sind. Eine Änderungskündigung ist nach der Rechtsprechung des BAG bei der Betriebsvereinbarung nicht zulässig. In der Praxis ist es üblich, einen ***Widerrufsvorbehalt*** vorzusehen, der das Privatnutzungsprivileg als freiwillige Leistungsgewährung einstuft, von der sich der Arbeitgeber auch einseitig wieder lösen kann.

*Konkludente Erlaubnis*

Wird die Erlaubnis der Privatnutzung nur aus bestimmten Umständen geschlossen und hat sich noch keine entsprechende betriebliche Übung verfestigt, so kann der Arbeitgeber durch eine ***einseitige Gegenerklärung*** an die Mitarbeiter seinen wahren Standpunkt klarstellen und die Privatnutzung verbieten.

*Betriebliche Übung*

Ergibt sich die Erlaubnis aus einer betrieblichen Übung, so ist die Frage des Widerrufs bislang ungeklärt. Die Betriebsübung als solche kann grundsätzlich durch ***einseitigen Entschluss*** des Arbeitgebers, der entsprechend den Mitarbeitern bekannt zu machen ist, beendet werden. Rechtliche Schwierigkeiten bereitet jedoch die mit der betrieblichen Übung verbundene Leistungsgewährung, also das kostenlose Zurverfügungstellen der privaten Internetnutzungsmöglichkeit. Strittig ist insbesondere, ob durch eine ***kollektive Kündigung*** gegenüber dem Betriebsrat eine Beseitigung möglich ist. Denn anders als die Betriebsvereinbarung ist die betriebliche Übung keine auf den Arbeitsvertrag einwirkende Rechtsnorm, sondern ein Bestandteil des Arbeitsvertrages selbst, was die Notwendigkeit einer individuellen Kündigung nahe legt. Dann müsste der Arbeitgeber aber in größeren Betrieben eine Unzahl von Kündigungen abwickeln. Dies erscheint nicht zumutbar, zumal die Betriebsvereinbarung als stärkere Rechtsquelle kollektiv gekündigt werden kann. Der Meinungsstreit kann in der Praxis dahinstehen. Man wird bei einem Privatnutzungsprivileg aufgrund betrieblicher Übung schon eine ***willentliche Leistungsgewährung*** durch den Arbeitgeber verneinen müssen. Anders als zum Beispiel bei Weihnachtsgratifikationen, die der Arbeitgeber bewusst auszahlt und so auch bewusst eine Leistung gewährt, fehlt es bei der privaten Internetnutzung an einer gewollten Zuwendung und damit an einem entsprechenden finanziellen Vertrauenstatbestand der begünstigten Arbeitnehmer. Der Arbeitgeber will keine Leistung gewähren, ihm ist vielmehr die private Mitbenutzung gleichgültig. Er nimmt sie aus Großzügigkeit oder Nachlässigkeit hin, da sie keine Zusatzkosten verursacht und möglicherweise einen Trainingseffekt bei den Mitarbeitern bewirkt. Belastet man den Arbeitgeber hier ohne seinen ausdrücklichen Willensentschluss mit einer betrieblichen Übung, so muss man zumindest einen ***Widerrufsvorbehalt*** unterstellen, der zur Beseitigung führt, wenn der Arbeitgeber eine anderslautende Willenserklärung kundtut. Alles andere wäre nicht interessensgerecht, da es sich um eine Duldung auf Kulanzbasis handelt.

### 5.2.5 Umfang der Erlaubnis

*Bedenken der Arbeitgeber*

Der effektive Umgang mit dem Medium Internet bedarf des intensiven Trainings. Die Privatnutzungserlaubnis kann bei Neueinrichtung eines Internetzuganges – insbesondere für ungeübte Mitarbeiter in der Anlernphase – eine wichtige Voraussetzung sein, die notwendigen Kenntnisse schnell zu erwerben. Aber auch für fortgeschrittene Nutzer ist es erforderlich, ständig auf dem Laufenden zu bleiben. Das natürliche Interesse der Arbeitnehmer am Medium Internet kann zu einer erheblichen Know-How-Steigerung auch für den dienstlichen Gebrauch nutzbar gemacht werden, sofern es nicht durch ein Privatnutzungsverbot unterdrückt wird. Trotz dieser auf der Hand liegenden Vorteile des Privatnutzungsprivilegs, stehen viele Arbeitgeber einer ausdrücklichen Gestattung skeptisch gegenüber. Sie befürchten, dass unerwünschte oder gar rechtswidrige Verhaltensweisen der Arbeitnehmer durch die private Nutzung noch gefördert werden. Diese Bedenken entspringen allerdings größtenteils mangelnder arbeitsrechtlicher Kenntnisse.

Sofern die ***ausdrückliche*** Erlaubnis auch den zulässigen Umfang der Privatnutzung regelt, sind diese Festlegungen bindend. Eine darüber hinausgehende Nutzung bedeutet eine arbeitsvertragliche Pflichtverletzung.

*Erlaubnis kein Freibrief*

Enthält die ausdrückliche Gestattung keine Regelung zum Umfang oder ergibt sich die Gestattung konkludent oder aufgrund betrieblicher Übung, so bedeutet dies keineswegs einen Freibrief für den Arbeitnehmer. Auch ohne ausdrückliche Festlegung ergibt sich aus den ***arbeitsvertraglichen Nebenpflichten***, dass der Arbeitnehmer jedes unerwünschte, rufschädigende oder gar strafbare Verhalten zu unterlassen hat. Die erlaubte Privatnutzung erstreckt sich deshalb keinesfalls auf einen urheberrechtswidrigen Download von mp3-Files oder von Raubkopien. Im Hinblick auf solche Missbräuche gelten die gleichen Grundsätze wie ohne Privatnutzungsgestattung.

*Detaillierte Regelung*

Schreibt z. B. der Arbeitnehmer während der Arbeitszeit private E-Mails, obwohl die Privatnutzung nur während der Pausen gestattet wurde, so liegt ein Verstoß gegen den Arbeitsvertrag vor. Es empfiehlt sich daher, Umfang und inhaltliche Ausgestaltung der Privatnutzung durch eine ***detaillierte Regelung*** festzuschreiben. Unzureichende oder unklare Regelungen sind eine potentielle Quelle von Auseinandersetzungen. Den Privatnutzungsumfang festzulegen ist Sache des Arbeitgebers (ArbG Wesel, NZA 2001, 787). Für den Arbeitgeber empfiehlt es sich, den

Umfang der Privatnutzung an den konkreten Verhältnissen im Betrieb auszurichten. Hat zum Beispiel das Netzwerk des Arbeitgebers nur eine beschränkte ***Bandbreite***, so empfiehlt sich eine Privatnutzung nur außerhalb der Spitzenzeiten, also etwa nach Feierabend. Ebenso ist das Ausmaß nach dem ***Gefährdungspotential*** der Privatnutzung zu gestalten. Hier sind der individuellen Vielfalt keine Grenzen gesetzt. Steht unbegrenzt Bandbreite zur Verfügung, müssen z. B. E-Mail-Anhänge quantitativ nicht beschränkt werden. Sieht der Arbeitgeber dagegen in bestimmten Dateiformaten (etwa .exe oder .mp3) eine Gefährdung, so sind Anhänge diesen Formats unabhängig von der Bandbreite zu untersagen.

*Auslegung*

Sofern eine ausdrückliche Festlegung des Nutzungsumfanges fehlt, ist dieser durch ***Auslegung*** nach §§ 133, 157 BGB zu ermitteln. Aus der ***Sicht des Arbeitnehmers*** ist zu beurteilen, welcher Nutzungsumfang durch die Regelung gewollt und zulässig ist. Der auszulegende Umfang bewegt sich dabei zwischen einem Mindestmaß, das eine private Nutzung noch sinnvoll ermöglicht, und der Zumutbarkeitsgrenze für den Arbeitgeber, die nicht überschritten werden darf. Eine Auslegung ergibt jedenfalls immer, dass unerwünschte, rufschädigende oder strafbare Handlungen ausgeschlossen sind.

*Vorrang der betrieblichen Nutzung*

Die private Nutzung darf weder die Arbeitsleistung noch die technische Verfügbarkeit des EDV-Netzes – auch nicht geringfügig – beeinträchtigen. Die ***betriebliche Verfügbarkeit*** hat in jedem Fall Vorrang, da sie stets in einem Regel-Ausnahme-Verhältnis zur Privatnutzung steht. So wird regelmäßig der Download größerer Dateien unzulässig sein, auch wenn er in der Privatnutzungsregelung nicht ausdrücklich verboten wurde. Es sind hier eine Vielzahl von Auslegungsgesichtspunkten denkbar, die sich jeweils auch aus dem Einzelfall ergeben. Alle erheblichen Einzelumstände sind grundsätzlich berücksichtigungsfähig. Allgemeingültige Pauschalaussagen sind nur eingeschränkt möglich. Es gilt die grobe Richtschnur, dass nur zulässig sein kann, was die betriebliche Benutzung nicht stört oder gefährdet und keine erheblichen, unerwünschten Kosten verursacht.

Häufigstes Problem in der Praxis ist sicherlich der Konsum und Download pornografischer Dateien, die das Ansehen des Arbeitgebers gefährden. Verhaltensweisen, die eine potentielle ***Rufschädigung*** verursachen, sind aber jedenfalls unzulässig.

Diese Überlegungen gelten erst recht für eine konkludente Gestattung oder eine betriebliche Übung. Wird etwa die Zulässigkeit der Privatnutzung aus einer Parallelwertung der ***Telefonnutzung*** geschlossen, so dient der zulässige Umfang privaten Telefonierens auch als Richtschnur für die private Internetnutzung. Bei der ***betrieblichen Übung*** ist maßgeblicher Anknüpfungspunkt, in welchem Umfang der Arbeitgeber die Privatnutzung seiner Mitarbeiter kennt. Denn nur im Rahmen der Kenntnis ist die notwendige Duldung des Arbeitgebers denkbar. Regelmäßig wird man hier von einer Kenntnis privater E-Mails und privaten Surfens in einem vernünftigen Umfange ausgehen dürfen. Nicht erfasst ist dagegen der Austausch größerer Datenmengen, etwa im Wege des FTP-Dienstes.

Regelmäßig kann auch unterstellt werden, dass die Privatnutzung auf den Arbeitsplatzrechner des Arbeitnehmers beschränkt bleiben muss. Dies gilt aber nur, solange nicht andere Umstände dagegensprechen. Richtet der Arbeitgeber zum Beispiel für die Privatnutzung seiner Arbeitnehmer einen speziellen PC im Pausenraum ein, der ausschließlich der Privatnutzung dient (***Internetcafe***), so darf die private Nutzung nur über diesen speziellen PC und nur in den Pausenzeiten erfolgen.

***Kurzfristige Privatnutzungsverbote*** aus unmittelbarem betrieblichem Anlass kann der Arbeitgeber aufgrund seines Direktionsrechtes auch bei ausdrücklich gestatteter Privatnutzung aussprechen. Aus der Telefonrechtsprechung des BAG ergibt sich, dass die betrieblichen Belange auch hier Vorrang genießen (BAG, BB 1973, 704).

## 5.3 Missbrauch und Pflichtverstöße

Bei der privaten Internetnutzung durch Arbeitnehmer sind ***vielfältige Pflichtverletzungen*** denkbar, die im Rahmen dieser Abhandlung nicht abschließend aufgezählt werden können. Dargestellt werden im Folgenden nur die in der Praxis häufigsten Verstöße. Die Anmerkungen gelten entsprechend auch für die Intranetnutzung durch die Arbeitnehmer. Wobei die Pflichtverletzungen im Zusammenhang mit der Intranetnutzung wesentlich seltener sind, da dort wegen des Fehlens interessanter Angebote kein mit dem Internet vergleichbarer Anreiz für Übertretungen besteht.

Zu nennen ist hier zunächst die Überschreitung des erlaubten ***Nutzungsumfanges***, also der zeitlichen oder quantitativen Beschränkungen. So ist die Privatnutzung während der Arbeitszeit selbstredend ein Pflichtverstoß, wenn die Nutzung auf die Pausenzeiten beschränkt wurde.

Bei der ***konkludenten Nutzungsgestattung*** kann die Auslegung, in welchem Umfange eine Privatnutzung zulässig ist, auf Schwierigkeiten stoßen. Ohne ausdrückliche Festlegungen ist die Grenze des Zumutbaren naturgemäß nur schwer bestimmbar. In der Regel wird man eine private Nutzung ohne nennenswerten Bandbreitenverbrauch und ohne erhebliche Kosten für zulässig halten dürfen, während der Download größerer Dateien oder der FTP-Dienst von der konkludenten Gestattung nicht gedeckt ist.

Generell führen strafbare Verhaltensweisen des Arbeitnehmers auch zu einem Verstoß gegen den Arbeitsvertrag. Neben einer Strafanzeige können also auch arbeitsrechtliche Schritte eingeleitet werden.

*Pornografie*

Konsum und Verbreitung pornografischer Dateien sind gemäß § 184 Absatz 1 StGB ***nicht generell strafbar***, sondern nur wenn Gewalttätigkeiten, die Einbeziehung von Tieren oder der Missbrauch von Kindern hinzutreten. Die Strafbarkeit ist jedoch nicht der alleinige Maßstab für die Frage der Zulässigkeit. Es genügt, wenn Verhaltensweisen geeignet sind, das ***Ansehen des Arbeitgebers*** zu beeinträchtigen. Diese Gefahr wird man bei einem Aufruf pornografischer Seiten generell unterstellen dürfen, da jede Internetnutzung rückverfolgbare Spuren hinterlässt, die auf das Unternehmen des Arbeitgebers hindeuten und damit dessen Ruf gefährden können. Pornografische Seiten oder Inhalte sind deshalb am Arbeitsplatz grundsätzlich unzulässig und ***regelmäßiger Kündigungsgrund***. Bezüglich ***volksverhetzender Seiten*** (Nazipropaganda) oder gewaltverherrlichender Inhalte gelten die selben Überlegungen.

*Download*

Strafbare Verhaltensweisen drohen auch beim Download von ***urheberrechtlich geschützten Dateien*** aus dem Internet. Hierzu gehören insbesondere Computerspiele, Anwendersoftware oder urheberrechtlich geschützte Bild-, Video- oder Musikdateien (etwa mp3-Dateien, zur Strafbarkeit des Downloads von mp3-Files, vgl. Kapitel 4.2). Gerade bei dem in der Praxis sehr häufigen Problem des Downloads von urheberrechtlich geschützten Dateien stellt sich die Frage der Haftung des Arbeitgebers für das Verhalten seiner Mitarbeiter.

*Beleidigung*

Von großer praktischer Bedeutung sind ***beleidigende Inhalte***, etwa Ehrverletzungen von und gegenüber Mitarbeitern oder Vorgesetzten z. B. über betriebsinterne Verteilerlisten. Erlaubt ist nur sachliche Kritik, die von der Meinungsfreiheit gedeckt wird und die Grenze der Beleidigung nicht erreicht. Den Tatbestand der Beleidigung können auch anstößige E-Mail-Anhänge erfüllen. Es ist eine verbreitete Gewohnheit geworden, ***sexuell geprägte Anhänge*** über eine Vielzahl von Verteilerlisten zu versenden. Hier besteht die Gefahr, dass vor allem weibliche Mitarbeiterinnen solche Anhänge nicht als Scherz, sondern als Belästigung empfinden. Werden dem Arbeitgeber solche Belästigungen bekannt, sind arbeitsrechtliche Konsequenzen möglich. In krassen Fällen ist der Tatbestand der Beleidigung erfüllt. Hier kann neben den arbeitsrechtlichen Sanktionen auch Strafanzeige erstattet werden. Ein Verstoß gegen Arbeitspflichten kann aber auch vorliegen, wenn die Verteiler von den Kollegen als angenehme Abwechslung empfunden werden, sie aber wegen ihrer Häufigkeit von der Arbeit abhalten.

*Virusgefahr*

Statistischen Erhebungen zufolge ist die interne Bedrohung des Unternehmens durch sorgfaltwidriges Verhalten der Mitarbeiter weitaus größer als die externe Bedrohung durch Hacker. Insbesondere die ***Virusgefahr*** kann durch Systemausfall zu existenzbedrohenden Schäden führen. Hier kann und muss (Haftungsrisiko!) der Arbeitgeber – auch wenn dies die Privatnutzungsmöglichkeiten stark beschneidet - durch eine breite Palette von Maßnahmen für die notwendige Sicherheit sorgen. Gleiches gilt für alle ebenso gefahrträchtigen Bereiche, etwa Passwortverwaltung, Backup-Sicherung etc.

*Notwendige Schutzvorkehrungen*

Insbesondere ist der Arbeitgeber zum Einsatz der notwendigen technischen Einrichtungen, wie etwa Virenscanner und Firewall, aber auch zu rechtlich-organisatorischen Maßnahmen wie Nutzungsrichtlinien oder Betriebsvereinbarungen angehalten. Vernachlässigt er die notwendigen Schutzvorkehrungen, so kann er die Schuld nicht auf den verursachenden Arbeitnehmer abwälzen und bei ihm ***Regress*** nehmen, sondern haftet alleine. Verstößt der Arbeitnehmer gegen Sicherheitsrichtlinien, indem er beispielsweise unzulässige Anhänge öffnet, so kann dies zu arbeitsrechtlichen Konsequenzen, bei groben Verstößen auch zu Schadensersatzansprüchen führen.

## 5.4 Arbeitsrechtliche Sanktionen bei Pflichtverstößen

Bei einem pflichtwidrigen Verhalten der Arbeitnehmer reichen die arbeitsrechtlichen Sanktionsmöglichkeiten des Arbeitgebers von einem bloßen Hinweis auf die Pflichtwidrigkeit, über rechtsverbindliche Abmahnung, Kostenerstattung, Sperrung des Internetzugangs bis hin zur ordentlichen und außerordentlichen fristlosen Kündigung, sowie Strafanzeige. Das angemessene Sanktionsmittel richtet sich nach der Schwere des Pflichtverstoßes und nach der Höhe des angerichteten Schadens.

### 5.4.1 Unverbindlicher Hinweis und Abmahnung

*Hinweis*

Der unverbindliche Hinweis auf die Pflichtverletzung erfüllt gegenüber dem Arbeitnehmer eine ***Informations- und Warnfunktion*** und wahrt gleichzeitig den Betriebsfrieden. Der bloße Hinweis ist demnach ein ausgesprochen sanftes Sanktionsmittel.

*Abmahnung*

Dem gegenüber ist die Abmahnung über den Denkanstoß hinaus eine klare Zäsur und verbindliche Rüge, mit der auch ***rechtliche Konsequenzen*** verbunden sind. Regelmäßige Verstöße gegen den Arbeitsvertrag, die ersichtlich vom Arbeitgeber hingenommen werden, können zu einer inhaltlichen Änderung des Vertrages führen. Dies kann durch eine Abmahnung verhindert werden, die klarstellt, dass das Verhalten nicht geduldet wird. Die Abmahnung ist ein gesetzlich nicht verankertes, aber von der Rechtsprechung seit langem entwickeltes Rechtsinstitut, das gleichzeitig Rüge- und Warnfunktionen wahrnimmt.

*Zweck*

Mit der Abmahnung rügt man ein konkretes Fehlverhalten und warnt durch eine ***Kündigungsandrohung*** vor weiteren Verstößen (BAG DB 1994, 1477). Die Abmahnung setzt ein pflichtwidriges Verhalten des Arbeitnehmers voraus, das z. B. bei unerlaubtem Surfen gegeben ist. Unverbindliche Hinweise in Form von Ratschlägen, Belehrungen usw. sind schwächere Sanktionen als die Abmahnung und gehen ihr zumeist voraus. Sie enthalten im Gegensatz zur Abmahnung keine Kündigungsandrohung und sind deshalb rechtlich ohne entscheidende Bedeutung.

*Voraussetzung für Kündigung*

Bei schwerwiegenden Pflichtverstößen kommt u. a. auch eine verhaltensbedingte Kündigung in Betracht, die nur wirksam ist, wenn eine rechtsgültige Abmahnung vorausgegangen ist. Gleiches gilt für die einseitige Abänderung von Arbeitsverhältnissen durch eine Änderungskündigung (BAG DB 1986, 2133). Bei Pflichtverletzungen im ***Leistungsbereich*** - also wenn dem Arbeitnehmer mangelhafte Arbeitsleistungen vorgeworfen werden - gilt dies uneingeschränkt. Eine Abmahnung ist hier stets erforderlich (BAG DB 1994, 1477), insbesondere bei fahrlässigen Unzulänglichkeiten. Der Leistungsbereich ist z. B. betroffen, wenn der Arbeitnehmer Gefahren verursacht, weil er mit dem Virenscanner nicht umzugehen weiß.

*Vertrauensbereich*

Bei Pflichtverstößen im ***Vertrauensbereich*** ist eine Abmahnung in der Regel nicht erforderlich, sondern es kann ***sofort gekündigt*** werden (BAG DB 1989, 1427). Störungen im Vertrauensbereich liegen insbesondere bei vorsätzlichen Pflichtverstößen oder Straftaten vor (BAG DB 1985,1244; DB 1986,1338). Auf die Abmahnung kann also nur bei sehr schwerwiegenden Pflichtverletzungen verzichtet werden. Nach der neueren Rechtsprechung des BAG ist eine Abmahnung auch bei Pflichtverstößen im Vertrauensbereich notwendig, wenn es sich bei dem Fehlverhalten um ein ***steuerbares Verhalten*** des Arbeitnehmers handelt und so die Wiederherstellung des Vertrauens des Arbeitgebers zu erwarten ist (BAG NZA 1997, 1281). Dasselbe gilt, wenn der Arbeitnehmer davon ausgehen durfte, sein Verhalten sei nicht pflichtwidrig oder werde zumindest vom Arbeitgeber nicht als eine bedeutsame Pflichtwidrigkeit eingestuft (BAG DB 1986, 1339), also ein Bagatelldenken vorliegt. So etwa die praktisch sehr häufigen, vom Arbeitnehmer nicht bezahlten Privattelefonate vom Dienstapparat, die der Arbeitgeber zwar nicht erlaubt, aber duldet.

Sofern der Arbeitnehmer trotz einer Vertrauensstellung besonders schwere Pflichtwidrigkeiten, insbesondere Straftaten begeht (BAG vom 17.05.1984, AP Nr. 14 zu § 626 BGB; BAG vom 20.09.1984, AP Nr. 13 zu §1 KSchG 1969), wird sich das ***Vertrauen*** allerdings regelmäßig nicht wieder herstellen lassen.

Nicht erforderlich ist eine Abmahnung auch, wenn sie offensichtlich ***zwecklos*** oder unzumutbar ist (BAG DB 1994, 1477; DB 1995, 532), z. B. wenn der Arbeitnehmer glaubhaft erklärt, dass er die Pflichtwidrigkeiten auch künftig unverändert fortsetzen wird. Hier kann auf eine Abmahnung verzichtet werden und eine sofortige Kündigung erfolgen.

*Form*

Die Abmahnung ist ***formfrei*** möglich, bedarf also nicht zwingend der Schriftform, sondern kann auch mündlich ausgesprochen werden. Aus Beweisgründen sollte allerdings stets eine schriftliche Abmahnung erfolgen. Ein Schriftstück hat überdies eine stärkere Warnfunktion, da sie dem Arbeitnehmer die Pflichtwidrigkeit und ihre Folgen nachhaltiger verdeutlicht, als dies bei einer mündlichen Abmahnung der Fall wäre. Die Abmahnung muss nicht als solche bezeichnet werden (BAG DB 1980, 1351).

*Inhalt*

Aus der Abmahnung muss der Arbeitnehmer zweifelsfrei entnehmen können, welche Pflichtwidrigkeit ihm vorgeworfen wird, wie sein ***korrektes Verhalten*** in Zukunft auszusehen hat und welche Folgen er zu befürchten hat, sofern er sein Verhalten nicht anpasst. Der Arbeitgeber muss also die zu rügenden Vorfälle einzeln aufzählen, konkret mit Datum darlegen und auf eine drohende Kündigung hinweisen, sofern er sie bei einem weiteren Verstoß aussprechen will.

### 5.4.2 Fristgebundene Kündigung

Von fristgerechter oder ***ordentlicher Kündigung*** wird gesprochen, wenn das Arbeitsverhältnis unter Einhaltung der jeweiligen Kündigungsfristen gekündigt wird.

*Verhaltens-bedingte Kündigung*

Die unerlaubte Privatnutzung oder andere Übertretungen der Internet-Nutzungsvorgaben können ***verhaltensbedingte*** Kündigungsgründe sein. Die ordentliche verhaltensbedingte Kündigung kann erfolgen, sofern trotz der zuvor beschriebenen Abmahnung ***keine Besserung*** im Verhalten des Arbeitnehmers eingetreten ist. Der Arbeitnehmer also z. B. die unerlaubte Privatnutzung trotz Abmahnung fortsetzt. Bei vergleichbaren Pflichtverletzungen wie etwa dem privaten Telefonieren ist nach der Rechtsprechung eine Kündigung gerechtfertigt, wenn einem ausdrücklichen Verbot auch nach Abmahnung nachhaltig zuwider gehandelt wird (LAG Niedersachsen NZA-RR 1999, 813).

*Einmalige Abmahnung*

Eine erneute Abmahnung vor Ausspruch der Kündigung ist jedenfalls bei ***gleichartigen*** Wiederholungsfällen nicht erforderlich. Es genügt, wenn einmal abgemahnt wurde (BAG DB 1987, 2367). Die Pflichtverstöße müssen hierfür nur gleichartig, nicht identisch sein. Es genügt, wenn sie die gleiche pflichtwidrige Stoßrichtung in sich tragen. In diesem Sinne gleichartig ist es etwa, wenn zunächst während der Arbeitszeit gesurft wird und im Anschluss unerlaubte Anhänge geöffnet werden.

*Erneute Abmahnung*

Auch bei ***ungleichartigen*** Pflichtverstößen ist eine nochmalige Abmahnung entbehrlich, wenn die Abmahnung zugleich Ausdruck einer allgemeinen Unzufriedenheit mit dem Leistungs- oder Ordnungsverhalten des Arbeitnehmers ist (LAG Rheinland-Pfalz DB 1983, 1554). Allerdings darf sich der Arbeitgeber durch die vorangegangene Abmahnung nicht selbst die Hände binden, indem er nur bei weiteren „gleichartigen" Verstößen die Kündigung androht. In diesem Fall muss bei weiteren „ungleichartigen" Verstößen erneut abgemahnt werden. Auch wenn rechtlich nicht zwingend erforderlich, wird man in der Praxis trotzdem zur Sicherheit ein ***zweites Mal*** abmahnen und erst bei einem erneuten Pflichtverstoß kündigen, um das Risiko eines drohenden Kündigungsschutzprozesses gering zu halten.

*Voraussetzungen*

Notwendig ist eine ***schriftliche*** Kündigung, die den verhaltensbedingten Kündigungsgrund und die vom Arbeitgeber angestrebte Beendigung des Arbeitsverhältnisses deutlich macht. Seit dem 01.05.2000 muss gemäß § 623 BGB jede Kündigung schriftlich erfolgen. Nur mündlich ausgesprochene Kündigungen, die nach dem 01.05.2000 erklärt wurden, sind unwirksam. Zu beachten sind ferner die anwendbaren Kündigungsschutzvorschriften, insbesondere das ***Kündigungsschutzgesetz*** (KSchG) sowie spezielle Bestimmungen für Schwerbehinderte, Schwangere, Mütter usw.

*Kündigungsschutz*

Die Anforderungen, die an das Vorliegen eines wirksamen ***Kündigungsgrundes*** zu stellen sind, hängen zunächst von der ***Anwendbarkeit des KSchG*** ab. Der Geltungsbereich des KSchG erstreckt sich gemäß neuer Fassung des § 23 Abs. 1 KSchG nur auf Betriebe und Verwaltungen, in denen regelmäßig ***mehr als 10*** Arbeitnehmer beschäftigt werden. Für alle Arbeitnehmer, deren Arbeitsverhältnis bereits vor dem Stichtag des 1.1.2004 begonnen hat, verbleibt es bei dem alten Schwellenwert von mehr als 5 Arbeitnehmern im Betrieb. Die Regelung ist nun also zweigeteilt.

*Sozial gerechtfertigt*

Bei Kleinbetrieben mit 10 oder weniger Arbeitnehmern genügt in der Regel die Einhaltung der Kündigungsfrist als Voraussetzung für eine wirksame Kündigung. Im Geltungsbereich des KSchG dagegen muss eine ordentliche Kündigung ***sozial gerechtfertigt*** sein. Die verhaltensbedingte Kündigung ist sozial gerechtfertigt, wenn Umstände im Verhalten des Arbeitnehmers vorliegen, die bei verständiger Abwägung aller beteiligten Interessen eine Kündigung als angemessene Folge erscheinen lassen. Dabei ist der objektive Maßstab eines besonnen urteilenden Arbeitgebers anzulegen (BAG DB 1992, 2446). Die Kündigung muss verhältnismäßig sein. Es gilt das ***Ultima-Ratio-Prinzip***, die Kündigung kommt also stets nur als letztes Mittel in Betracht (BAG DB 1987,1790). Der Arbeitgeber muss bemüht sein, die Kündigung durch andere, gleichgeeignete Maßnahmen zu vermeiden.

### 5.4.3 Fristlose Kündigung

*Wichtiger Grund*

Eine fristlose oder ***außerordentliche Kündigung*** erfolgt ohne Einhaltung einer Kündigungsfrist und ist nur bei Vorliegen eines ***wichtigen Grundes*** möglich. Ein solcher ist gemäß § 626 Abs. 1 BGB nur gegeben, wenn dem Arbeitgeber bei Abwägung aller maßgeblichen Umstände eine Fortsetzung des Arbeitsverhältnisses bis zum Ablauf einer gesetzlichen oder vereinbarten Kündigungsfrist nicht zugemutet werden kann.

*Unerlaubte Internetnutzung*

Ein wichtiger Grund, der zur fristlosen Kündigung ausreicht, wird bei Pflichtwidrigkeiten wegen unerlaubter Internetnutzung regelmäßig nicht vorliegen. Es müssen viel mehr Pflichtverstöße von einer Tragweite gegeben sein, die dem Unternehmenszweck so stark zuwiderlaufen, dass eine Fortsetzung des Arbeitsverhältnisses auch nur bis Ende der Kündigungsfrist unzumutbar ist. Wie auch sonst liegt die Messlatte dieser Voraussetzungen sehr hoch, so dass die fristlose Kündigung im Zusammenhang mit der unerlaubten Internetnutzung die ***Ausnahme*** bleiben sollte.

*Pornografie*

Die Rechtsprechung sieht die Voraussetzungen für eine fristlose Kündigung z. B. als gegeben an, wenn während der Arbeitszeit ***Pornografie*** konsumiert, heruntergeladen und im EDV-System des Arbeitgebers abgespeichert wird und die Handlungen geeignet sind, dem Ansehen des Unternehmens schweren Schaden zuzufügen. Solch schwerer ***Imageschaden*** droht beispielsweise, weil das Unternehmen in der Jugendarbeit tätig ist (ArbG Hannover NZA 2001, 1022 f.; ArbG Düsseldorf NZA 2001, 1386). Es muss auch aus der Sicht des Arbeitnehmer offensichtlich sein, dass sein Verhalten für den Arbeitgeber unter keinen Umständen tolerierbar ist. Die strengen Voraussetzungen zeigen, dass auch bei Pflichtverstößen im Zusammenhang mit Pornografie das Instrument der fristlosen Kündigung vorsichtig einzusetzen ist. Wegen des drohenden Prozessrisikos sollte eine fristlose Kündigung jedenfalls in ***Bagatellfällen*** unterbleiben und nur bei harter Pornografie in erheblichem Umfang in Betracht kommen.

*Abmahnpflicht*

Zum Teil wird auch für die fristlose Kündigung eine vorherige Abmahnpflicht gefordert. Dies entspricht nur bei fristloser Kündigung wegen ***verhaltensbedingter*** Gründe im Leistungsbereich der obersten Rechtsprechung (BAG DB 1989, 1427). Bei Pflichtverstößen im ***Vertrauensbereich*** (hierzu gehört auch die unerlaubte Internetnutzung), die eine fristlose Kündigung rechtfertigen, ist eine Abmahnung entbehrlich (BAG DB 1984, 1047).

*Widerspruch*

Abmahnung und fristlose Kündigung stehen in einem gewissen ***Widerspruch***. Denn hält man eine Abmahnung zunächst für notwendig, weil der Verstoß nicht so schwerwiegend ist, dass auf sie verzichtet werden kann (siehe oben Abmahnung, Kapitel 5.4.1), so fehlt es bei einem erneuten gleichartigen Verstoß wohl auch an den noch weitergehenden Voraussetzungen für eine fristlose Kündigung. Die fristlose Kündigung muss das letzte Mittel sein, weil alle anderen Mittel nicht mehr zumutbar sind. Schaltet man ihr zunächst eine Abmahnung vor, so kann man vom Arbeitgeber wohl auch die Einhaltung der ordentlichen Kündigungsfrist verlangen. Bestehen hieran Zweifel, so sollte man statt der Kombination Abmahnung/fristlose Kündigung besser sofort ordentlich kündigen, ohne zuvor abzumahnen.

*Voraussetzungen*

Auch die außerordentliche Kündigung bedarf der ***Schriftform***. Aus der Kündigungserklärung muss eindeutig hervorgehen, dass das Arbeitsverhältnis nicht fortgesetzt werden kann und jede weitere Beschäftigung sofort eingestellt werden wird (BAG DB 1982, 2577). Eine ***Begründung*** der außerordentlichen Kündigung im Kündigungsschreiben ist nicht zwingend erforderlich (BAG DB 1963, 555), aber in der Praxis ratsam. Die fristlose Kündigung beendet das Arbeitsverhältnis mit Zugang der Kündigungserklärung. Sie kann gemäß § 626 Abs. 2 BGB nur innerhalb einer ***Frist von 2 Wochen*** erfolgen, nachdem der Arbeitgeber von den maßgeblichen Kündigungsgründen Kenntnis erlangt hat. Sofern der Arbeitgeber diese Ausschlussfrist versäumt, ist davon auszugehen, dass ein wichtiger Kündigungsgrund für den Arbeitgeber wegen der verstrichenen Zeit nicht vorliegt, sodass eine fristlose Kündigung ausscheidet.

### 5.4.4 Verdachtskündigung

*Verdacht*

In der Praxis werden oftmals Pflichtverletzungen noch nicht eingetreten oder beweisbar sein, stattdessen aber dringende ***Verdachtsmomente*** für eine bereits erfolgte oder bevorstehende Pflichtverletzung vorliegen. In Frage kommt dann lediglich eine Verdachtskündigung, die sowohl als ordentliche wie auch als fristlose Kündigung ausgesprochen werden kann (BAG DB 1977, 1273).

*Dringlichkeit*

Der bloße Verdacht kann nur dann ein eigenständiger Kündigungsgrund sein, sofern er dringend ist. Hierzu muss auf Grund objektiver Umstände eine ***große Wahrscheinlichkeit*** dafür sprechen, dass der Arbeitnehmer die Pflichtwidrigkeit begangen hat (BAG DB 1964, 1229). Lassen sich die Verdachtsmomente gegen den Arbeitnehmer nicht erhärten, so hat er einen Anspruch auf Wiedereinstellung. Die Ergebnisse eines Ermittlungs- oder Strafverfahrens sind zwar nicht zwingend, werden aber in der Praxis regelmäßig die Frage der Dringlichkeit beantworten können. Sofern der Arbeitgeber den wahren Sachverhalt nicht alleine klären kann, darf er die Ergebnisse eines Ermittlungsverfahrens abwarten und erst dann eine fristlose Kündigung aussprechen. Die ***Ausschlussfrist*** des gemäß § 626 Abs. 2 BGB ist derweil gehemmt (BAG DB 1992, 2194). Die verdächtigte Pflichtverletzung muss von erheblichem Gewicht sein. Ihren Nachweis unterstellt, muss sie eine ordentliche bzw. fristlose Kündigung rechtfertigen, je nach dem, welche Art der Verdachtskündigung geplant ist (BAG DB 1961, 680; NZA 2000, 421). Schließlich muss der Arbeitgeber alle zumutbaren Maßnahmen zur Aufklärung des Sachverhalts ergriffen haben, wozu insbesondere die ***Anhörung*** des betroffenen Arbeitnehmers erforderlich ist (BAG DB 1992, 2194; DB 1996, 96).

## 5.5 Zivilrechtliche Folgen – Schadensersatz

Die arbeitsrechtlichen Folgen werden ergänzt durch eine mögliche Strafanzeige und die zivilrechtliche Haftung auf Schadensersatz.

### 5.5.1 Schadensersatzpflicht des Arbeitnehmers

*Beispiel Virengefahr*

Im Hinblick etwa auf die seit langem bekannte ***Virusgefahr*** und die Höhe der dadurch drohenden Schäden ist der Arbeitgeber in weitem Umfange angehalten, durch technische und organisatorische Sicherungsmaßnahmen eine Schadensentstehung zu verhindern. Auf der anderen Seite ist auch der Arbeitnehmer wegen der stets gegenwärtigen Virengefahr in diesem Bereich zu besonderer Sorgfalt verpflichtet. Können dem Arbeitnehmer ***schuldhafte Pflichtverstöße*** und daraus resultierende Schäden nachgewiesen werden, so macht sich der Arbeitnehmer schadensersatzpflichtig. Wegen der weitgehenden Sicherungspflicht des Arbeitgebers, wird aber hier regelmäßig ein hohes ***Mitverschulden*** des Arbeitgebers anzusetzen sein. Im Grunde muss der Arbeitgeber die Systeme gegen die Virusgefahr so absichern, dass auch ein unbedarfter Nutzer keinen Schaden anrichten kann. Zum Standard gehört ein regelmäßig ***upgedatetes, marktübliches Virenschutzprogramm*** eines anerkannten Herstellers. Sowie bei entsprechend hohem Traffic ein mehrfaches Virenscannen, sowohl serverseitig wie auch clientbasiert, also am Arbeitsplatzrechner selbst.

*Andere Risikobereiche*

Die Ausführungen zum Virusschaden gelten selbstverständlich entsprechend für ***andere gefahrträchtige Verhaltensweisen*** des Arbeitnehmers. Etwa wenn es wegen sorglosem Umgang mit der Passwortverwaltung zu Datenverlusten oder Datenausspähung durch Dritte kommt. Allerdings sind die Sicherungspflichten des Arbeitgebers im Bereich der Virenproblematik besonders hoch anzusiedeln, da die Gefahren seit langem bekannt und die technischen Sicherheitseinrichtungen ausgereift sind.

*Mitverschulden des Arbeitgebers*

Technische Maßnahmen allein sind nicht ausreichend. Ein hohes Mitverschulden des Arbeitgebers droht auch, wenn er gegen seine ***organisatorischen Pflichten*** verstößt, indem z. B. keine Nutzungsrichtlinien oder Betriebsvereinbarungen vorhanden sind, die den Umgang mit Dateien, E-Mail-Anhängen und den Schutz vor Viren behandeln. Nur wenn der Arbeitnehmer unter

***Verstoß gegen vorhandene Nutzungsbestimmungen*** einen Schaden verschuldet, der allein auf seine Pflichtwidrigkeiten zurückzuführen ist und keine Versäumnisse des Arbeitgebers vorliegen, hat ein Schadensersatzanspruch gegen den Arbeitnehmer hinreichende Erfolgsaussichten. Andernfalls muss zumindest mit einem hohen Mitverschulden des Arbeitgebers gerechnet werden. So macht sich der Arbeitnehmer z. B. schadensersatzpflichtig, wenn er unter Verstoß gegen die Sicherheitsvorschriften ***unerlaubte Datenträger*** von zu Hause mitbringt, verwendet und hieraus trotz ausreichender Schutzmaßnahmen ein Virusschaden erwächst.

*Zuständigkeitsverteilung*

Bei entsprechenden ***Verdachtsmomenten*** ist der Arbeitnehmer zu vorsichtigem Handeln verpflichtet. So darf er etwa verdächtige E-Mail-Anhänge vor einer Überprüfung nicht öffnen, sondern muss sie an die zuständige Stelle weiterleiten (ArbG Frankfurt RDV 2001, 189). Dies setzt allerdings voraus, dass der Arbeitgeber die entsprechenden Zuständigkeiten und Verantwortlichkeiten zur Virenkontrolle geregelt und den Arbeitnehmer darüber informiert hat. Der Arbeitgeber hat insbesondere eine ***zuständige Stelle*** einzurichten – sinnvollerweise die ohnehin für IT-Sicherheit zuständige EDV-Abteilung – an die sich der Arbeitnehmer bei auftauchendem Virusverdacht wenden kann. Sofern diesbezüglich keine organisatorischen Maßnahmen des Arbeitgebers ergriffen wurden, muss auch hier mit einem hohen Mitverschulden gerechnet werden.

*Ganzheitliche Sicherheit*

Bei der Virenproblematik wird besonders deutlich, dass technische und rechtlich-organisatorische Maßnahmen ineinander greifen müssen, um effektive Sicherheit zu schaffen. Nur wenn der Arbeitgeber die im Sinne einer ***Ganzheitlichkeit*** (vgl. oben, Kapitel 4.10.1) notwendigen Sicherungsmaßnahmen ergreift, kann er von seinen Mitarbeitern oder Kunden Schadensersatz verlangen. Andernfalls bleibt er für den Schaden selbst verantwortlich.

*Anspruchsgrundlagen*

Die schuldhafte Verursachung z. B. eines Virenschadens ist ein Verstoß gegen arbeitsvertragliche Pflichten und gibt dem Arbeitgeber folglich einen ***vertraglichen*** Schadensersatzanspruch gem. § 280 Abs. 1 BGB gegen den Arbeitnehmer. Sofern ein Eingriff in den eingerichteten und ausgeübten Gewerbebetrieb vorliegt, kommt auch ein Schadensersatzanspruch aufgrund ***deliktischer Haftung*** nach § 823 Abs. 1 BGB in Betracht. Ein solcher ist etwa bei virenbedingtem Ausfall von EDV-Systemen, Hard- oder Software sowie bei sonstigen Betriebsstörungen gegeben. Im Zusammenhang mit § 823 Abs. 1 BGB stellt sich auch die Frage einer ***Eigentumsverletzung***, die nur bejaht werden kann, wenn man den Verlust oder die Zerstörung von Daten als Eigentumsverletzung einordnet, weil man die Speicherung auf magnetischen Datenträgern als Verkörperung des Datenbestandes im Datenträger ansieht. Die Frage ist umstritten, wird aber zunehmend bejaht, sodass bei Verlust oder Beschädigung von Datenbeständen ein Schadensersatzanspruch auch nach § 823 Abs. 1 BGB wegen Eigentumsverletzung erhoben werden kann (vgl. auch oben, Kapitel 4.8.2.).

### 5.5.2 Haftungsmilderung wegen gefahrgeneigter Tätigkeit

*Haftungsmaßstab*

Nach der Gesetzeslage gelten auch für die Haftung des Arbeitnehmers die herkömmlichen Regelungen des BGB. Demnach würde er sowohl bei Pflichtwidrigkeiten aus dem Arbeitsvertrag wie auch bei Rechtsverletzungen nach § 823 BGB für vorsätzliches und fahrlässiges Verschulden haften. Fahrlässigkeit bedeutet aber jede Art von Fahrlässigkeit, also auch eine Haftung für leichteste Fahrlässigkeit. Zu Recht wird dieser Haftungsmaßstab als ***zu streng*** empfunden. Die ***Rechtsprechung des BAG*** hat deshalb seit langem die Grundsätze zur sogenannten ***gefahrgeneigten Arbeit*** bzw. schadensgeneigten Tätigkeit entwickelt (Grundsatzentscheidung des BAG, DB 1957, 947), woraus sich umfangreiche Haftungserleichterungen für den Arbeitnehmer ergeben.

*Risikobetrachtung*

Es wäre unbillig, allein dem Arbeitnehmer das Haftungsrisiko aufzubürden, weil mit großer Wahrscheinlichkeit davon ausgegangen werden kann, dass auch einem sorgfältigen Arbeitnehmer mit der Zeit Fehler unterlaufen. Der Arbeitgeber bestimmt durch die betriebliche Organisation selbst das Risikopotential, ohne dass der Arbeitgeber darauf maßgeblichen Einfluss hätte. Teilweise drohen Schäden, die für den Arbeitnehmer existenzgefährdend wären. ***Nutznießer*** des eingegangenen Risikos ist weitgehend der Arbeitgeber, während der Verdienst des Arbeitnehmers kein angemessener Ausgleich für das gesamte Haftungsrisiko sein kann. Es wäre daher ***unbillig***, dem Arbeitnehmer das volle Haftungsrisiko aufzubürden. Im Einklang mit der allgemeinen Rechtsüberzeugung hat deshalb die Rechtsprechung die gesetzlichen Haftungsregeln zu Gunsten des Arbeitnehmers abgemildert und die ***Risiken der Arbeit*** weitestgehend dem Arbeitgeber übertragen.

*Umfassende Anwendung*

Während die Haftungsprivilegierung zunächst nur für gefahrgeneigte Tätigkeiten gewährt wurde, hat sich in der gesamten obergerichtlichen Rechtsprechung einhellig durchgesetzt, die Haftungserleichterung bei ***jeder Art von Tätigkeit*** zu gewähren (BAG DB 1985, 2562; BAG BB 1990, 64; ebenso BGH NZA 1994, 270; gemeinsamer Senat der Obersten Gerichtshöfe BB 1994, 431; gemeinsamer Senat des BAG DB 1994, 2237; BB 1993, 1009), vor allem, weil die Abgrenzung der gefahrgeneigten von der herkömmlichen Tätigkeit kaum möglich war.

*Betrieblicher Schadensausgleich*

Die momentan einschlägige Rechtsprechung des BAG (BAG DB 1988, 1603;) und des BGH (BGH BB 1991, 626) nimmt den innerbetrieblichen Schadensausgleich nach einem ***dreistufigen Haftungsmodell*** vor:

***Leichte Fahrlässigkeit:*** keine Haftung des Arbeitnehmers

Leichte Fahrlässigkeit meint lediglich Pflichtverstöße, die so gering und entschuldbar sind, dass sie bei jedem durchschnittlichen Arbeitnehmer vorkommen können.

***Vorsatz und grobe Fahrlässigkeit:*** volle Haftung des Arbeitnehmers

Grobe Fahrlässigkeit meint besonders gravierende Pflichtverstöße, die nicht entschuldigt werden können, weil auch diejenige Sorgfalt nicht beachtet wurde, die jedermann eingeleuchtet hätte. Hierzu zählen in der Regel Pflichtverstöße im alkoholisierten Zustand, nicht jedoch das sogenannte ***Augenblicksverschulden***, also ein Verstoß, der zwar schwerwiegend, aber als ein spontanes, kurzfristiges und einmaliges Versagen einzustufen ist (BGH NJW 1989, 1354).

Vorsatz meint eine bewusste Schadensverursachung, die zudem gewollt ist.

***Mittlere Fahrlässigkeit:*** Haftungsaufteilung zwischen Arbeitnehmer und Arbeitgeber

Mittlere Fahrlässigkeit wird in der Regel negativ definiert, als ein Verschulden, das weder leicht noch grob ist, also zwischen leichtester und grober Fahrlässigkeit liegt. Der Haftungsanteil des Arbeitnehmers wird nach ***Billigkeit*** unter Berücksichtigung aller maßgeblichen ***Umstände des Einzelfalles*** bestimmt. Zu diesen Umständen gehören insbesondere Gefahrenpotential der ausgeübten Tätigkeit, Versicherbarkeit des Risikos für den Arbeitgeber, Einkommenshöhe, Ausbildungsgrad, Vorverhalten und soziale Verhältnisse des Arbeitnehmers, insbesondere inwieweit sich die Folgen einer Schadenshaftung auf die wirtschaftlichen Verhältnisse des Arbeitnehmers auswirken.

*Geringe Erfolgsaussichten in der Praxis*

Diese Grundsätze verleiten den Arbeitgeber im Einzelfall dazu, zumindest einen Teil der Schadenshaftung auf den Arbeitnehmer abwälzen zu wollen. In der Praxis aber herrscht ***große Rechtsunsicherheit*** bei der Durchsetzung von Schadensersatzansprüchen, da bei der Beurteilung der Frage, ob leichte, mittlere oder grobe Fahrlässigkeit vorliegt, das Gericht faktisch einen breiten Ermessensspielraum hat. Es ist im Voraus kaum kalkulierbar, welche Umstände mit welchem Gewicht bei der Haftungsquotelung berücksichtigt werden. Mit Ausnahme von vorsätzlichem Handeln oder schwersten Formen von Fahrlässigkeit wird man die Erfolgsaussichten von Schadensersatzansprüchen gegen Arbeitnehmer eher gering bewerten müssen. Die Rechtsprechung neigt im Übrigen tendenziell dazu, auf Grund der zunehmenden Technisierung der Arbeitswelt und Verteuerung der eingesetzten Geräte die Chancen von Schadensersatzansprüchen zu mindern.

*Bereich Internetnutzung*

Die Grundsätze der gefahrgeneigten Arbeit gelten jedenfalls für den Bereich der ***erlaubten*** (dienstlichen und privaten) Internetnutzung des Arbeitnehmers entsprechend. Fraglich ist, ob die dargestellten Maßstäbe auch bei der ***nicht erlaubten***, insbesondere bei der nicht erlaubten Privatnutzung anwendbar sind. Hier wird zum Teil vertreten, dass die Haftungsmilderung bei unerlaubter Privatnutzung nicht greife, weil der Arbeitnehmer nicht schutzwürdig sei.

*Risikozusammenhang*

Demnach hätte in solchen Fällen der Arbeitgeber einen ***umfassenden Schadensersatzanspruch*** nach den allgemeinen gesetzlichen Regeln. Richtig ist sicherlich, dass die Unerlaubtheit der Privatnutzung bei der Bestimmung des Haftungsanteils des Arbeitnehmers eines der maßgeblichen Abwägungskriterien darstellt. Man wird eine vollumfängliche Fahrlässigkeitshaftung aber insbesondere bei größeren Schäden nicht vertreten können, wenn sich im Schaden eine Sorgfaltswidrigkeit des Arbeitnehmers verwirklicht hat, die genauso gut bei der dienstlichen Nutzung vorkommen kann. Oder anders ausgedrückt: Zwischen der verbotenen Privatnutzung und dem Schadenseintritt muss ein ***Risikozusammenhang*** bestehen. Dieser ist zu verneinen, wenn zwar eine unerlaubte Privatnutzung vorliegt, diese aber im Rahmen der dienstlichen Nutzungsrichtlinien abgelaufen ist. Verursacht der Arbeitnehmer z. B. einen Virusschaden, in dem er eine private E-Mail empfängt, verletzt dabei aber keine ***Sicherheitsrichtlinien***, öffnet also insbesondere nicht gefahrenträchtige Anhänge oder Dateien, so wird man den Schadenseintritt als ***zufällig*** beurteilen müssen. Dem Arbeitnehmer kann in solchen Fällen nicht das volle Haftungsrisiko aufgebürdet werden. Der Arbeitnehmer übertritt zwar das Privatnutzungsverbot, kann aber nicht vorhersehen, dass sein Verhalten gefährlich oder schadensträchtig ist, da das identische Verhalten im Rahmen der dienstlichen Nutzung erlaubt ist. Tritt der Schaden dagegen durch ein Herunterladen von mp3-Dateien ein, die mit dem Unternehmenszweck in keinerlei Verbindung stehen, so übertritt der Arbeitnehmer nicht nur das Privatnutzungsverbot, sondern geht ein für ihn nicht kalkulierbares Sicherheitsrisiko ein, für das er einstehen muss.

# 6 Datenschutz und Kontrolle

*Kontrolle der Mitarbeiter*

Die technischen Einrichtungen zur Schaffung von IT-Sicherheit eignen sich ganz hervorragend auch zur ***Kontrolle der Mitarbeiter***. Die Datenschutzproblematik ist deshalb im IT-Recht zu einem der wichtigsten Themen geworden. Dabei wird auf die Darstellung der „Internetnutzung am Arbeitsplatz“ im vorigen Kapitel aufgebaut.

## 6.1 Datenschutz – Grundbegriffe

Zur Einführung in die komplexe Materie zunächst die Darstellung einiger ***Grundbegriffe*** aus dem Datenschutzrecht, um das Verständnis der speziellen Datenschutzprobleme bei der Mitarbeiterkontrolle zu erleichtern.

### 6.1.1 Datenschutzgesetze

*Unüberschaubare Vielzahl*

Im Datenschutzrecht gibt es eine unüberschaubare Vielzahl an gesetzlichen Bestimmungen. An erster Stelle zu nennen ist die allgemeinste Regelung, das ***Bundesdatenschutzgesetz*** (BDSG) in Gestalt der Novellierung vom 22.05.2001. Daneben die ***Landesdatenschutzgesetze*** (LDSG) der einzelnen Bundesländer, die allerdings weitgehend inhaltsgleich dem BDSG nachgebildet wurden. Während das BDSG als allgemeinstes Datenschutzgesetz für Behörden und Privatwirtschaft zur Anwendung kommt, enthalten die LDSG nur Regelungen für den öffentlichen Bereich.

*Spezielle Datenschutzbestimmungen*

Neben diese allgemeinen Gesetze treten spezielle Datenschutzbestimmungen in einer Vielzahl verschiedener Gesetzeswerke. Die Wichtigsten für den Bereich der neuen Medien sind ***§ 89 Telekommunikationsgesetz*** (TKG) in Verbindung mit der hierzu ergangenen Rechtsverordnung, der ***Teledienstеunternehmen-***

***Datenschutzverordnung*** (TDSV) sowie das spezielle Datenschutzgesetz für den Teledienstebereich, das ***Teledienstedatenschutzgesetz*** (TDDSG). In vielen weiteren Bereichen gibt es spezielle Datenschutzbestimmungen, so etwa für die katholische Kirche die „Anordnung über den kirchlichen Datenschutz" (KDO-DVO), sowie für die evangelische Kirche das „Kirchengesetz über den Datenschutz der evangelischen Kirche in Deutschland" (DSG-EKD), die ebenfalls weitgehend dem BDSG nachgebildet sind. Auch viele Landeskrankenhausgesetze enthalten zusätzliche Datenschutzbestimmungen. Die Aufzählung ist bei Weitem nicht abschließend.

*EU-Datenschutzrichtlinien*

Ergänzt werden diese nationalen Normen durch ***EU-Datenschutzrichtlinien***, so etwa die Richtlinie 95/46/EG vom 24.10.1995 (Amtsblatt EG vom 23.11.1995 Nr. L 281/31). Die Richtlinien entfalten ***keine unmittelbare Geltung*** in den Mitgliedsstaaten, sondern müssen zunächst durch die nationalen Gesetzgebungsorgane umgesetzt werden. So führte bspw. die Umsetzung der benannten Datenschutzrichtlinie vom 24.10.1995 zur Novellierung des BDSG vom 18.05.2001.

*Verbindende Gemeinsamkeiten*

Bei der Vielzahl der verschiedenen Datenschutzbestimmungen den Überblick zu wahren, ist insbesondere für den rechtlichen Laien schwierig. Selbst die Juristen streiten über die Abgrenzung der Anwendungsbereiche. Der gesetzgeberische Wildwuchs wird allerdings erleichtert durch ***maßgebliche Gemeinsamkeiten***, die sich wie ein roter Faden durch die vielen verschiedenen Datenschutzregelungen ziehen. Erleichterung bringt auch die ***Klammerwirkung durch das BDSG***, das jeweils ergänzend zur Anwendung kommt, wenn Spezialregelungen nicht vorhanden sind. Es gilt deshalb bei der Vermittlung der Grundbegriffe die Gemeinsamkeiten vor die Klammer zu ziehen, um die wesentlichen datenschutzrechtlichen Zusammenhänge zu erfassen.

### 6.1.2 Rechtsprechung

*Grundrecht informationelle Selbstbestimmung*

Das BVerfG hat in seinem ***Volkszählungsurteil*** von 1983 das Recht auf informationelle Selbstbestimmung als Ausprägung des ***allgemeinen Persönlichkeitsrechts*** anerkannt, das aus dem Grundrecht der allgemeinen Handlungsfreiheit gemäß Art. 2 Abs. 1 GG in Verbindung mit dem Gebot der Menschenwürde gemäß

Art. 1 Abs. 1 GG abgeleitet wird (BVerfG NJW 1984, 419). Das BVerfG spricht hierbei auch vom Grundrecht auf Datenschutz (BVerfG NJW 1991, 2129). Der Betroffene muss demnach jederzeit die Kontrolle darüber behalten können, was mit seinen Daten geschieht.

*Nur vereinzelte Urteile*

Speziell für den Problemkomplex der Mitarbeiterkontrolle sind gesonderte gesetzliche Vorschriften ebensowenig vorhanden wie eine richtungsweisende Rechtsprechung der Obergerichte. Auch bei den Instanzgerichten sind bisher nur vereinzelt Entscheidungen (ArbG Wesel, NJW 2001, 2490; ArbG Frankfurt RDV 2001, 189) ergangen, die sich in erster Linie mit der arbeitsrechtlichen Kündigungsschutzproblematik bei unerlaubter Internetnutzung befassen. Datenschutzfragen, insbesondere die Kontrollbefugnisse des Arbeitgebers werden dagegen allenfalls am Rande erörtert. Eine gefestigte Rechtsprechung ist also auch dort noch nicht ersichtlich. Problemlösungen müssen deshalb in den allgemeinen Datenschutzbestimmungen gesucht werden.

### 6.1.3 Personenbezogene Daten

*Roter Faden*

Die Vielzahl der Datenschutzgesetze ist verwirrend. All den Regelungen jedoch ist gemeinsam, dass sie nur den Schutz von **„personenbezogenen" Daten** bezwecken. Werden Daten dagegen beispielsweise zu statistischen Zwecken erhoben, ohne dass Rückschlüsse auf natürliche Personen möglich sind, so unterfallen diese Datenerhebungen nicht dem Datenschutzrecht.

*Definition*

Gemäß § 3 Abs. 1 BDSG sind personenbezogene Daten Einzelangaben über persönliche oder sachliche Verhältnisse einer natürlichen Person (Betroffener).

*Beispiele*

Diesen Personenbezug weisen z. B. Adressdaten wie Mailadressen, Bestelldaten, Logeinträge, E-Mail-Inhalte, Beiträge in Diskussionsforen oder Newsgroups etc. auf. Die Protokolldaten in den Logfiles sind über die IP-Adressen mit den Arbeitnehmern an ihrem jeweiligen Arbeitsplatzrechner verknüpft.

*IP-Adressen*

***IP-Adressen*** sind also nur dann personenbezogene Daten, wenn sie in einer unmittelbaren Beziehung zum Arbeitnehmer stehen. Hiervon kann bei Arbeitsplatzrechnern, die ausschließlich von einzelnen Arbeitnehmern oder Kleingruppen genutzt werden, regelmäßig ausgegangen werden. Aufgrund der Zuweisung eines bestimmten Rechners sind die IP-Adressen und damit die Logdateien auf den Arbeitnehmer rückführbar, sodass ein Personenbezug besteht. Dies gilt unabhängig davon, ob die IP-Adressen ***statisch oder dynamisch*** vergeben werden, da auch bei dynamischer Vergabe eine Rückverfolgung technisch möglich ist. So jedenfalls die glaubhaften Angaben der technischen Fachleute.

*Gruppenstärke*

Genaue Größenangaben, ab welcher ***Gruppenstärke*** noch ein Personenbezug herstellbar ist, können nicht pauschal getroffen werden. In der Rechtsprechung werden zwar vereinzelt Kleingruppen von drei, fünf oder sieben Personen noch als personenbezogen eingestuft, dabei handelt es sich aber um Einzelfallentscheidungen, die nicht generell übertragbar sind. Für die Frage, ob die erhobenen Daten noch auf einzelne Personen heruntergebrochen werden können, kommt es auf die konkreten Umstände des Einzelfalles an. So ist durchaus denkbar, dass auch bei einer Gruppenstärke von ***sieben Personen*** allein durch die unterschiedlichen Arbeitszeiten eine Zuordnung der Protokolldateien zu den einzelnen Arbeitnehmern möglich ist. In dieser Größenordnung jedenfalls muss noch mit einem Personenbezug der Daten gerechnet werden.

*Internetcafe*

Keine personenbezogenen Daten sind jedoch die Logfiles an ***öffentlich zugänglichen*** Rechnern im Unternehmen, die von einer beliebigen Vielzahl von Arbeitnehmern genutzt werden können. Die dort anfallenden Daten sind rein statistisch und können daher problemlos ausgewertet werden.

*Statistische Datenerhebung*

Auch sonst ist die ***statistische Datenerhebung***, die anonym bleibt und Rückschlüsse auf konkrete Einzelpersonen nicht zulässt, durch die Datenschutzbestimmungen nicht eingeschränkt. So kann etwa der Administrator eines Unternehmens problemlos unternehmensweite Erhebungen darüber anstellen, inwieweit Gesamtbelegschaft auf so beliebten Seiten wie z. B. ebay privat surft.

*Gestaltungsfähige Rechte*

Wichtig zu wissen, dass Datenschutzrechte gestaltungsfähige Rechte sind, also in vorgegebenen Grenzen der ***Modifikation*** durch individuelle Vereinbarungen zugänglich sind. So sehen beispielsweise die §§ 4 a BDSG, § 3 Abs. 3 in Verbindung mit § 4 Abs. 2 TDDSG, § 4 TDSV jeweils die Möglichkeit zur ***Einwilligung*** des betroffenen in Datenerhebungen vor. Dabei wird für die Einwilligung regelmäßig die Schriftform verlangt. Allerdings darf durch eine solche Einwilligung in der Regel nicht der Kernbereich der Persönlichkeitsrechte ausgehebelt werden, weshalb die Modifikationen stets im Rahmen der geltenden Datenschutzbestimmungen zulässig sein müssen. Dies gilt insbesondere für Kollektivvereinbarungen durch Betriebs- und Personalräte.

*Verarbeitungsphasen*

Das Datenschutzrecht schützt die ***gesamte Lebensdauer*** der Daten, erfasst also die verschiedenen Verarbeitungsphasen der Erhebung, Verarbeitung und Löschung, die vom Datenschutzrecht strukturell vorgesehen sind.

**Schutzgegenstand: personenbezogene Daten**

- Name, Adresse
- Beruf, Stellung
- Personaldaten
- Telefonnummer
- Mail-, IP-Adresse
- Mail-Inhalte, Newsbeiträge
- Logfiles, Verbindungsdaten
- Bestelldaten, Abrechnung

## 6.1.4 Gebot der Zweckbindung

*Bestimmt und zweckgebunden*

Daten müssen zu einem ***bestimmten*** Zweck erhoben werden, andernfalls ist die Datenerhebung unzulässig. Das Gebot der ***Zweckbindung*** besagt, dass die ursprüngliche Zweckbestimmung der Daten nicht durch eine widersprechende Nutzung umgangen werden darf. Die Zulässigkeit bezieht sich zunächst nur auf den ursprünglichen Zweck. Soll eine Zweckumwidmung erfolgen, ist hierfür ein gesonderter neuer Erlaubnistatbestand notwendig.

*Datenvermeidung Datensparsamkeit*

Das Gebot der ***Datenvermeidung und Datensparsamkeit*** gemäß § 3a BDSG bestimmt für die Gestaltungsauswahl von Datenverarbeitungssystemen die Zielrichtung, keine oder so wenig personenbezogene Daten wie möglich zu erheben, zu verarbeiten oder zu nutzen. Hierfür ist insbesondere von der Möglichkeit der ***Anonymisierung*** von Daten Gebrauch zu machen.

### 6.1.5 Präventives Verbot mit Erlaubnisvorbehalt

*Grundsatz*

Jede Datenerhebung ist zunächst ***generell verboten***, um präventiv einer ausufernden Datenverarbeitung Vorschub zu leisten. Allerdings gibt es eine Vielzahl von Ausnahmen in Gestalt von ***Erlaubnistatbeständen***. Anders ausgedrückt: Eine Datenerhebung ist erst zulässig, wenn ein gesetzlicher, vertraglicher oder sonstiger Rechtfertigungsgrund gegeben ist. Man spricht auch vom Erlaubnisvorbehalt für die Datenverarbeitung.

*Vertraglicher Zweck*

Erlaubnistatbestände finden sich insbesondere in § 28 BDSG. So zunächst der ***vertragliche Zweck***, der eine Datenverarbeitung zulässig macht. Werden Personaldaten aufgrund eines Arbeitsverhältnisses oder Verbindungsdaten zur Kostenabrechung verarbeitet, so ist der zugrunde liegende Vertrag jeweils der Erlaubnistatbestand, der die Datenerhebung rechtfertigt. Ebenso, wenn beispielsweise aufgrund von Betriebs- oder Dienstvereinbarungen die Datenerhebung vereinbart wurde.

*Wahrung berechtigter Interessen*

Gesetzliche Erlaubnistatbestände finden sich überall dort, wo aufgrund von gesetzlichen Bestimmungen die Datenverarbeitung unmittelbar zugelassen wird. Einen besonderen Erlaubnistatbestand sieht § 28 Abs. 1 Nr. 2 BDSG vor, wonach eine Datenverarbeitung zulässig ist, soweit sie zur ***Wahrung berechtigter Interessen*** der verantwortlichen Stelle erforderlich ist und kein Grund zu der Annahme besteht, das schutzwürdige Interessen der Betroffenen am Ausschluss der Datenverarbeitung überwiegen. Diese Generalklausel enthält die im Datenschutzrecht allgemein gültigen Grundprinzipien des ***Abwägungsgebots*** und des ***Verhältnismäßigkeitsgrundsatzes*** (vgl. hierzu im Einzelnen auch unten, Kapitel 6.6.2 und 6.6.3). Die Zulässigkeit der Datenverarbeitung richtet sich nach einer Abwägung der gegenläufigen Interessen. Sofern berechtigte Interessen der verarbeitenden Stelle überwiegen, wird die Datenverarbeitung als zulässig angesehen.

*Verhältnismäßigkeitsprinzip*

Das im Öffentlichen Recht generell gültige Verhältnismäßigkeitsprinzip ist auch im Datenschutz allgemeingültiger Maßstab für die Zulässigkeit einer datenverarbeitenden Maßnahme. Es setzt sich aus den ***drei Komponenten*** „geeignet", „erforderlich" und „verhältnismäßig im engeren Sinne" (=angemessen) zusammen. ***Geeignet*** ist eine Maßnahme nur dann, wenn sie zur Zweckerreichung überhaupt tauglich ist. Maßnahmen, die den vorgegebenen Zweck nicht erreichen können, sind von vorneherein rechtswidrig. ***Erforderlich*** ist eine Maßnahme, wenn kein gleich geeignetes, aber milderes Mittel zur Verfügung steht. Hier ist also das Gebot enthalten, sich bei der Auswahl unter verschiedenen zur Verfügung stehenden Mitteln der Datenverarbeitung für das ***mildeste Mittel***, das die Interessen des Betroffenen am wenigsten einschränkt, zu entscheiden.

*Angemessenheit*

Die Angemessenheit einer Maßnahme schließlich enthält ein ***Übermaßverbot***. So sind Datenverarbeitungen, die zwar geeignet und auch erforderlich sind, weil ein milderes Mittel nicht in Sicht ist, gleichwohl rechtswidrig, wenn sie außer Verhältnis stehen zu dem erreichbaren Zweck oder den beeinträchtigten Interessen des Betroffenen. Hier werden die beteiligten Interessen unmittelbar gegeneinander abgewogen, um ***unbillige Härten*** zu vermeiden. Maßnahmen, die unangemessen sind, weil sie hochstehende Rechtsgüter zu stark beeinträchtigen, sind nicht zulässig.

Wird beispielsweise auf der Schultoilette eine Überwachungskamera installiert, um das Rauchen einzuschränken, so kann man diese Maßnahme für geeignet und auch für erforderlich halten, weil anders dem Missstand nicht beizukommen sei. Trotzdem werden durch eine solche Maßnahme die Persönlichkeitsrechte der betroffenen Schüler so stark beeinträchtigt, dass die Maßnahme selbstverständlich unzulässig ist. Das Rauchen auf dem WC zu unterbinden ist kein so hoch stehendes Rechtsgut, dass einen so tiefgreifenden Einschnitt rechtfertigen würde.

*Abwägungsgebot*

Das ***Abwägungsgebot*** schreibt die Gewichtung und Abwägung aller denkbaren schutzwürdigen Interessen vor, die bei einem Datenverarbeitungsvorgang tangiert sein können. Abwägungsgebot und Verhältnismäßigkeitsprinzip stehen in engem Zusammenhang, da sie beide dem ***Rechtsstaatprinzip*** entspringen.

*Einwilligung und Selbstregulierung*

Ein bedeutender Erlaubnistatbestand ergibt sich aus der ***Einwilligung*** des Betroffenen, welche gesetzlich unter anderem in § 4a Abs. 1 BDSG, § 3 Abs. 1 in Verbindung mit § 4 TDSV, § 3 Abs. 1 TDSG geregelt ist. Nach dem Prinzip des „präventiven Verbot mit Erlaubnisvorbehalt“, insbesondere aufgrund der Erlaubnistatbestände „vertraglicher Zweck“ und „Einwilligung“, sind Vereinbarungen zwischen Datenverarbeiter und Betroffenem bezüglich des zulässigen Umfangs der Datenverarbeitung vom Gesetzgeber gewollt und bezweckt. Das Prinzip enthält mit anderen Worten eine ***Aufforderung zur Selbstregulierung***, um den beteiligten Parteien die Möglichkeit zu geben, ihre diffizilen, individuell ganz unterschiedlichen Problemsituationen selbst praxisnah und situationsgerecht zu regeln. Diese Zielrichtung des Datenschutzgesetzgebers wird v.a. bei der Mitarbeiterkontrolle bedeutsam, wo das Selbstregulierungsgebot durch Betriebs- und Dienstvereinbarungen umzusetzen ist.

### 6.1.6 Datenschutzverletzungen

*Ausgangssituation* Zu den ***häufigsten Rechtsverletzungen*** in der Unternehmens- und Behördenpraxis überhaupt gehören sicherlich Verstöße gegen Datenschutzbestimmungen. Obwohl das Gesetz in der Konsequenz Strafbarkeit und Schadensersatz vorsieht, sind Strafanzeigen oder Schadensersatzansprüche selten. Offensichtlich fühlen sich die Betroffenen nicht so gravierend verletzt, dass sie rechtliche Schritte einleiten. Allerdings kommen mittelbar – z. B. in Arbeitsgerichtsprozessen – die Datenschutzbestimmungen häufiger zum Tragen, etwa bei der Frage, ob eine Überwachungsmaßnahme des Arbeitsgebers zulässig war.

*Aufsichtsbehörden* Das ***Vollzugsdefizit*** im Datenschutzrecht besteht, obwohl eine Überwachung durch ***Aufsichtsbehörden*** (Bundes- und Landesdatenschutzbeauftragte) stattfindet, die zur ***verdachtunabhängigen*** Kontrollen in Unternehmen und Behörden befugt sind. Es kann theoretisch also jeder Zeit die Aufsichtsbehörde vor der Tür stehen, praktisch aber werden die Behörden nur auf Anzeige der Betroffenen tätig, da sie für selbstmotivierte Kontrollmaßnahmen personell zu schwach besetzt sind.

*Ordnungswidrigkeiten* Gemäß § 43 sind fahrlässige Verletzungen von Datenschutzbestimmungen Ordnungswidrigkeiten, die mit ***Bußgeldern*** bis zu 250.000 EUR geahndet werden können. Hier kommen insbesondere Ordnungswidrigkeiten bei fehlender oder unzureichender Bestellung von Datenschutzbeauftragten in Betracht.

*Straftat* Darüber hinaus ist gemäß § 44 im BDSG auch ein Straftatbestand verankert, wonach ein Täter, der gegen Entgelt oder in der Absicht handelt, sich oder einen anderen zu bereichern oder einen anderen zu schädigen, mit einer ***Geld- oder Freiheitsstrafe*** bis zu 2 Jahren bestraft wird.

*Schadensersatz* Neben Bußgeld und Strafanzeige ist im Rechtsleben immer auch die zivilrechtliche Seite einer Angelegenheit zu beachten. Hierzu gehört insbesondere die Haftung auf Schadensersatz, also speziell bei Datenschutzverstößen ein möglicher ***Schmerzensgeldanspruch*** wegen einer Verletzung des Persönlichkeitsrechts des Betroffenen.

*Privatwirtschaft* Gemäß § 7 BDSG ist für privatwirtschaftliche Unternehmen eine Verschuldenshaftung mit ***Beweislastumkehr*** vorgesehen. Da die Betroffenen zu wenig Einsicht in die Datenverarbeitungsvorgänge der Unternehmen haben, können sie berechtigte Ansprüche nur schwer beweisen. Es wird ihnen deshalb die Beweislast zum Teil von den Schultern genommen. Wer als Betroffener die

Datenschutzverletzung und die Verursachung durch ein Unternehmen nachweisen kann, hat seiner Beweislast bereits genüge getan. Das Verschulden des Unternehmens, also ein fahrlässiges oder vorsätzliches Verhalten, wird dann zu Gunsten des Betroffenen ***vermutet***. Will das Unternehmen sich enthaften, muss es selbst den Gegenbeweis über seine Schuldlosigkeit führen. Gelangen beispielsweise in einem Unternehmen vertrauliche und sensible Daten eines Arbeitnehmers in Umlauf, etwa eine jahrelange psychiatrische Behandlung, und stammen diese Daten zweifelsfrei aus der Personalakte, so muss der Arbeitgeber nachweisen, dass ihn an dem Vorgang kein Verschulden trifft. Andernfalls hat der betroffene Arbeitnehmer möglicherweise einen Schmerzensgeldanspruch.

*Öffentliche Hand*

Traditionell noch schärfer ist die Haftungssituation für öffentliche Stellen, wo gemäß § 8 BDSG eine ***verschuldensunabhängige Gefährdungshaftung*** vorgesehen ist. Fügt eine öffentliche Stelle dem Betroffenen durch eine rechtswidrige Datenverarbeitung einen Schaden zu, so ist der Träger der Stelle dem Betroffenen unabhängig von einem Verschulden zum Schadensersatz verpflichtet. Diese strenge Schadenshaftung hat historische Gründe, weil insbesondere die Ermittlungsbehörden und Geheimdienste in einer technisch so überlegenen Position sind, dass ohne Gefährdungshaftung für den Betroffenen Nachweise nicht führbar wären. Zur Begrenzung des Haftungsrisikos sieht § 8 Abs. 3 BDSG eine ***Haftungsobergrenze*** von 125.000 EUR für die Gefährdungshaftung vor.

### 6.1.7 Der Datenschutzbeauftragte

*Begrifflichkeit*

Hier gilt es zunächst, den vielschichtigen Begriff des Datenschutzbeauftragten zu klären. Bei den sogenannten ***Landes- und Bundesdatenschutzbeauftragten*** handelt es sich um die behördlichen Aufsichtsorgane, die staatliche Überwachungspflichten im Hinblick auf die Einhaltung der Datenschutzbestimmungen erfüllen. Diese Behörden dürfen nicht mit den ***betriebsinternen Datenschutzbeauftragten*** verwechselt werden. Der Datenschutzbeauftragte in einem Unternehmen oder einer Behörde handelt als Institut der Selbstkontrolle, ohne dabei behördliche Befugnisse inne zu haben. Die Funktion kann sowohl intern durch einen Angestellten des Unternehmens, wie auch extern durch einen dritten Dienstleister, z. B. einen Rechtsanwalt, ausgeübt werden. Vergleiche hierzu auch die nachfolgende Abbildung. Sofern in der Folge nicht ausdrücklich etwas anderes erwähnt wird, ist jeweils der innerbetriebliche Datenschutzbeauftragte gemeint.

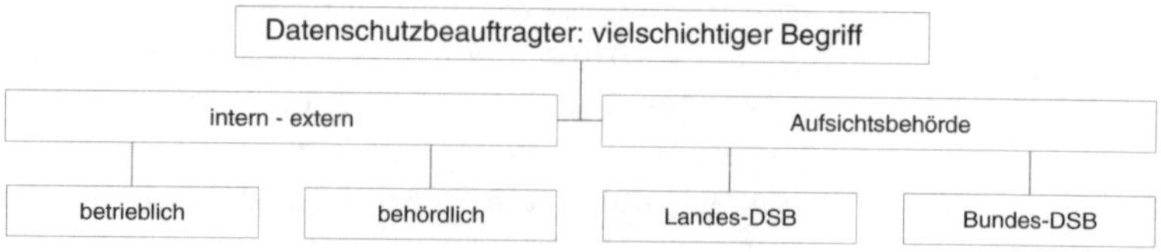


*Informationsquellen*

Informationen zu den behördlichen Datenschutzbeauftragten sowie ganz allgemein zu vielen Fragen des Datenschutzes finden sich z. B. auf der Homepage des Bundesbeauftragten für den Datenschutz, `http://www.bfd.bund.de/index.html`, oder auf den Seiten der Landesbeauftragten für den Datenschutz, z. B.: `http://www.baden-wuerttemberg.datenschutz.de/ home/recht/ldsg` für Baden-Württemberg.

*Pflicht zur Bestellung*

***Öffentliche Stellen*** (Behörden) sind ***generell*** zur Bestellung eines Datenschutzbeauftragten verpflichtet, während nichtöffentliche Stellen (= privatwirtschaftliche Unternehmen) erst ab einer bestimmten ***Größenordnung*** einen Datenschutzbeauftragten bestellen müssen. Der Datenschutzbeauftragte muss nach Vorliegen der Voraussetzungen ***binnen eines Monats*** bestellt werden.

*Privatwirtschaft*

Gemäß § 4f BDSG muss ein privatwirtschaftliches Unternehmen einen Datenschutzbeauftragten bestellen, wenn mit der ***automatisierten*** Datenverarbeitung mindestens ***fünf Arbeitnehmer*** oder mit der ***herkömmlichen*** Datenverarbeitung mindestens ***20 Arbeitnehmer*** beschäftigt sind. Da in den Unternehmen nahezu die gesamte Personalverwaltung und Datenverarbeitung EDV-gestützt und damit automatisiert abläuft, kommt in der Regel die Messzahl der Variante 1 zur Anwendung.

*Maßgebliche Parameter*

Hinzugerechnet werden alle beschäftigten Mitarbeiter, die ***ständig*** mit der Verarbeitung ***personenbezogener Daten*** betraut sind, unabhängig davon, ob sie als Voll- oder Teilzeitbeschäftigte im Unternehmen sind. Hierzu gehören die Personalsachbearbeiter ebenso wie EDV- und IT-Mitarbeiter. Zum maßgeblichen Personenkreis zählen aber nicht Personen, die nur punktuell Daten verarbeiten. So z. B. ein Abteilungsleiter, der für eine Projektdurchführung in den Personaldaten Anforderungsprofile abfragt, um qualifizierte Mitarbeiter auszusuchen. Obwohl es sich hierbei um eine Nutzung personenbezogener Daten handelt, ist der Abteilungsleiter nicht mit der automatisierten Datenverarbeitung betraut.

*Berechnung*

Es genügt, wenn die datenverarbeitende Tätigkeit lediglich untergeordneter Natur ist, sofern sie nur fortlaufend erfolgt. Eine nur gelegentliche Datenverarbeitung, z. B. die Tätigkeit als betrieblicher Datenschutzbeauftragter, ist dagegen nicht ausreichend. Auszubildende werden nicht mitgerechnet. Es erfolgt keine Zusammenrechnung des automatisierten und des herkömmlichen Bereichs. Mitarbeiter außer Haus, z. B. in einem externen Rechenzentrum (Auftragsdatenverarbeitung) werden nicht mitgerechnet.

*Unterschreitung*

Sofern aufgrund einer Umorganisation im Unternehmen die Anzahl der einschlägig Beschäftigten unter fünf absinkt, kann der bestellte Datenschutzbeauftragte wieder ***abgeschafft*** werden. So etwa, wenn statt bisher sieben Teilzeitkräfte künftig nur noch drei Vollzeitkräfte mit der automatisierten Datenverarbeitung betraut sind, denn es kommt allein auf die Anzahl der Beschäftigten, nicht aber auf den Umfang ihrer Tätigkeit an.

*Persönliche Voraussetzungen*

Auch ***externe Dienstleister***, wie z. B. Rechtsanwälte, können zum Datenschutzbeauftragten bestellt werden. Die Vorteile der Externen sind insbesondere eine höhere Fachkunde, weniger Zusatzkosten und keine Interessenskonflikte mit den Arbeitnehmern. Nur ***natürliche Personen***, keine Unternehmen wie z. B. Wirtschaftsprüfungsgesellschaften etc., wohl aber deren Angestellte können bestellt werden. Eine ***Full-time***-Bestellung ist nicht erforderlich, vielmehr kann die Tätigkeit als Datenschutzbeauftragter neben einer anderen Haupttätigkeit ausgeübt werden, was auch dem Regelfall in den Unternehmen entspricht.

*Fachkunde, Zuverlässigkeit*

Der Datenschutzbeauftragte muss eine ***ausreichende Fachkunde***, also Kenntnisse im Datenschutzrecht sowie technische Grundkenntnisse der automatisierten Datenverarbeitung mitbringen. Bei mangelnden Vorkenntnissen ist eine Schulung erforderlich. Darüber hinaus muss der Datenschutzbeauftragte Kenntnisse der betrieblichen Organisation sowie der Verarbeitungsvorgänge personenbezogener Daten erwerben. Gemäß § 4f Abs. 2 BDSG ist weitere persönliche Voraussetzung die ***Zuverlässigkeit*** des Datenschutzbeauftragten, also persönliche Integrität entsprechend der wahrzunehmenden Vertrauensstellung. Bei fehlender Fachkunde oder Zuverlässigkeit ist ein wirksam bestellter Datenschutzbeauftragter nicht gegeben, so dass eine Ordnungswidrigkeit nach § 43 Abs. 1 Nr. 2 BDSG ebenso vorliegt, als sei überhaupt kein Datenschutzbeauftragter bestellt worden. Dem Datenschutzbeauftragten ist die zur Wahrnehmung seiner Aufgaben notwendige Arbeitszeit zu gewähren, notfalls unter Freistellung von bisherigen Tätigkeiten. Andernfalls liegt nur eine unzureichende ***Pro-forma***-Bestellung vor.

*Ungeeignete Personen*

Nicht geeignet für die Funktion des Datenschutzbeauftragten sind Personen, die aufgrund der gleichzeitigen Pflicht zur Erfüllung von Kontrollfunktionen, wie z. B. Personalabteilungsleiter oder Administratoren, in ***Interessenskollisionen*** befangen sind. Ungeeignet sind auch Geschäftsführer oder Vorstände eines Unternehmens.

*Aufgaben*

Im Rahmen seines Aufgabenkreises hat der Datenschutzbeauftragte auf die ***Einhaltung der Datenschutzgesetze*** hinzuwirken, verantwortlich im Sinne der Gewährleistungspflicht für die Einhaltung der Datenschutzbestimmungen bleibt aber die datenverarbeitende Stelle, also das Unternehmen selbst. Die Stellungnahmen des Datenschutzbeauftragten haben also lediglich Empfehlungscharakter. Weiter ist der Datenschutzbeauftragte zur ***Personalaktenkontrolle*** bezüglich der verarbeiteten Personaldaten befugt, ebenso zu Kontrolle des Umgangs mit ***Kundendaten***, und ganz allgemein der Zulässigkeit der Verarbeitung personenbezogener Daten. Strittig ist inwieweit der Datenschutzbeauftragte auch zur Kontrolle des ***Betriebsrates*** befugt ist. Die Rechtsprechung des Bundesarbeitsgerichts (BAG NJW 1998, 2466) lehnt mit dem Argument ab, der Datenschutzbeauftragte sei der Arbeitgeberseite zuzuordnen. In der Konsequenz müsste der Betriebsrat einen eigenen betrieblichen Datenschutzbeauftragten bestellen.

Zu den Aufgaben des Datenschutzbeauftragten gehört die Überwachung der Gesetzmäßigkeit der EDV und die Durchführung regelmäßiger Überprüfungen. Darüber hinaus hat er eine ***Schulungsfunktion*** bei der Vermittlung der erforderlichen Datenschutzkenntnisse für die Mitarbeiter des Unternehmens.

*Verfahrensverzeichnis*

Dem Datenschutzbeauftragten ist von der Unternehmensseite das sogenannte ***Verfahrensverzeichnis*** zur Verfügung zu stellen. Dabei handelt es sich um eine Übersicht, die alle datenschutzrelevanten Abläufe und zugriffsberechtigten Personen im Unternehmen enthält. Diese Übersicht muss nicht vom Datenschutzbeauftragten selbst erstellt werden, vielmehr handelt es sich um notwenige Informationen von der verantwortlichen Stelle, die zur Durchführung seiner Arbeit erforderlich sind.

*Aufsichtsbehörden* Die zuständigen Aufsichtsbehörden sind gemäß § 24 BDSG der ***Bundesbeauftragte*** für den Datenschutz gegenüber den Datenschutzbeauftragten in den Behörden sowie spezielle Abteilungen bei den ***Innenministerien der Länder*** für die Datenschutzbeauftragten in der Privatwirtschaft.

## 6.2 Erlaubte Privatnutzung – Datenschutz nach dem TK-Recht

*Gesetzliche Regelungen*

Das Telekommunikationsrecht, insbesondere das Telekommunikationsgesetz (TKG), enthält in den §§ 85 ff. Datenschutzbestimmungen, die das in Art. 10 GG verankerte Fernmeldegeheimnis für anwendbar erklären und einfachgesetzlich näher ausregeln. Daneben sind möglicherweise auch die Telekommunikations-Datenschutzverordnung (TDSV) oder das Teledienste-Datenschutzgesetz (TDDSG) anwendbar. All diese Bestimmungen sind nicht mehr beschränkt auf Unternehmen der Telekommunikations- und Multimediabranche, sondern gelten auch darüber hinaus. Zu klären ist also zunächst, ob sie für den hier relevanten Bereich der Mitarbeiterüberwachung auch auf den Arbeitgeber anwendbar sind.

*Fernmeldegeheimnis*

Die Frage ist von maßgeblicher Bedeutung, denn unter dem Regime des dann geltenden Fernmeldegeheimnisses ist eine Mitarbeiterüberwachung durch den Arbeitgeber weitgehenden Beschränkungen unterworfen. Scheidet dagegen das Fernmeldegeheimnis aus, so finden lediglich die Bestimmungen des Bundesdatenschutzgesetzes (BDSG) Anwendung, die Kontrollen leichter ermöglichen.

### 6.2.1 Anwendbarkeit der Datenschutz-Bestimmungen des TKG

*Geschäftsmäßige TK-Dienste*

Gemäß § 85 Abs. 2 TKG ist zur Wahrung des Fernmeldegeheimnisses verpflichtet, wer geschäftsmäßig Telekommunikationsdienste erbringt oder daran mitwirkt. Zu fragen ist also, ob der Arbeitgeber dem Arbeitnehmer gegenüber durch das Einrichten des Internetzuganges eine solche Dienstleistung erbringt.

*Nachhaltiges Angebot*

Unter dem *„geschäftsmäßigen Erbringen von Telekommunikationsdiensten“* versteht der Gesetzgeber gemäß § 3 Nr. 5 TKG das nachhaltige Angebot von Telekommunikation einschließlich des Angebots von Übertragungswegen für Dritte mit oder ohne Gewinnerzielungsabsicht.

*Telekommunikation*

Telekommunikation meint gemäß § 3 Nr. 16 und Nr. 17 TKG den technischen Vorgang des Versendens und Empfangens von Zeichen, Text, Sprache, Bildern oder Tönen mittels der hierzu notwendigen technischen Anlagen. Damit sind alle denkbaren Erscheinungsformen der Individualkommunikation erfasst, auch das Versenden von E-Mails, das Bereitstellen eines Telefons oder die Einrichtung eines Internetzuganges.

*Dienstleistung durch Arbeitgeber*

Ausgehend von der Wortbedeutung, muss man stark daran zweifeln, ob der Arbeitgeber allein durch die Einrichtung eines Internetzuganges eine geschäftsmäßige Dienstleistung gegenüber seinen Mitarbeitern erbringt. Auch nach dem Gesetzeszweck gemäß § 1 TKG – Förderung des Wettbewerbs und einer flächendeckenden Versorgung mit Telekommunikations-Dienstleistungen - würde man dies eher verneinen. Allerdings lässt der Gesetzeswortlaut hier keinen Auslegungsspielraum. Wie gesehen genügt nach § 3 Nr. 5 TKG für ein geschäftsmäßiges Erbringen bereits jedes nachhaltige Angebot. Nachhaltig aber ist ein Angebot bereits bei einer gewissen Dauerhaftigkeit , so dass insbesondere kein gewerblicher Charakter erforderlich ist. Es reicht aus, wenn das Angebot vom Arbeitnehmer regelmäßig genutzt wird. Diese geringfügigen Anforderungen erfüllt eindeutig auch schon der Arbeitgeber, der einem Mitarbeiter den Internetzugang gewährt. Erst durch die regelmäßige Nutzung des Arbeitnehmers entsteht überhaupt ein Kontrollbedürfnis. Damit kann die Anwendbarkeit des TKG nicht umgangen werden.

*Arbeitgeber als Dritter*

Erst bei der Frage, ob der Arbeitnehmer im Verhältnis zu seinem Arbeitgeber als ein Dritter im Sinne von § 3 Nr. 5 TKG anzusehen ist, sind Einschränkungen zu machen. Bei der rein dienstlichen Nutzung wird der Arbeitnehmer als ein verlängerter Arm des Arbeitgebers tätig. Er ist Teil des Arbeitgebers und kann im Verhältnis zu ihm nicht gleichzeitig als ein Dritter eingestuft werden. Anders dagegen bei der erlaubten Privatnutzung. Hier ist der Arbeitnehmer nicht in den Wirkungskreis des Arbeitgebers eingebunden, sondern tritt ihm selbständig als ein Dritter gegenüber.

*Anwendbarkeit Fernmeldegeheimnis*

Lediglich auf die erlaubte Privatnutzung sind also die Regeln des TKG und damit das Fernmeldegeheimnis anzuwenden. Nicht aber auf die dienstliche Nutzung oder die verbotene Privatnutzung. Dies kann man zumindest für die §§ 85, 87 und 89 Abs. 3 bis 5 TKG ohne Einschränkung sagen, da sie keine weitergehenden Voraussetzungen als die geschäftsmäßige Erbringung von Telekommunikationsdienstleistungen für Dritte haben.

*Fazit*

Das Fernmeldegeheimnis – und damit die strengen Kontrollbeschränkungen für den Arbeitgeber – kommt nur zum Tragen, soweit der Arbeitgeber die Privatnutzung gestattet hat, was ausdrücklich oder konkludent erfolgen kann (vgl. hierzu näher oben, Kapitel 5.2.1 und 5.2.2).

*Folge Privatnutzungsverbot*

Gerade diese Verknüpfung von Erlaubnis und Anwendbarkeit des Fernmeldegeheimnisses hält viele Arbeitgeber davon ab, die private Nutzung in einem vernünftigen Umfange zu gestatten. Mit Recht befürchten sie eine Beschneidung ihrer Kontrollbefugnisse und sprechen deshalb ein ***Privatnutzungsverbot*** aus, das allerdings bei konsequenter Durchführung einer ***effektiven Nutzung*** des Internet durch die Arbeitnehmer im Wege steht.

*Effektive Nutzung, Trainingseffekt*

Ein Arbeitnehmer, der ständige Überwachung und Sanktionen befürchten muss, kann sich im Internet nicht frei bewegen. Er muss jederzeit damit rechnen, dass er unbewusst auf eine verfängliche Seite gelangt oder ein Pop-up-Fenster aufgeht, das eindeutig nicht dienstlich ist, und wird daher nur sehr vorsichtig und wie in einer Zwangsjacke agieren. Überdies wird der durch natürliche Neugier und Spieltrieb vermittelte ***Trainingseffekt*** beim Arbeitnehmer unterdrückt. Während der Arbeit ist keine Zeit, die unerschöpfliche Vielfalt des Internet zu ergründen. Dies kann nur durch ausgedehntes Surfen außerhalb der Arbeitszeiten gelingen. Ein Privatnutzungsverbot widerspricht dem im Internet gebotenen Nutzungsverhalten, das auf Surfen, Ausprobieren und große Beweglichkeit angelegt ist, und steht deshalb einer effektiven Nutzung des Mediums im Wege.

*Verbot pro forma*

Auch ein vom Arbeitgeber nur pro forma ausgesprochenes Verbot, dass tatsächlich im Betrieb nicht gelebt wird, ist keine Lösung. Dabei entsteht u.U. eine betriebliche Übung, die das nur vorgebliche Verbot aushebelt (hierzu oben im Einzelnen unter betriebliche Übung, Kapitel 5.2.3).

*Vereinbarungen statt Verbot*

Besser ist es daher, die Privatnutzung in einem vernünftigen Rahmen zuzulassen und die notwendige Kontrolle durch Vereinbarungen mit dem Arbeitnehmer im Arbeitsvertrag oder einer Betriebsvereinbarung effektiv zu regeln (hierzu unten im Einzelnen unten, Kapitel 6.10).

### 6.2.2 Anwendbarkeit der Telekommunikations-Datenschutzverordnung (TDSV)

*Alte Regelung*

Hier muss zunächst sorgfältig zwischen der alten und der neuen TDSV unterschieden werden. Die ehemalige ***Telekommunikationsdiensteunternehmen-Datenschutzverordnung (TDSV)*** vom 12.7.1996, die noch aus einer Zeit vor dem Inkrafttreten des TKG stammt, galt nur für Unternehmen, die Telekommunikationsdienstleistungen im Sinne von § 3 Nr. 18 und Nr. 19 TKG erbrachten, also ein „*gewerbliches*" Angebot von Telekommunikation für die Öffentlichkeit. Gewerblich ist die dem Arbeitnehmer bereitgestellte Internetnutzung aber regelmäßig nicht, so dass die Anwendbarkeit der alten TDSV auf die Zugangsvermittlung durch den Arbeitgeber zu verneinen ist.

*Neue TDSV*

Davon zu unterscheiden ist die ***neue Telekommunikations-Datenschutzverordnung*** (ebenfalls TDSV) vom 18.12.2000 (BGBl. I S. 1740). Sie wurde aufgrund der Ermächtigungsgrundlage in § 89 Abs. 1 Satz 1 TKG erlassen. Dort wird die Bundesregierung ermächtigt, für Unternehmen, die geschäftsmäßig Telekommunikationsdienste erbringen, Datenschutzbestimmungen zu erlassen.

*Erlaubte Privatnutzung*

Die Begrifflichkeit ist identisch mit § 3 Nr. 5 TKG. Damit entspricht der Anwendungsbereich der neuen TDSV dem der §§ 85 ff. TKG, weshalb sie für die ***erlaubte Privatnutzung*** ebenso anwendbar ist.

## 6.3 Vorgaben und Datenschutzpflichten aus dem TK-Recht

Im Folgenden werden die sich aus dem TK-Recht ergebenden Pflichten des Arbeitgebers bei der Mitarbeiterkontrolle erörtert.

*Gesetzessystematik*

Soweit das TKG und die TDSV speziellere Regelungen vorsehen, wird das BDSG verdrängt. Ansonsten bleibt es (bzw. die entsprechenden Landesdatenschutzgesetze) gemäß § 1 Abs. 2 Satz 1 TDSV anwendbar (vgl. hierzu sogleich unten, Anwendungsbereich BDSG, Kapitel 6.5.2). Wie gesehen erbringt der Arbeitgeber hinsichtlich der Privatnutzung geschäftsmäßig Telekommunikationsdienste im Sinne von § 85 Abs. 2 TKG. Zur Beachtung des folglich anwendbaren ***Fernmeldegeheimnisses*** sind daher die Vorgaben der §§ 85, 87, 89 TKG in Verbindung mit der TDSV einzuhalten. Es soll deshalb nun erörtert werden, welche datenschutzrechtlichen Pflichten sie für den Arbeitgeber bereithalten.

## 6.3.1 Reichweite des Fernmeldegeheimnisses

Das Fernmeldegeheimnis erfasst ***nur private Daten***, die nicht für die Öffentlichkeit bestimmt sind (BVerfGE 67, 157, 171). So sind z. B. Bekanntmachungen des Betriebsrates in Form von Rundmails an die gesamte Belegschaft nicht geschützt.

*Chat, Newsgroup*

Vom Fernmeldegeheimnis nicht erfasst sind auch Äußerungen in ***Chatrooms*** (Internet Relay Chat, IRC) oder ***Newsgroups*** (Usenet), soweit sie öffentlich zugänglich sind. Allerdings ist bei diesen Internetdiensten auch eine (passwortgeschützte) Individualkommunikation mit privatem Charakter denkbar. Wie beim Mailen ergibt sich auch hier die Schwierigkeit, dass von außen für den Arbeitgeber nicht erkennbar ist, ob die erfolgende Kommunikation frei zugänglich oder privat abläuft. Das Gesetz schweigt zu diesem Problem. Der Gesetzgeber hat wie so oft die technischen Gegebenheiten bei der Regulierung des Fernmeldegeheimnisses unberücksichtigt gelassen. Im Zweifel muss eine Einsichtnahme daher unterbleiben.

*Verbindungsdaten und Inhalt*

Das Fernmeldegeheimnis schützt gemäß § 85 Abs. 1 TKG nicht nur den ***Inhalt*** der Kommunikation, sondern auch die äußeren ***Verbindungsdaten***, insbesondere die Identität der an der Kommunikation beteiligten Personen. Dementsprechend darf der Arbeitgeber unter dem Regime des Fernmeldegeheimnisses weder vom Inhalt noch von den beteiligten Personen, dem Ort, dem Datum, der Dauer und der Art und Weise der Kommunikation Kenntnis nehmen. Folglich dürfen Absender und Empfänger einer E-Mail – und erst Recht ihr Inhalt – nicht eingesehen werden, da dies für die Erbringung der TK-Dienstleistung nicht erforderlich ist.

*Surfen im www*

Die im Internet besuchten Webseiten des WWW oder die **FTP-Server** sind regelmäßig der gesamten Öffentlichkeit zugänglich, so dass sie bei vordergründiger Betrachtung nicht dem Fernmeldegeheimnis unterfallen dürften. Trotzdem müssen die im Rahmen dieser Dienste anfallenden Daten geheim bleiben, da die Auswahl der Seiten insbesondere über einen längeren Zeitraum hinweg und die auf den Internetseiten vorgenommenen persönlichen Eintragungen Rückschlüsse auf die Privatsphäre bis hin zu Persönlichkeitsprofilen zulassen. Sowohl beim ***Surfen im www***, beim Austausch von Dateien über FTP-Server wie auch bei der Arbeit mit ***Telnet*** kann eine private Individualkommunikation stattfinden, die durch das Fernmeldegeheimnis geschützt ist. Nur wenn eine private Komponente durch einen ausschließlich öffentlichen Zugriff ausgeschlossen werden kann, sind die anfallenden Daten ungeschützt.

*Fortbestehen der Pflichten*

Die dargestellten Geheimhaltungspflichten bestehen gemäß § 85 Abs. 2 Satz 2 TKG auch ***nach dem Ende*** der Tätigkeit fort, durch die sie begründet worden sind. Stellt also der Arbeitgeber seine Telekommunikationsdienste für den Arbeitgeber ein, etwa weil er ein Privatnutzungsverbot erlässt, so bleibt er für den zurückliegenden Zeitraum weiterhin auf das Fernmeldegeheimnis verpflichtet.

## 6.3.2 Zulässige Kontrolle trotz Fernmeldegeheimnis

*Kontrollbefugnisse stark eingeschränkt*

Unter Geltung des Fernmeldegeheimnisses sind die Kontrollbefugnisse des Arbeitgebers besonders ***stark eingeschränkt***. Er darf gemäß § 85 Abs. 3 TKG lediglich die für die technische und organisatorische Bereitstellung des Telekommunikationsdienstes erforderlichen Daten erheben. Jede über dieses erforderliche Maß hinausgehende Kenntnis vom Inhalt oder den näheren Umständen der Telekommunikation ist im Grundsatz untersagt.

*Löschungspflicht*

Soweit Daten aufgrund der technischen Abläufe automatisch anfallen, sind sie an sich sofort wieder ***zu löschen***. Dies kann zumeist schon durch Einstellungen in dem verwendeten Browser, E-Mail- oder sonstigem Kommunikations-Programm gewährleistet werden. Fehlt der eingesetzten Software diese Funktionalität, muss die Löschung z. B. durch den Einsatz spezieller Tools erfolgen.

*Störungsbeseitigung, Missbrauchsbekämpfung*

Allerdings enthalten die Regelungen im TK-Recht gem. § 89 Abs. 2 Nr. 1 d und e TKG i. V. m. § 9 Abs. 1 TDSV auch Ausnahmen vom Kontrollverbot. Zu diesen Erlaubnistatbeständen rechnen die ***Störungsbeseitigung*** und ***Missbrauchsbekämpfung,*** so dass der Dienstanbieter Daten der Beteiligten erheben und verarbeiten darf, soweit es im Einzelfall zur Erkennung, Eingrenzung und Beseitigung von Störungen und Fehlern erforderlich ist. Gleiches gilt nach den selben Vorschriften, wenn tatsächliche Anhaltspunkte für eine Leistungserschleichung oder sonstige rechtswidrige Inanspruchnahme vorliegen. Übertragen auf den Bereich der IT-Sicherheit wird man daher auch unter Geltung des Fernmeldegeheimnisses die Gewährleistung eines sicheren und störungsfreien Ablaufs als Erlaubnistatbestand ansehen dürfen.

*Technische Schutzvorkehrungen*

Auch gem. § 87 Abs. 1 TKG hat der TK-Dienstleister angemessene ***technische Schutzvorkehrungen*** gegen Störungen und äußere Angriffe zu treffen. Auch hierin kann in einem verhältnismäßigen Umfange eine Ermächtigungsgrundlage für den Einsatz von IT-Sicherheitstechnik, insbesondere von Filter-, Reporting- und Monitoring-Funktionen gesehen werden. Andererseits verpflichtet gerade § 87 TKG den Arbeitgeber als TK-Anbieter auch zum Schutz des Fernmeldegeheimnisses und der personenbezogenen Daten durch Schaffung angemessener technischer Einrichtungen. Angemessen in diesem Sinne heißt nicht zwingend, dem neusten ***Stand der Technik*** entsprechend, sondern lediglich ***verhältnismäßig***, also in einem Umfange, der den zu schützenden Daten, dem Kostenaufwand und der wirtschaftlichen Leistungsfähigkeit des Unternehmens entspricht.

*Datenerhebung zulässig*

So kann der Arbeitgeber die zeitlichen Verbindungsdaten zunächst ***erheben***, um Hinweise auf eine missbräuchliche Nutzung erhalten zu können. Darüber hinaus darf der Arbeitgeber alle zur Datensicherung und Störungsbeseitigung sowie zur Datenschutzkontrolle notwendigen Datenerhebungen vornehmen. Über die Auswertung der erhobenen Daten ist damit noch nichts gesagt.

*Abrechnungsdaten*

Erlaubt sind insbesondere auch ***Abrechnungsdaten***, jedoch nur sofern eine Abrechnung erfolgt und nicht wegen der Geringfügigkeit der Kosten darauf verzichtet wird. Welche Daten für eine Abrechnung erforderlich sind, hängt vom Tarif des gewählten Internet-Providers ab. Also insbesondere von der Frage, ob nach Zeit, übertragener Datenmenge oder beidem abgerechnet wird.

*Abwägungsgebot*

Zwischen den widerstreitenden Interessen muss ein ***zweckgerichteter Kompromiss*** gefunden werden. Dies geschieht wie stets im Datenschutzrecht durch eine vernünftige Abwägung (zum Abwägungsgebot vgl. unten, Kapitel 6.6.2) zwischen der Kontrollberechtigung und der Löschungsverpflichtung.

*Vorhalten und Auswerten der Daten*

So benötigt der Arbeitgeber Verbindungsdaten, um etwaige Stichprobenkontrollen durchführen zu können. Ob er die Daten während der gestatteten Benutzungszeiten auch auswerten darf, hängt vom Einzelfall und etwaigen Vereinbarungen ab. Im Normalfall wird man aber davon ausgehen können, dass der Arbeitgeber die Verbindungsdaten zunächst ***erheben*** darf, womit noch nichts über die Zulässigkeit der weiteren Verarbeitung ausgesagt ist. Das anschließende ***Vorhalten*** der Daten ist schon aus Gründen der technischen Datensicherheit für etwaige Notfälle erforderlich. Bei ***Gefahr im Verzug*** – etwa durch einen Virus – oder bei einem gravierenden ***Missbrauchsfall*** muss auf die Daten zugegriffen werden können. Inwieweit die vorhandenen Daten im weiteren Verlauf auch ***eingesehen und ausgewertet*** werden dürfen, sind schwierige Abwägungsentscheidungen im Einzelfall.

Jedenfalls sind diese Daten in regelmäßigen Abständen wieder zu löschen, wenn ihr Vorhaltezweck entfallen ist, weil sie für Notfallsituationen nicht mehr nützlich sein können.

*Vereinbarung mit Arbeitnehmer*

Da bei Abwägungsentscheidungen stets ein Entscheidungsspielraum besteht, also ein Gericht anderer Meinung sein könnte, bleibt ein Restrisiko, dass am besten durch eine entsprechende Vereinbarung mit der Arbeitnehmerseite vermieden wird. Durchdachte ***Betriebsvereinbarungen*** machen schwierige Abwägungen überflüssig und schaffen eine verlässliche und weitgehend unangreifbare Entscheidungsbasis für die Frage, ob im Einzelfall eine Datenverarbeitung zulässig ist oder nicht.

### 6.3.3 Modifizierende Vereinbarungen

*Einwilligung des Betroffenen*

Das Fernmeldegeheimnis kann (nur) durch die ***Einwilligung des Betroffenen*** in speziellen Vereinbarungen (etwa im Arbeitsvertrag, in der Betriebsvereinbarung, Dienstvereinbarung oder im Tarifvertrag) eingeschränkt werden.

*Unzulässig*

Zum Teil werden in der Literatur solche modifizierenden Vereinbarungen, die von der strikten Einhaltung des Fernmeldegeheimnisses abweichen, für ***unzulässig*** erachtet, weil aufgrund einer fehlenden Öffnungsklausel in § 85 Abs. 3 Satz 3 TKG Einschränkungen oder Modifizierungen weder durch Tarifvertrag noch durch Betriebsvereinbarung zulässig seien.

*Gesetzliche Grundlage*

Derart weitreichende Schlussfolgerungen können weder dem Wortlaut noch einer Auslegung des § 85 Abs. 3 Satz 3 TKG entnommen werden. Zwar öffnet sich die Norm nicht ausdrücklich einer abweichenden Individual- oder Kollektivvereinbarung, dies bedeutet aber nicht ihren Ausschluss. Der in § 85 Abs. 3 Satz 3 TKG verankerte Gesetzesvorbehalt verlangt für eine abweichende Verwendung der Fernmeldedaten zwar eine ***gesetzliche Grundlage***, die aber mehrfach vorhanden ist.

*Einwilligung des Betroffenen*

Die Einwilligung des Betroffenen als Grundlage für eine zulässige Datenverarbeitung hat in der TDSV einen festen Platz. § 4 TDSV ermöglicht abweichend von der Schriftform des § 4a Abs. 1 BDSG sogar eine ***elektronische Einwilligung***, sofern der Inhalt der Einwilligung jederzeit abgerufen werden kann und für einen Zeitraum von mindestens einer Woche ab Zugang der Erklärung eine Rücknahmemöglichkeit besteht. § 3 Abs. 1 TDSV stellt die Einwilligung – ebenso wie § 4 Abs. 1 BDSG – ausdrücklich auf die gleiche

Stufe wie die gesetzliche Ermächtigung. Auch die Zweckänderung der Datenverarbeitung ist gemäß § 3 Abs. 3 TDSV auf der Grundlage einer Einwilligung durch den Betroffenen zulässig. Übereinstimmend verlangen diese Bestimmungen von der Einwilligung lediglich, dass sie den Vorgaben des BDSG entspricht.

*Abweichende Kollektivvereinbarungen*

Erst Recht sind abweichende Kollektivvereinbarungen in Form von Tarifverträgen, Betriebs- oder Dienstvereinbarungen möglich, da sie sogar als ***vorrangige Erlaubnisnormen*** i. S. d. § 4 Abs. 1 BDSG oder des § 3 Abs. 1 und 3 TDSV gelten (BAG DB 1986, 2080).

*Grundrecht*

Gegen abweichende Kollektivvereinbarungen könnte man ins Felde führen, die grundgesetzlich verankerten Datenschutzrechte seien als hochrangige Individualrechte in kollektiver Weise ***nicht abdingbar***. Zwar hat das BVerfG das Recht auf informationelle Selbstbestimmung in den Rang eines Grundrechts erhoben, dadurch aber keineswegs die Modifizierbarkeit dieser Position durch Individual- oder Kollektivvereinbarung aufgehoben.

*Unantastbar nur Kernbereich*

Die grundgesetzliche Systematik vermag nur Eingriffe in den Kernbereich des Datenschutzgrundrechts auszuschließen. Dieser ***unantastbare Kernbereich*** aber ist eng zu ziehen, andernfalls würde man den gesetzlich verankerten Mitbestimmungsrechten der Arbeitnehmervertretungen aber auch der durch die §§ 3 Abs. 1 und 3 TDSV, 4 Abs. 1 BDSG vorgegebenen Systematik im Umgang mit den Datenschutzrechten, die eine Modifizierbarkeit vorsehen, nicht gerecht werden. Da über die näheren Umstände solcher Vereinbarungen im TKG keine Regelungen vorhanden sind, ist auf die TDSV oder § 4a BDSG zurückzugreifen. Abgesehen von einem unantastbaren Kernbereich ist auch das Fernmeldegeheimnis in einem verhältnismäßigen Umfang der Individual- oder Kollektivvereinbarung zugänglich.

*Erfordernisse der Praxis*

Eine andere Sichtweise würde die ***Erfordernisse der Praxis*** außer Acht lassen. Die praktische Erfahrung zeigt, dass allein eine ausgewogene Betriebsvereinbarung oder eine ebenfalls zustimmungspflichtige Vereinbarung im Arbeitsvertrag in der Lage sind, den in den Unternehmen und Behörden äußerst schwierigen Problemkomplex der Mitarbeiterüberwachung angemessen zu regulieren (zur Gestaltung von Betriebsvereinbarungen, vgl. das Beispiel unten, Kapitel 6.10.4). Ein striktes Beharren auf dem uneingeschränkten Fernmeldegeheimnis würde in der Praxis unweigerlich zu ***flächendeckenden Privatnutzungsverboten*** führen, womit weder den Arbeitgebern noch den Arbeitnehmern gedient wäre.

*Ausgewogene Regelung*

Nicht die Umgehung, sondern die vernünftige Regelung des Fernmeldegeheimnisses muss daher das Ziel sein. Eine zu enge Auslegung von § 85 Abs. 3 Satz 3 TKG würde einer effektiven Internetnutzung im Wege stehen. Bei Ausarbeitung und Verabschiedung etwa einer Betriebsvereinbarung sind in der Praxis regelmäßig alle maßgeblichen Instanzen wie Geschäftsleitung, EDV-Abteilung, Personalabteilung, Datenschutz- und Sicherheitsbeauftragte sowie Betriebs- oder Personalräte beteiligt. Dadurch wird ein ***ausgewogenes Ergebnis*** weitestgehend gewährleistet.

*Rechtfertigungsgrund*

Im Übrigen bleibt eine Diskussion um die Zulässigkeit von abweichenden Vereinbarungen ein akademischer Streit. Sofern sich Kontroll- und Überwachungsmaßnahmen z. B. auf eine gültige Betriebsvereinbarung unter Hinzuziehung des Betriebsrates stützen können, kann ein etwaiger Verstoß gegen § 85 Abs. 3 Satz 3 TKG dahinstehen. Der Arbeitgeber ist bei Maßnahmen im Rahmen der Betriebsvereinbarung ***jedenfalls gerechtfertigt***. Zivilrechtliche Schadensersatzansprüche oder gar eine strafrechtliche Verfolgung sind bei einer Einhaltung der Maßgaben der Betriebsvereinbarung ausgeschlossen.

## 6.4 Anwendbarkeit des Teledienstedatenschutzgesetzes (TDDSG)

*Gesetzessystematik*

Ein möglicher Fundus und Maßstab für datenschutzrechtliche Anforderungen an den Arbeitgeber könnte sich auch aus dem gegenüber dem TKG spezielleren und damit vorrangigen Teledienstegesetz (TDG) ergeben. Die zugehörigen Datenschutzbestimmungen finden sich – anders als im TKG – nicht innerhalb des TDG, sondern sind in dem gesonderten TDDSG ausgelagert, das für den Schutz der Nutzerdaten von Telediensten verantwortlich ist.

*Spezieller Datenschutz für Teledienste*

Das TDDSG ist, wenn man so will, das ***spezielle Datenschutzgesetz*** für den Teledienstebereich, dessen Bestimmungen sowohl dem TKG-Datenschutz wie auch dem BDSG vorgehen. Der Geltungsbereich des TDG, wie auch des TDDSG erstreckt sich gemäß § 2 Abs. 1 TDG und § 1 Abs. 1, Satz 1 TDDSG auf Teledienste.

Es stellt sich somit die Frage, ob der Arbeitgeber, der seinen Mitarbeitern die Internetnutzung gewährt, allein schon deshalb zu einem Teledienst wird.

*Keine dienstliche Nutzung*

Nicht anwendbar ist das TDDSG jedenfalls auf die ***dienstliche Internetnutzung*** durch den Arbeitnehmer, da § 1 Abs. 1 Nr. 1 TDDSG diesen Bereich ausdrücklich ausnimmt. Hier wird der Arbeitnehmer für seinen Arbeitgeber und damit im Rahmen des Direktionsrechtes tätig, so dass für umfassenden Datenschutz kein Raum ist.

*Teledienste*

In Frage kommt das TDDSG aber für die ***Privatnutzung***. Gemäß § 2 Abs. 1 TDG sind **Teledienste** alle elektronischen Informations- und Kommunikationsdienste, die für eine individuelle Nutzung von Zeichen, Bildern oder Tönen bestimmt sind und denen eine Übermittlung mittels Telekommunikation zu Grunde liegt. § 2 Abs. 2 TDG nennt hierfür Beispiele wie etwa Telebanking, Webshops, Info-Dienste, Telespiele oder nach Nr. 3 der Vorschrift „Angebote zur Nutzung des Internets“.

*Bloße Zugangsvermittlung*

Fraglich, ob hierunter auch die Einrichtung, also die bloße Bereitstellung des Internetzugangs (Access-Provider, ***Zugangsvermittlung***) durch den Arbeitgeber fällt. Auf den ersten Blick könnte man dies bejahen, denn es handelt sich um das Angebot einer Nutzungsmöglichkeit. Außerdem sieht das TDG in § 3 Nr. 1 und § 9 Abs. 1, Satz 1 Regelungen für die Zugangsvermittlung vor, woraus geschlossen werden kann, dass es grundsätzlich auch für diesen Bereich anwendbar ist. Einige Autoren in der juristischen Literatur stehen deshalb auf dem Standpunkt, die Zugangsvermittlung sei ein Teledienst. Über die Frage kann sicherlich gestritten werden, die besseren Argumente sprechen allerdings gegen diese Meinung.

*Konkretes Nutzungsangebot*

Die bloße Bereitstellung des Zugangs ist noch kein inhaltliches Angebot, das unmittelbar genutzt werden kann. Die in § 2 Abs. 2 TDG genannten Beispiele enthalten aber nicht nur eine Nutzungsoption, sondern alle ein ***konkretes Nutzungsangebot*** in Form von Waren oder Dienstleistungen. Auch in der Begründung des Gesetzgebers zum TDG (BT-Drucksache 13 / 07385) wird der Teledienst als ein konkretes Nutzungsangebot definiert.

*Gesetzeswortlaut*

Der genaue Gesetzeswortlaut stützt diese Argumente. Nach § 3 Nr. 1 TDG sind Diensteanbieter im Sinne des TDG alle Teledienste und Zugangsvermittler. Der Gesetzgeber unterscheidet also den Teledienst vom Zugangsvermittler, eben weil er unter Teledienst nur das konkrete inhaltliche Nutzungsangebot versteht. Das TDDSG gilt aber gemäß seinem § 1 Abs. 1, Satz 1 nur für die Nutzer von Telediensten, ohne dass die Zugangsvermittlung erwähnt wird. Es liegt deshalb näher, die bloße Zugangsvermittlung nicht schon als Teledienst einzustufen. Allerdings verwendet § 1 Abs. 1, Satz 1 TDDSG auch den weiteren Begriff des Diensteanbieters, so dass eine Klarstellung des Anwendungsbereichs durch den Gesetzgeber angezeigt wäre.

*TK-Dienstleistungen*

Nicht sonderlich aussagekräftig ist dagegen, dass in § 2 Abs. 4 TDG die ***Telekommunikationsdienstleistungen*** von der Geltung des TDG ausgenommen werden. Die Bestimmung ist widersprüchlich, denn sowohl die Zugangsvermittlung wie auch die Weiterleitung von Inhalten (z. B. E-Mail-Dienste) sind TK-Dienstleistungen, für die aber das TDG etwa in § 9 Regelungen enthält. Aus § 2 Abs. 4 TDG kann also nicht verlässlich geschlossen werden, dass die Zugangsvermittlung von der Geltung ausgeschlossen ist. Die Bestimmung stellt wohl nur klar, dass jedenfalls die klassischen TK-Dienstleistungen wie Telefonie oder das Angebot von Übertragungswegen vom TDG nicht erfasst werden.

*Inhaltliche Nutzungen*

Die bloße Bereitstellung des Internetzuganges für die Privatnutzung führt nicht zur Anwendung des TDDSG. Erst wenn der Arbeitgeber über die Zugangsvermittlung hinaus seinen Mitarbeitern auch ***inhaltliche Nutzungen*** zur Verfügung stellt, liegt ein Angebot im Sinne des § 2 Abs. 2 Nr. 3 TDG und damit ein Teledienst vor, für den auch das TDDSG gilt.

*Privater Zweck*

In vielen Fällen bietet der Arbeitgeber im Intranet oder Internet auch seinen Mitarbeitern eigene Inhalte zur Nutzung an, allerdings nur ausnahmsweise für ***private Zwecke*** der Arbeitnehmer. Inhaltsangebote zur privaten Mitarbeiternutzung kommen nur bei den professionellen Telediensten in Betracht, z. B. wenn die Mitarbeiter eines Börsen-Info-Dienstes die Informationsdienste auch für ihre privaten Aktiengeschäfte nutzen. In herkömmlichen Unternehmen fehlen solche Dienstleistungen in der Regel. Hier unterscheiden sich die Inhaltsangebote von der privaten Internet- und E-Mail-Nutzung. Dienen die Inhaltsangebote aber dienstlichen Zwecken, so scheitert die Anwendbarkeit des TDDSG an § 1 Abs. 1 Nr. 1.

# 6.5 Unerlaubte oder dienstliche Nutzung – Datenschutz nach dem Bundesdatenschutzgesetz (BDSG)

## 6.5.1 Anwendungsbereich des BDSG

*Gesetzessystematik*

Im Rechtsleben ergibt sich oftmals eine Konkurrenz von allgemeinen (lex generalis) und besonderen, speziellen Gesetzen (lex specialis). Soweit es speziellere Regelungen enthält, geht das besondere Gesetz dem allgemeinen vor. Enthält es keine ***Spezialbestimmungen***, wird auf das allgemeine Gesetz zurückgegriffen. Dies bleibt also neben dem Spezialgesetz potentiell anwendbar.

*Allgemeinstes Datenschutzgesetz*

Das allgemeinste Datenschutzgesetz ist das BDSG. Es gilt für jede Verarbeitung personenbezogener Daten und wird nur verdrängt, soweit speziellere Datenschutzbestimmungen wie etwa die §§ 85 ff. TKG oder das TDDSG Regelungen vorsehen. Die ***Subsidiarität des BDSG*** ist in § 1 Abs. 3 Satz 1 BDSG auch ausdrücklich erwähnt. Da die Spezialgesetze nur die Besonderheiten ihres Bereiches regeln, gelten daneben immer auch die allgemeinen Datenschutzgrundsätze des BDSG.

*Landesdatenschutzgesetze*

Ausdrücklich erwähnt seien noch die für öffentliche Stellen der Länder anwendbaren Landesdatenschutzgesetze. Gemäß § 1 Abs. 2 Nr. 2 BDSG verdrängen die landesrechtlichen Datenschutzregelungen innerhalb ihrer Reichweite das BDSG. Aufgrund ihrer ***Ähnlichkeit*** mit dem BDSG wird auf eine breite Darstellung der zahlreichen Landesdatenschutzgesetze verzichtet.

*Dienstliche oder unerlaubte Nutzung*

Die speziellen Vorschriften des TKG und der TDSV und damit die strengen Kontrollbeschränkungen für den Arbeitgeber durch das Fernmeldegeheimnis kommen wie gesehen nur für die vom Arbeitgeber erlaubte Privatnutzung zur Anwendung. Ohne ausdrückliche oder konkludente Gestattung liegt dagegen eine dienstliche oder unerlaubte Internetnutzung vor. Hierbei erbringt der Arbeitgeber jeweils ***keinen Telekommunikationsdienst*** gegenüber einem Dritten im Sinne von § 3 Nr. 5 TKG (vgl. oben Kapitel 6.2.1). Entsprechend der soeben dargestellten Systematik, ist also für die dienstliche oder unerlaubte Internetnutzung auf die allgemeinen Datenschutzbestimmungen des BDSG zurückzugreifen. Deshalb zunächst ein kurzer Überblick über dessen Anwendungsvoraussetzungen.

## 6.5.2 Anwendungsvoraussetzungen des BDSG

*Personenbezogene Daten*

Gemäß seiner Zweckbestimmung in § 1 Abs. 1 schützt das BDSG nur die personenbezogenen Daten. Gemäß § 3 Abs. 1 BDSG haben diesen Personenbezug nur Einzelangaben über persönliche oder sachliche Verhältnisse einer ***natürlichen Person*** (Betroffener). Der Begriff der personenbezogenen Daten ist wie gesehen weit auszulegen (vgl. hierzu im Einzelnen oben, Grundbegriffe, Kapitel 6.1.3).

*Verbindungsdaten*

Erfasst sind zum Beispiel die inneren und äußeren ***Verbindungsdaten*** von Telefonaten (ArbG Siegburg, CR 1990, 599), genauso wie die technischen Daten, die bei der Internet- bzw. E-Mailnutzung anfallen. Dabei haben Telefondaten Personenbezug sowohl zu dem Anrufenden wie auch dem Angerufenen (BAG, RDV 1986, 199; 1996, 30).

*Datenverarbeitende Stellen*

Gemäß seinem § 1 Abs. 2 ist das BDSG von allen öffentlichen und nicht-öffentlichen Stellen bei der Verarbeitung von personenbezogenen Daten zu beachten. Unter den ***öffentlichen Stellen*** versteht man die Einrichtungen der öffentlichen Hand, also insbesondere die Behörden und Gerichte des Bundes und der Länder. ***Nicht-öffentliche Stellen*** sind gemäß § 2 Abs. 4 BDSG alle natürlichen und juristischen Personen, Gesellschaften und andere Personenvereinigungen des privaten Rechts.

*Einzelpersonen und Unternehmen*

Die komplizierte Ausdrucksweise des Gesetzes meint nur, dass das BDSG neben den öffentlichen Stellen auch auf alle Einzelpersonen und Unternehmen anwendbar ist. ***Einzelpersonen*** sind dabei alle Privatpersonen, aber auch Einzelfirmen oder Freiberufler. Bei den ***Unternehmen*** kommt es nur darauf an, dass sie privatrechtlich organisiert sind, was bei allen gängigen Rechtsformen (AG, GmbH, OHG, KG, Verein, Partei usw.) der Fall ist.

Gemäß seinem § 1 Abs. 2 Nr. 3 findet das BDSG aber auf nicht-öffentliche Stellen nur Anwendung, sofern die Daten nicht ausschließlich für persönliche oder ***familiäre*** Tätigkeiten verarbeitet werden.

*Automatisierte Verarbeitung*

Nach seinem § 1 Abs. 1 Nr. 3 findet das BDSG auf nicht-öffentliche Stellen nunmehr nur Anwendung bei ***automatisierten Verarbeitungstechniken***. Die automatisierte Verarbeitung kann in den Phasen der Erhebung, Verarbeitung oder Nutzung der Daten geschehen. Bereits bei einer ***dateigebundenen Speicherung*** liegt eine automatisierte Verarbeitung vor. Nur wenn z. B. Personaldaten per schriftlichem Fragebogen manuell erhoben werden und keine nachfolgende Speicherung in einer Datei erfolgt, fehlt es an einer automatisierten Verarbeitung. Da nahezu die gesamte moderne Personalverwaltung dateigestützt arbeitet, wirkt sich die Beschränkung des § 1 Abs. 1 Nr. 3 BDSG praktisch nicht aus.

*Fazit*

Damit sind die Bestimmungen des BDSG grundsätzlich auf alle privaten und öffentlichen Arbeitgeber anwendbar, sofern eine dienstliche oder unerlaubte Internetnutzung vorliegt.

## 6.6 Vorgaben und Datenschutzpflichten aus dem BDSG

Nachfolgend gilt es, die für den Arbeitgeber bei der Mitarbeiterkontrolle geltenden Vorgaben und Datenschutzpflichten aus dem BDSG zu erörtern. Soweit das BDSG anwendbar ist, stellt sich nun die Frage, welche ***rechtlichen Anforderungen*** es an die Überwachungsmaßnahmen durch den Arbeitgeber stellt.

*Präventives Verbot mit Erlaubnisvorbehalt*

Gemäß § 4 Abs. 1 BDSG ist die Erhebung, Verarbeitung und Nutzung personenbezogener Daten nur zulässig, wenn sie ausdrücklich ***gesetzlich*** oder durch andere Rechtsvorschriften erlaubt ist oder der Betroffene in den Verarbeitungsvorgang ***eingewilligt*** hat. Man spricht auch von einem präventiven Verbot mit Erlaubnisvorbehalt. Es handelt sich um den beherrschenden Grundsatz des deutschen Datenschutzrechts. Danach ist jede Datenverarbeitung zunächst verboten und wird erst aufgrund eines ausdrücklichen ***Erlaubnistatbestandes*** durch Gesetz oder Einwilligung des Betroffenen zulässig.

### 6.6.1 Vertraglicher Zweck

Die gesetzlichen Erlaubnistatbestände für die Datenverarbeitung von nicht-öffentlichen Stellen sind in § 28 BDSG zusammengefasst.

*Vertragliche Zweckbestimmung*

Nach § 28 Abs. 1 Nr. 1 BDSG dürfen personenbezogene Daten verarbeitet werden, wenn dies der ***Zweckbestimmung eines Vertragsverhältnisses*** oder eines vertragsähnlichen Vertrauensverhältnisses mit dem Betroffenen dient. Damit ist gemeint, dass alle Datenverarbeitungen zulässig sind, wenn sie für die Durchführung oder Erfüllung eines Vertrages erforderlich sind.

*Arbeitsvertrag*

Eine Fülle von zulässig erhobenen Daten fällt etwa im Rahmen des Arbeitsverhältnisses an. Wird z. B. im ***Arbeitsvertrag*** vereinbart, dass der Arbeitgeber das Gehalt im bargeldlosen Zahlungsverkehr überweist, so sind die hiermit zwingend verbundenen Datenmitteilungen an die Bank aufgrund der Zweckbestimmung des Arbeitsvertrages zulässig. Der erforderliche Zweck ***berechtigt und begrenzt*** die Datenverarbeitung gleichermaßen. So darf die Bank im Zuge der Gehaltsüberweisung zwar die Häufigkeit und Höhe der Zahlungen erfahren, nicht aber detaillierte Lohn- und Gehaltsabrechnungsdaten. Vereinfacht ausgedrückt, kann man feststellen: Das erforderliche Mindestmaß aller Daten, die man im Rahmen eines Vertrages benötigt, darf zulässigerweise verarbeitet werden.

### 6.6.2 Das Abwägungsgebot

*Berechtigtes Interesse*

§ 28 Abs. 1 BDSG zählt noch weitere Zulässigkeitstatbestände auf. So ist gemäß § 28 Abs. 1 Nr. 2 BDSG die Datenverarbeitung zulässig, soweit der Arbeitgeber ein berechtigtes Interesse an ihr hat und ***keine überwiegenden Interessen*** des Betroffenen entgegenstehen.

*Abwägungsvorgang*

Der Datenschutz nach BDSG steht ganz allgemein unter dem ***Abwägungsgebot***, sodass bei jeder Datenverarbeitung die berechtigten Interessen der verarbeitenden Stelle (z. B. Arbeitgeber) mit den berechtigten Interessen des Betroffenen (Persönlichkeitsrecht z. B. des Arbeitnehmers) abgewogen werden müssen. Dieses Abwägungsgebot wird in § 28 Abs. 1 Nr. 2 BDSG ausformuliert. Abwägung meint dabei, dass alle Umstände im konkreten Einzelfall, die im Zusammenhang mit den beteiligten Interessen eine Rolle spielen, gegenüber gestellt und gewichtet werden und im Rahmen einer ***Gesamtschau*** entschieden wird, wessen Interesse stärker wiegt. Entsprechend dem Bild einer Waage wird beurteilt, zu wessen Gunsten das Pendel ausschlägt.

*Kontrollinteresse*

Eine Überwachungsmaßnahme des Arbeitgebers setzt gemäß § 28 Abs. 1 Nr. 2 BDSG immer voraus, dass der Arbeitgeber seine ***berechtigten*** Interessen verfolgt. So etwa, wenn privater Missbrauch oder strafbare Handlungen am Arbeitsplatz (z. B. urheberrechtswidriger Download) drohen. Sofern Überwachungsmaßnahmen aber mit Kontrollinteressen des Arbeitgebers nichts zu tun haben, spielen sie innerhalb der Abwägung keine Rolle, sondern sind von vornherein rechtswidrig.

Das Abwägungsgebot kommt auch in anderen Vorschriften zum Ausdruck. Gemäß § 75 Abs. 2 BetrVG hat der Arbeitgeber die ***freie Entfaltung der Persönlichkeit*** des Arbeitnehmers zu schützen und zu fördern. Dieses allgemeine Persönlichkeitsrecht des Arbeitnehmers begrenzt die Kontroll- und Überwachungsbefugnisse des Arbeitgebers.

*Gewichtung nach Art der Daten*

Bei der Abwägung ist von wesentlicher Bedeutung, wie tief in die Interessen eingegriffen werden soll. Je stärker das Persönlichkeitsrecht z. B. des Arbeitnehmers betroffen ist, desto stärker wiegt dieses Interesse zu Gunsten des Arbeitnehmers. Bezogen auf die Internetnutzung bedeutet dies, dass die Gewichtung von der ***Art der erhobenen Daten*** abhängen muss. Möchte der Arbeitgeber beispielsweise lediglich die äußeren ***Verbindungsdaten*** (IP-Adresse, E-Mail-Adresse, Log-Zeit usw.) erheben, so bedeutet dies einen weitaus geringeren Eingriff in das Persönlichkeitsrecht, als wenn der Arbeitgeber vom ***Inhalt*** einer E-Mail Kenntnis nimmt.

*Mitlesen bei Privatnutzungsverbot*

Zu erwägen ist, ob Kontrollbelange automatisch vorzugswürdig sind, weil die Privatnutzung ausdrücklich untersagt wurde und eine Berufung auf das Persönlichkeitsrecht deshalb rechtsmissbräuchlich sein könnte. Trotz eines solchen ***Privatnutzungsverbots*** wird man sagen können, dass das ***Mitlesen der Mails*** ähnlich wie das Mithören dienstlicher Telefongespräche nicht mehr gerechtfertigt ist, weil der Eingriff in das Persönlichkeitsrecht zu weit geht. Dies stößt hinsichtlich der Mailinhalte bei Arbeitgebern zuweilen auf Unverständnis. Dagegen leuchtet die Rechtsprechung des Bundesverfassungsgerichts (BVerfG, DB 1992, 786 ff.), die das Mithören von dienstlichen Telefonaten untersagt, auch dem auf Kontrolle bedachten Arbeitgeber ein.

*Charakter von E-Mails*

Der Inhalt von E-Mails ist aufgrund des lockeren Umgangstones des Mediums aber oftmals nicht weniger ***spontan und persönlich*** als das gesprochene Wort. Die Inhaltskontrolle von E-Mails beeinträchtigt das Persönlichkeitsrecht ganz erheblich und ist dem Mithören privater Telefonate vergleichbar, auch wenn Letzteres noch gravierender ist. Im Wege einer Parallelwertung kann deshalb auf die in der Rechtsprechung zu den privaten Telefonaten getroffenen Feststellungen zurückgegriffen werden, solange eine detaillierte Rechtsprechung zur Überwachung der Internetnutzung nicht vorhanden ist.

*Inhaltskontrolle*

Inhaltskontrollen kommen deshalb nur bei einem dringenden Verdacht auf ***strafbare Handlungen*** ohne anderweitige Aufklärungsmöglichkeiten in Betracht. ***Verdachtsunabhängige*** Inhaltskontrollen von E-Mails sind jedenfalls rechtswidrig.

*Surfen im Internet*

Die Überwachung des Surfverhaltens im Internet ist ein weniger starker Eingriff in das Persönlichkeitsrecht, als die Kontrolle der E-Mails. Dies ist bei einer Abwägung stets zu berücksichtigen. Auch bezüglich des Surfverhaltens erscheint es aber als angemessen, die Kontrolle der äußeren ***Verbindungsdaten*** regelmäßig für rechtmäßig zu erachten und weitergehende ***Inhaltskontrollen*** – insbesondere die auf den Seiten vorgenommen Eintragungen – nur bei einem konkreten Verdacht auf eine Straftat zuzulassen.

Dies gilt umso mehr, wenn es sich um Mitarbeiter handelt, die von Berufswegen zur Verschwiegenheit verpflichtet sind, wie Betriebsärzte, Psychologen oder Mitglieder des Betriebsrates.

### 6.6.3 Verhältnismäßigkeitsprinzip

*Erforderlich*

Die notwendige Abwägung steht stets unter dem Verhältnismäßigkeitsprinzip, was bedeutet, dass jeder Eingriff in das Persönlichkeitsrecht gerechtfertigt, also ***erforderlich*** sein muss. So bestimmt etwa § 28 Abs. 1 Nr. 2 BDSG, dass eine Datenverarbeitung nur zulässig ist, soweit sie zur Wahrung berechtigter Interessen erforderlich ist.

*Mildeste Mittel*

Dabei gilt das Gebot des ***mildesten Mittels***. Zur Wahrung seines Kontrollbedürfnisses muss der Arbeitgeber bei mehreren gleichgeeigneten Überwachungsmaßnahmen die mildeste auswählen. So ist das Mitlesen von E-Mails eine viel schärfere Überwachungsmaßnahme als die bloße Kontrolle der äußeren Verbindungsdaten. Einsichtnahme in den Inhalt kann nur zulässig sein, wenn die Kontrolle der äußeren Verbindungsdaten nicht ausreicht.

*Inhaltskontrolle*

Für ***Inhaltskontrollen*** von E-Mails besteht regelmäßig keine Erforderlichkeit. Der Arbeitgeber kann zur Ausübung seines Direktionsrechts auch an den Arbeitnehmer herantreten und die dienstlichen E-Mails ***herausverlangen***. Dies ist gegenüber der eigenmächtigen Inhaltskontrolle durch den Arbeitgeber das weitaus mildere Mittel, da eine Einsichtnahme in private Mails, die möglicherweise von außen in die E-Mail-Box gelangt sind, ausgeschlossen wird. Für die Missbrauchskontrolle, also insbesondere das Erkennen unerlaubter Privatnutzung, ist die Kontrolle der äußeren Verbindungsdaten u.U. ebenso geeignet wie eine Inhaltskontrolle, sodass regelmäßig auch bei einem ausdrücklichen Privatnutzungsverbot die E-Mails nicht gelesen werden dürfen.

*Verbindungsdaten*

Dagegen fällt bei der Kontrolle der ***äußeren Verbindungsdaten*** die Abwägung zu Gunsten des Arbeitgebers aus, da er ansonsten sein Kontrollbedürfnis nicht befriedigen kann. Zu Abrechnungszwecken ist die Erhebung der äußeren Verbindungsdaten regelmäßig nicht erforderlich, da in der Praxis aufgrund der geringen Kosten eine Abrechnung überwiegend unterbleibt. Aufgrund der äußeren Verbindungsdaten kann der Arbeitgeber aber private Missbräuche besser erkennen. Auch zu ***Beweiszwecken*** im Geschäftsverkehr können die äußeren Verbindungsdaten erforderlich sein. Damit ist auch nach dem Verhältnismäßigkeitsprinzip die Kontrolle der äußeren Verbindungsdaten bei bestehendem Privatnutzungsverbot regelmäßig zulässig, während Inhaltskontrollen regelmäßig abzulehnen sind. Es können also Datum, Uhrzeit, Datenumfang, Anzahl der E-Mails und Teile des E-Mail-Headers (z. B. Domain) festgehalten werden.

*Fazit*

Zur Beurteilung der Frage, ob eine Maßnahme datenschutzrechtlich zulässig ist, muss eine umfassende Güter- und Interessensabwägung vorgenommen werden, bei der der Grundsatz der Verhältnismäßigkeit anzuwenden ist.

### 6.6.4 Allgemein zugängliche Daten

*Allgemeine Informationsquellen*

Schließlich ist gemäß § 28 Abs. 1 Nr. 3 BDSG die Verarbeitung von Daten zulässig, sofern sie allgemein zugänglich sind oder ***veröffentlicht*** werden dürfen. Gemeint sind allgemein zugängliche Informationsquellen wie Zeitungen, Fernsehen oder Internet, die einem individuell nicht bestimmbaren Personenkreis zur Verfügung stehen (BVerfGE 27, 73). Wer Zugriff auf solch öffentliche Daten hat, der soll sie auch speichern und verarbeiten dürfen. Dies gilt insbesondere auch für Arbeitnehmerdaten in öffentlichen Chatrooms und Newsgroups (vgl. hierzu bereits oben, Reichweite des Fernmeldegeheimnisses, Kapitel 6.3.1).

### 6.6.5 Andere Rechtsvorschriften

*Tarifverträge, Betriebsvereinbarungen*

Vorrangige Erlaubnisnormen i.S.v. § 4 Abs. 1 BDSG sind auch Tarifverträge, Betriebs- oder Dienstvereinbarungen, welche die Speicherung und Verarbeitung von Arbeitnehmerdaten etwa durch Kontroll- und Missbrauchsbestimmungen regeln (BAG DB 1986, 2080). Innerhalb ihrer Reichweite ***verdrängen und modifizieren*** sie das BDSG und sind zulässige Ermächtigungsgrundlage für die Datenverarbeitung.

### 6.6.6 Einwilligung des Betroffenen

Ein weiterer möglicher Erlaubnistatbestand für eine zulässige Datenverarbeitung kann sich gemäß § 4 Abs. 1 BDSG auch aus einer Einwilligung des Betroffenen ergeben. Sofern keine Rechtsvorschrift die Datenverarbeitung erlaubt, ist sie nur zulässig, wenn der Betroffene zuvor gem. § 4 Abs. 1 BDSG eine ***Einverständniserklärung*** erteilt.

*Vorherige Zustimmung*

Das Gesetz verlangt eine Einwilligung, was nach der Terminologie des § 183 BGB die ***vorherige*** Zustimmung bedeutet. Der Eingriff in das Persönlichkeitsrecht des Betroffenen darf also nur mit dessen Einverständnis erfolgen, eine nachträgliche Zustimmung kommt zu spät.

*Freiwilligkeit*

Gem. § 4a BDSG ist diese Einwilligung nur wirksam, wenn sie auf der ***freien Entscheidung*** des Betroffenen beruht. An dieser Freiwilligkeit bestehen insbesondere im Verhältnis zu Behörden oder Arbeitgebern Zweifel, weil dem Arbeitnehmer unter Umständen nichts anderes übrig bleibt als zuzustimmen. So beispielsweise ein neu einzustellender Arbeitnehmer, der im Arbeitsvertrag den umfangreichen Überwachungsmaßnahmen bei der Internetnutzung nur zustimmt, um das sich anbahnende Arbeitsverhältnis nicht zu gefährden. Hier kann man den Standpunkt einnehmen, dass es an der notwendigen Freiwilligkeit der Einwilligung fehlt.

*Keine Zwangslage*

Die Argumentation greift indes zu kurz. Sie ist ohnehin nur schlüssig, wenn die Berufsausübung zwingend mit der Internetnutzung verbunden ist. Dagegen scheidet eine Zwangslage aus, wenn es dem Arbeitnehmer offen bleibt, die Einrichtung des Internetzuganges ganz ***abzulehnen***, weil sie für seine Arbeitspflichten nicht erforderlich ist. Aber auch bei dienstlicher Notwendigkeit sind Kontrollen und Überwachungsklauseln im Arbeitsvertrag gem. § 87 Abs. 1 Nr. 1 und 6 BetrVG ***zustimmungspflichtig.*** Regelmäßig hat der Betriebsrat die entsprechenden arbeitsvertraglichen Klauseln also abgesegnet, sodass von einem unangemessenen Zwang nicht ausgegangen werden kann. Sofern die Arbeitnehmerinteressen angemessen vertreten wurden, kann die Freiwilligkeit unterstellt werden.

*Schriftform*

Die Einwilligung bedarf gemäß § 4a Abs. 1 BDSG der ***Schriftform***, soweit nicht wegen besonderer Umstände eine andere Form angemessen ist. Wird gegen die Schriftform verstoßen, ist die Einwilligung gem. §§ 125, 126 BGB ***unwirksam***.

*Ausnahmen*

Besondere Umstände, die eine andere Form zulassen sind etwa die ***Eilbedürftigkeit*** oder auch eine ***ständige Geschäftsbeziehung***, aufgrund derer eine stereotype Wiederholung der Einwilligung als überflüssig erscheint. Als angemessene andere Form kommt jedoch nur eine ausdrückliche mündliche Zustimmung, nicht aber eine stillschweigende, konkludente Erklärung in Frage. Insbesondere in ***sozial adäquaten Situationen*** kann eine mündliche Einwilligung ausreichen. Verabschiedet sich z. B. ein Arbeitnehmer mit den Worten „schau bitte in meine Mailbox, während ich weg bin" in den Urlaub, so wird man hierin eine gültige Einwilligung in die Einsichtnahme durch den Arbeitskollegen sehen dürfen, da eine mündliche Zustimmung in dieser Situation als sozial adäquat erscheint. Hier Schriftlichkeit zu fordern, wäre überzogener Formalismus.

### 6.6.7 Benachrichtigung, Auskunft, Löschung

*Auskunft, Benachrichtigung*

Gemäß §§ 33, 34 BDSG hat der Arbeitnehmer grundsätzlich ein ***Benachrichtigungs- und Auskunftsrecht*** bezüglich der erfolgten Datenverarbeitungen.

*Ausnahmen*

§ 33 Abs. 2 BDSG regelt die ***Ausnahmen*** von der Benachrichtigungspflicht. So ist eine Benachrichtigung nicht erforderlich, wenn die Daten aufgrund gesetzlicher oder vertraglicher Bestimmungen nicht gelöscht werden dürfen oder die Daten ausschließlich der Datensicherung oder der Datenschutzkontrolle dienen, sodass eine Benachrichtigung einen unverhältnismäßigen Aufwand bedeuten würde; ebenso wenn die Daten einer Geheimhaltungspflicht unterliegen oder die Benachrichtigung z. B. einen Strafverfolgungszweck vereiteln würde.

*Löschung*

In § 35 BDSG sind umfangreiche ***Berichtigungs- und Löschungsverpflichtungen*** geregelt. Insbesondere sind gem. § 35 Abs. 2 Nr. 3 BDSG zweckgebunden Daten, die etwa im Rahmen eines Abrechnungsverhältnisses notwendigerweise erhoben wurden, wieder zu löschen, sobald der Verarbeitungszweck entfallen ist. Also z. B. dann, wenn die Einwendungsfrist gegen eine bezahlte Abrechnung abgelaufen ist.

## 6.7 Datenschutzkonforme Mitarbeiterkontrolle

*Haftungsprävention*

Wie im Abschnitt Haftung gesehen (vgl. oben, Kapitel 4.10.2), eröffnen die Verkehrssicherungspflichten für Arbeitnehmer und Behörden auch die Pflicht zur Beaufsichtigung (Kontrolle). Damit ist Mitarbeiterkontrolle aus Gründen der ***Haftungsprävention*** erforderlich, andernfalls läuft der Arbeitgeber Gefahr, sich aufgrund einer Pflichtverletzung schadensersatzpflichtig zu machen. Neben das Kontroll***recht*** des Arbeitgebers aus seiner Direktionsbefugnis tritt eine Aufsichts***pflicht***, die jeweils dem Persönlichkeitsrecht des Arbeitnehmers gegenüberstehen. Ein Interessensausgleich der gegenläufigen Rechtspositionen ist deshalb erforderlich.

*Missbrauch befürchtet*

Die Arbeitgeberseite fürchtet Haftungskonstellationen aufgrund ***missbräuchlicher Arbeitnehmernutzung***, insbesondere wegen illegaler Inhalte im Firmennetz, sowie den Verlust von Arbeitszeit und Bandbreite. Sie ist deshalb an einer legalen Auswertung der Logfiles und einer Einsichtnahme in die Mailboxen der Mitarbeiter interessiert. Hier sind die Grenzen der Mitarbeiterkontrolle, die durch Persönlichkeits- und Datenschutzrechte der Arbeitnehmer gezogen werden, auszuloten.

*Ausgangsfrage*

Hierbei hat sich der Arbeitgeber zu fragen, welche datenschutzrechtlichen Vorgaben er bei der Mitarbeiterkontrolle beachten muss. Die zu beachtende ***Ausgangsfrage*** ist dabei stets, ob die private Nutzung erlaubt ist oder nicht.

*Fernmeldegeheimnis*

Denn wie gesehen (vgl. oben, Kapitel 6.2.1) wird der Arbeitgeber bei der erlaubten Privatnutzung zum ***Telekommunikationsanbieter***, da er eine Dienstleistung gegenüber dem Arbeitnehmer erbringt, was zur Anwendbarkeit des Fernmeldegeheimnisses (Telekommunikationsgeheimnisses) führt. Unter dem Regime des ***Fernmeldegeheimnisses*** sind Kontrollen grundsätzlich unzulässig, da die erlaubte Privatnutzung einen Vertrauenstatbestand gegenüber dem Arbeitnehmer schafft, der eine Kontrolle weitgehend verbietet. Kontroll- und Einsichtnahmerechte in diese private Kommunikation, also eine Datenerhebung und -verarbeitung, sind nur in den gesetzlichen Ausnahmefällen gem. § 89 Abs. 2 TKG möglich, der durch die Bestimmungen der TDSV konkretisiert wird. Man spricht auch von ***Erlaubnistatbeständen***, die ausnahmsweise eine Datenverarbeitung erlauben, da ansonsten durch das Fernmeldegeheimnis ein ***Kontrollverbot*** besteht.

*Einwilligung*

Zu diesen gesetzlichen Erlaubnistatbeständen zählt auch die ***Einwilligung*** gemäß §§ 3, 4 TDSV, § 4a BDSG, die der Arbeitnehmer selbst im Arbeitsvertrag oder aber stellvertretend für ihn seine Mitarbeitervertretung (Betriebs- oder Personalrat) in einer Betriebs- oder Dienstvereinbarung abgibt. Insbesondere durch ***Betriebs- und Dienstvereinbarungen*** werden Regelungen vereinbart, die Erlaubnistatbestände für eine verhältnismäßige Missbrauchskontrolle durch den Arbeitgeber schaffen.

*Rechtssicherheit*

Solche Regelungen sind notwendig, um die Kontrollmaßnahmen von Administrator und Arbeitgeber ***rechtlich abzusichern***, da die andernfalls bestehenden rechtlichen Grauzonen mit Recht zur Angst vor Haftung und Strafbarkeit gem. § 206 StGB führen. Die Betriebsvereinbarung schafft Rechtssicherheit für die Arbeitgeberseite und ***Transparenz*** für den Arbeitnehmer, der weiß was auf ihn zukommt. Eine solchermaßen ausgewogene Regelung, welche die Interessen auf beiden Seiten angemessen berücksichtigt, ist in der Lage das Kontroll- und Datenschutzproblem der neuen Medien befriedigend zu lösen und deshalb in der Praxis unverzichtbar.

*Einwände*

Die hiergegen vorgebrachten Einwände, das Fernmeldegeheimnis sei durch Kollektivvereinbarungen aufgrund seines Grundrechtscharakters nicht einschränkbar, greifen nicht durch (vgl. hierzu oben, Kapitel 6.3.3). In der Konsequenz müsste man Einzelvereinbarungen befürworten oder aber die private Nutzung am Arbeitsplatz mangels Regulierbarkeit ganz abschaffen. Beides würde den Interessen der Arbeitnehmerschaft zuwider laufen. Gerade die ***Kollektivvereinbarung*** sichert die Arbeitnehmerrechte, wo aufgrund des nachteiligen Kräfteverhältnisses der einzelne Arbeitnehmer keine zufriedenstellenden Vereinbarungen mit dem überlegenen Arbeitgeber erreichen kann. Eine verhältnismäßige Modifikation des Fernmeldegeheimnisses durch die gesetzlich vorgesehene Einwilligung in Form etwa der Betriebsvereinbarung ist deshalb angezeigt, sowohl rechtlich wie auch aufgrund der Praxiserfordernisse.

*Störungsbeseitigung, Missbrauchsbekämpfung*

Dies wird auch gestützt durch die Regelungen im TK-Recht selbst, wo gem. § 89 Abs. 2 Nr. 1 d und e TKG i. V. m. § 9 Abs. 1 TDSV die Erlaubnistatbestände der ***Störungsbeseitigung*** und ***Missbrauchsbekämpfung*** verankert sind. Eine Datenerhebung und -verarbeitung zur technischen Datensicherheit, Notfallprävention, Störungsbeseitigung, Datenschutzkontrolle, insbesondere auch bei Gefahr im Verzug, z. B. bei einem akuten Virusbefall oder Hackerangriff, oder aber bei konkreten Hinweisen auf eine Straftat, ist daher im Rahmen der Verhältnismäßigkeit als zulässig anzusehen.

*Filterung*

Auch bei erlaubter Privatnutzung, selbst wenn sie in der Betriebsvereinbarung zugesichert wurde, bleibt es dem Arbeitgeber unbenommen, unerwünschte Inhalte etwa im Wege einer ***URL-Filtermaßnahme*** zu verhindern. Diese aus Gründen der technischen Sicherheit ebenso wie zur Verhinderung unerwünschter Inhalte erforderlichen Filtermaßnahmen sind jedenfalls im Rahmen der Vorschriften des § 87, 89 TKG i. V. m. § 9 TDSV als zulässig anzusehen.

*Abrechnung*

Hinzu tritt der aufgrund der genannten Bestimmungen verankerte Erlaubnistatbestand für die ***Abrechnung*** mit dem Arbeitnehmer, wobei in der Regel aufgrund von Flatrates zusätzliche Kosten durch die Arbeitnehmernutzung nicht anfallen.

*Juristische Literatur*

Auch in der ***juristischen Literatur*** ist zunehmend anerkannt, dem Arbeitgeber trotz Fernmeldegeheimnis und Datenschutz Möglichkeiten in die Hand zu geben, einer missbräuchlichen Internet- und E-Mail-Nutzung entgegen zu wirken. Dies ist angesichts der Schwemme von pornografischen und illegalen Inhalten auch dringend erforderlich. Andernfalls müsste die Gesellschaft eine dauernde Konfrontation auch von Minderjährigen mit solchen Inhalten in Kauf nehmen. So ist die Erhebung von Protokolldaten anerkannt, solange sie einem ***Kontrollzweck*** dienen können. Sobald sie jedoch – etwa aufgrund des Zeitablaufs – einer Missbrauchskontrolle nicht mehr dienlich sein können, sind sie wieder zu löschen.

*Betriebliche Übung*

Ein ***Pro-Forma-Verbot*** der Privatnutzung kann keine Abhilfe schaffen, wenn die private Nutzung faktisch geduldet wird und im Laufe der Jahre eine ***betriebliche Übung*** entstanden ist. Hier kommt das Fernmeldegeheimnis ebenso zur Anwendung wie bei ausdrücklich erlaubter Privatnutzung (vgl. hierzu oben, Kapitel 5.2.3).

*Privatnutzung reversibel*

Allerdings kann im Gegensatz zu einer vereinbarten Privatnutzung in der Betriebsvereinbarung oder im Arbeitsvertrag die betriebliche Übung auch einseitig durch den Arbeitgeber ***wieder durchbrochen*** werden. Dies zumindest nach einer angemessenen Übergangszeit, sodass der Arbeitnehmer auf eine andere private E-Mail-Adresse umstellen kann. Ein dauerhafter Anspruch auch für die Zukunft aufgrund einer betrieblichen Übung lässt sich – abweichend von der Rechtsprechung zu den Weihnachts- und Urlaubsgratifikationen – kaum begründen, da es an einem entsprechenden Vertrauenstatbestand fehlt. Während die Gratifikationszahlung nicht ohne Weiteres gestrichen werden kann, weil der Arbeitnehmer seine finanziellen Dispositionen danach ausgerichtet hat, ist die private Internet- und E-Mail-Nutzung am Arbeitsplatz jederzeit – etwa durch die ersatzweise Nutzung der Dienste zu Hause – kompensierbar, ohne schützenswerte Belange des Arbeitnehmers nachhaltig zu verletzen.

*Abwesenheitsproblematik*

Der Arbeitnehmer bleibt auch nach Ausscheiden aus dem Unternehmen oder bei längerer Abwesenheit Berechtigter bezüglich der für ihn eingehenden Mails. Auch in Bezug auf diese ***Abwesenheitsproblematik*** aber lässt sich den gesetzlichen Bestimmungen nichts Greifbares entnehmen, sodass eine Selbstregulierung angezeigt ist.

*Kontrollproblem*

Ebenso bei der Mitarbeiterkontrolle. Sofern der Problemkomplex ungeregelt bleibt, muss im akuten ***Einzelfall entschieden*** werden, ob Maßnahmen der Kontrolle zulässig sind oder nicht. Dies kann weder einem Administrator noch seinem Vorgesetzten zugemutet werden, zumal immer die Strafdrohung des § 206 StGB bei einem Verstoß gegen das Fernmeldegeheimnis über den Beteiligten schwebt. Auch im Interesse der „Kontrolleure" ist deshalb eine legalisierende Vereinbarung anzustreben.

*Betriebsvereinbarungen*

Es zeigt sich, dass eine Selbstregulierung der privaten Internetnutzung am Arbeitsplatz durch ***Betriebs- /Dienstvereinbarungen*** dringend erforderlich ist.

*Regelung des BDSG*

Fraglich ist, ob etwas anderes gilt, wenn die Privatnutzung verboten wurde, sodass lediglich eine dienstliche Nutzung oder eine unerlaubte Privatnutzung möglich ist. Hier gilt das spezielle Fernmeldegeheimnis nicht, sodass die allgemeinen ***Regelungen des BDSG*** zur Anwendung gelangen. Bei der dienstlichen oder unerlaubten Privatnutzung handelt der Arbeitgeber nicht als TK-Anbieter, denn er will gerade keine Dienstleistung gewähren. Vielmehr soll der Arbeitnehmer im Namen des Arbeitgebers, also für diesen als sein verlängerter Arm tätig werden, sodass von einer Dienstleistung nicht gesprochen werden kann und die Regelungen des TKG unanwendbar sind. Daraus folgt die Anwendbarkeit der Bestimmungen nach dem BDSG, also insbesondere eine ***Güterabwägung*** nach dem Verhältnismäßigkeitsprinzip hinsichtlich der Kontrollmaßnahmen (vgl. hierzu im Einzelnen oben, Kapitel 6.5.2).

*Weitergehende Kontrollen*

Es sind demnach weitergehende Kontrollen als unter dem Regime des Fernmeldegeheimnisses möglich, jedoch besteht ***kein Freibrief***, insbesondere nicht für eine fortlaufende Inhaltskontrolle der Internet- oder E-Mail-Nutzung. Dem Arbeitgeber ist die ständige Einsicht in die Eintragungen auf den Internetseiten oder ein Mitlesen der E-Mail-Inhalte als unverhältnismäßige Maßnahmen verwehrt. Denn hier sind weitaus mildere Mittel denkbar, die zu gleichen Ergebnissen führen. So kann der Arbeitgeber die notwendige geschäftliche Korrespondenz jederzeit von seinen Mitarbeitern herausverlangen, um sein Informations- und Kontrollinteresse zu befriedigen. Die Einsicht in äußere ***Verbindungsdaten*** wird – im Gegensatz zur Inhaltskontrolle – regelmäßig als verhältnismäßig angesehen.

*Faustformel*

Wendet man diese Grenzziehung der zulässigen Kontrolle auf die wichtigsten Internetdienste an, so ergibt sich für das Surfen im Internet, dass die besuchten URL´s, die Nutzungsdauer, der Umfang von Downloads, nicht aber die auf den einzelnen Internetseiten vom User vorgenommenen Eintragungen kontrollierbar sind. Bezüglich des E-Mail-Dienstes sind Absender- und Empfängeradresse, Datenumfang etc. kontrollierbar, nicht aber die Inhalte im Subject und Textteil der E-Mail. Diese Abgrenzung kann allerdings nur als ***Faustformel*** dienen, die im Einzelfall kritisch zu überprüfen ist und unter Umständen bei Abwägung aller beteiligten Interessen einer anderen Gewichtung weichen muss.

*Eingehende E-Mails*

Hinzu tritt die besondere Problematik der von außen ***eingehenden E-Mails***, die vom Arbeitnehmer nicht verhindert werden können und bei privater Natur dem Fernmeldegeheimnis unterliegen. Auch hier tut die Arbeitgeberseite gut daran, nur die Adressdaten einzusehen, aber ein punktuelles oder gar ständiges Mitlesen, wie in den USA, zu vermeiden. Eine massive Inhaltskontrolle ist unter herkömmlichen Unständen nicht gerechtfertigt. Der Arbeitgeber kann durch Herausverlangen der geschäftlichen Mails und einer gleichzeitigen Volumenmessung der Mailboxen auch ohne Inhaltskontrollen eine missbräuchliche Privatnutzung überprüfen.

*Fazit*

Die für Kontrollmaßnahmen notwendige Interessensabwägung überfordert die Verantwortlichen im akuten Einzelfall und führt zu Fehlentscheidungen. Gesetzliche Handlungsrichtlinien fehlen weitgehend, obwohl seit langem ein spezielles ***Arbeitnehmerdatenschutzgesetz*** gefordert wird, das Abhilfe schaffen könnte. Der ungeregelte Zustand und ständige Graubereich, dem die pauschalen Bestimmungen des Datenschutzrechtes nicht abhelfen können, führt zu großer Verunsicherung auf der Arbeitgeber- wie auch auf der Arbeitnehmerseite. Eine ***Selbstregulierung*** des Kontrollproblems am Arbeitsplatz durch Betriebs-/ Dienstvereinbarungen ist daher dringend geboten.

## 6.8 Richtige Reaktion auf Missbrauch

Nach den ausführlichen Erörterungen der arbeitsrechtlichen Zusammenhänge und der datenschutzkonformen Kontrolle soll nun auch auf das richtige Verhalten der Arbeitgeberseite bei Missbrauchsfällen in der Praxis eingegangen werden.

***Fall 1***

*Nachweisbarer Verdacht*

Es besteht der begründete Verdacht, dass ein Arbeitnehmer eine große Anzahl mp3-Files heruntergeladen hat. Die datenschutzrechtlich zulässige Überprüfung der Logfiles belegt den Download über den Arbeitsplatzrechner des Arbeitnehmers.

*Drei Möglichkeiten*

Hier kommen grundsätzlich drei verschiedene Möglichkeiten der Reaktion des Arbeitgebers in Betracht: Der Arbeitgeber kann großzügig über den Vorfall ***hinwegsehen***; er kann mit dem Arbeitnehmer die Angelegenheit besprechen im Sinne einer ***positiven Konfrontation,*** also ohne Vorwurfserhebung oder Androhung von Sanktionen; oder er kann sofort ***rechtliche Schritte***, wie Abmahnung oder Kündigung, einleiten. Sofern der Vorgang dem Arbeitnehmer datenschutzrechtlich zulässig ***nachgewiesen*** werden kann, ist zumindest eine Konfrontation mit dem Missbrauch, also ein persönliches Gespräch erforderlich, um zukünftigen Missständen vorzubeugen. Es hängt hier von der Schwere des Verstoßes ab, ob der Anhörung des Arbeitnehmers rechtliche Schritte, wie Abmahnung oder Kündigung, folgen. Bei einer großen Zahl von strafbaren mp3-Files, welche Schadensersatzansprüche und Strafverfolgung nach sich ziehen können, ist der Arbeitgeber auch zur Kündigung berechtigt, jedenfalls wird man eine Abmahnung als notwendige Reaktion ansehen können.

***Fall 2***

*Ungeschütztes Passwort*

Die Überprüfung der Logfiles belegt zwar den Download über den Arbeitsplatzrechner des Arbeitnehmers, aber am Bildschirm klebt ein ***Post-It-Zettel***, auf dem die Zugangsdaten des Arbeitnehmers stehen.

*Nachweisproblem*

Im Unterschied zu Fall 1 besteht hier ein konkretes ***Nachweisproblem***, da aufgrund der freien Zugänglichkeit der Zugangsdaten nicht nur der Arbeitnehmer der betroffenen IP-Adresse, sondern auch alle seine Kollegen als Verursacher in Betracht kommen. Nachweisbar ist lediglich der ***falsche Umgang mit dem Passwort***, der gerügt werden sollte. Eine Abmahnung oder gar Kündigung wegen des Downloads der MP3-Files kommt mangels Nachweisbarkeit nicht in Betracht, da der Arbeitgeber ansonsten eine Kündigungsschutzklage des Arbeitnehmers zu verlieren droht. Als angemessene Reaktion auf den falschen Umgang mit dem Passwort kann eine Abmahnung oder mildere Maßnahme wie Belehrung, Hinweis oder ***Ermahnung***, dass in Zukunft mit dem Passwort sorgfältiger umzugehen ist, erfolgen.

*Positive Konfrontation*

Eine solche positive Konfrontation hat den Vorteil, dass der Arbeitnehmer sein Gesicht wahrt für den Fall, dass er die mp3-Files nicht heruntergeladen hat, was dem ***Betriebsklima*** zu Gute kommt. Mit Recht wäre der Arbeitnehmer brüskiert, falls er unschuldig am mp3-Download eine Abmahnung hinnehmen müsste. Für den Fall, dass der Arbeitnehmer tatsächlich der Verursacher des Downloads war, tritt auch durch die bloße Ermahnung der ***notwendige Warneffekt*** einer Abmahnung ein, weil der Arbeitnehmer nun weiß, dass er bei künftigen Kontrollen auffallen wird.

***Fall 3***

*Datenschutzverstoß*

Die Überprüfung der Logfiles belegt zwar den Download über den Arbeitsplatzrechner des Arbeitnehmers, aber die Überwachungsmaßnahme des Arbeitgebers ***verstößt gegen Datenschutzbestimmungen*** bzw. das Fernmeldegeheimnis.

*Beweisverwertungsverbot*

Hier sollte der Arbeitgeber schon deshalb von rechtlichen Konsequenzen Abstand nehmen, weil er selbst eine Strafanzeige nach § 206 StGB, § 44 BDSG bzw. ein Bußgeld nach § 43 BDSG oder einen Schadensersatzanspruch nach § 7 BDSG fürchten muss. Allerdings sind in der Praxis solche Strafanzeigen die Ausnahme. Sofern eine Abmahnung oder Kündigung ausgesprochen wird, riskiert der Arbeitgeber den Verlust eines möglichen Kündigungsschutzprozesses des Arbeitnehmers, da die unzulässige Datenerhebung zu einem ***Beweisverwertungsverbot*** führt, sodass Abmahnung oder Kündigung gerichtlich nicht durchgesetzt werden können (vgl. zum Beweisverwertungsverbot im Einzelnen sogleich im Kapitel unten).

# 6.9 Beweisverwertungsverbote

*Folgen unzulässiger Datenerhebung*

Auch wenn die bei der Arbeitnehmerkontrolle regelmäßig vorkommenden Datenschutzverstöße nicht unmittelbar zur ***Strafanzeige*** führen, weil der Arbeitnehmer hierzu schon mangels Kenntnis nicht in der Lage ist, zeigen solche Verstöße möglicherweise Folgen. Der Arbeitgeber kontrolliert nicht aus bloßer Neugier, sondern weil er bei gravierenden Missbräuchen der Arbeitnehmer eine Abmahnung oder Kündigung aussprechen will. Gegen solche Sanktionen kann sich der Arbeitnehmer vor den Arbeitsgerichten im Wege eines ***Kündigungsschutzprozesses*** wehren. Wird dabei dargelegt und notfalls bewiesen, dass die der Sanktion zu Grunde liegenden Datenerhebungen gegen Datenschutzbestimmungen verstoßen, so führt dies zum Beweisverwertungsverbot im Prozess. Die als Beweismittel vorgelegten Daten dürfen wegen ihrer unzulässigen Erhebung im Prozess vor dem Arbeitsgericht nicht verwertet werden. In der Folge verliert der Arbeitgeber nicht nur den Kündigungsschutzprozess, sondern muss den unliebsamen Mitarbeiter auch noch weiterbeschäftigen oder durch ***hohe Abfindungszahlungen*** zum Ausscheiden bewegen.

*Rechtsprechung*

Nach der Rechtsprechung des Bundesverfassungsgerichts und des BGH wird beispielsweise das Recht am gesprochenen Wort zum Schutzbereich des allgemeinen Persönlichkeitsrechts gezählt. So kann die Aussage eines Zeugen, der ohne Wissen des Gegenübers ein Telefonat mithört, wegen der Verletzung des Persönlichkeitsrechts nicht verwertet werden. Dies gilt auch dann, wenn der Zeuge zum Mithören aufgefordert wurde, um ein Beweismittel für zivilrechtliche Ansprüche zu schaffen (BGH NJW 2003, 1727). Ebenso verletzt das ***heimliche Mithören*** von Telefongesprächen zwischen Arbeitnehmer und Arbeitgeber das allgemeine Persönlichkeitsrecht des Mitarbeiters und ist unzulässig. Auf diese Weise erlangte Beweismittel dürfen im Prozess nicht verwertet werden (BAG NJW 98, 1331).

*Verletzung der Mitbestimmungsrechte*

Der Betriebsrat hat bei der Verarbeitung von personenbezogenen Arbeitnehmerdaten ein umfassendes Mitbestimmungsrecht gemäß § 87 Abs. 1 Nr. 1 und 6 BetrVG (BAG DB 84, 2513; 85, 1897). Sofern bei der Datenverarbeitung diese Beteiligungsrechte des Betriebsrates verletzt werden, ist die ***Datenerhebung unzulässig*** und rechtswidrig (BAG BB 87, 1048).

*Objektive Eignung ausreichend*

Nach der ***Rechtsprechung des BAG*** besteht die Mitbestimmungspflicht des Betriebsrates schon dann, wenn die Erfassung der Personaldaten nur teilweise mit Hilfe technischer Einrichtungen erfolgt (BAG DB, 86, 1469). Dabei kommt es nicht darauf an, ob die technischen Einrichtungen tatsächlich zur Überwachung eingesetzt werden, sondern nur ob sie sich objektiv zur Überwachung eignen (BAG DB 84, 775).

*Schaffung rechtssicherer Beweise*

Auch wenn also der Arbeitgeber im Vertrauen darauf, nicht angezeigt zu werden, Datenschutzverletzungen begeht, hat er erhebliche Nachteile, weil er die solchermaßen erlangten Daten für Sanktionen nicht rechtssicher verwerten kann. Zumeist wird der Arbeitgeber gegen einen bestimmten Arbeitnehmer zunächst nur den Verdacht hegen, es könne ein Missbrauch vorliegen. Die Beweissicherung erfolgt in aller Regel erst durch eine nachfolgende personenbezogene Überwachung. Sie ist aber nur unter Beteiligung von Datenschutzbeauftragtem und Betriebsrat auf der legalisierenden Grundlage einer Betriebsvereinbarung oder eines Arbeitsvertrages zulässig. Es ist also gerade auch im ***Interesse des Arbeitgebers***, in einer Betriebsvereinbarung ein legales Prozedere für die Mitarbeiterkontrolle festzuschreiben, um bei auftretenden Missbrauchsfällen über ***rechtssichere Beweise*** zu verfügen.

## 6.10 Rechtliche Gestaltung des Datenschutzes

*Ausgangslage*

In den meisten Unternehmen haben E-Mail und Internetzugang längst Einzug gehalten. Der Umgang mit den neuen Medien ist auf Seiten der Geschäftsleitung wie auch auf Seiten der Arbeitnehmervertretungen (Betriebs- oder Personalräte) oftmals mit Sorgen verbunden. Die Geschäftsführungen befürchten einen ungezügelten privaten Missbrauch durch die Mitarbeiter, während der Betriebsrat vornehmlich die Möglichkeiten der Kontrolle und Ausforschung der Beschäftigten durch die neuen Medien thematisiert.

*Klare Regelungen*

Es entsteht deshalb das Bedürfnis, diesen Befürchtungen mit klaren Regelungen zwischen Betriebsräten und Arbeitgebern entgegenzutreten.

## 6.10.1 Die Betriebs- bzw. Dienstvereinbarung – Voraussetzungen und Wirkung

*Errichtung von Betriebsräten*

Gerade im Bereich der Mitarbeiternutzung neuer Medien wie E-Mail und Internetzugang werden Absprachen zwischen Arbeitgeber und Betriebsrat als notwendig erachtet. Dies jedenfalls in Betrieben, in denen gemäß § 1 BetrVG in der Regel mindestens ***fünf Arbeitnehmer*** beschäftigt sind, so dass Betriebsräte gewählt werden können.

*Vertretungsloser Betrieb*

Sofern ein Betrieb die Grenze unterschreitet oder aus anderen Gründen ein Betriebsrat nicht existiert – sog. ***vertretungsloser Betrieb*** – sind formelle Betriebsvereinbarungen ausgeschlossen, obwohl auch in solchen Betrieben Absprachen zwischen Belegschaft und Betriebsrat denkbar sind. Diese haben aber nicht die Rechtswirkungen der Betriebsvereinbarung.

*Arbeitsvertrag*

Im vertretungslosen Betrieb können die nachfolgend dargestellten Regelungsinhalte der Betriebsvereinbarung ***sämtlich auch im Arbeitsvertrag*** vereinbart werden.

*Formlose Absprachen*

Absprachen zwischen Arbeitgeber und Betriebsrat erfolgen zumeist im Wege der Betriebsvereinbarung, obwohl betriebsinterne Absprachen nicht zwingend der Rechtsqualität der Betriebsvereinbarung und deren Formvorschriften unterliegen müssen. Daneben sind auch ***formlose Absprachen*** als zulässig anerkannt, die etwa als betriebliche Einigung, Betriebsabsprachen oder Regelungsabreden bezeichnet werden.

*Rechtssetzender Normenvertrag*

Im Vordergrund aber steht als weitaus häufigster Anwendungsfall in der Praxis die Betriebsvereinbarung. Sie ist nach herrschender Meinung ein ***rechtssetzender Normenvertrag***. Der normative Charakter erzeugt im Rahmen des Betriebsverfassungsgesetzes objektives Recht, sodass die Betriebsvereinbarung ohne gesonderte Vertragseinbeziehung unmittelbar auf die einzelnen Arbeitsverträge einwirkt.

*Schriftform*

Vertragspartner sind der Arbeitgeber und die Belegschaft, repräsentiert durch den Betriebsrat, der im eigenen Namen handelt. Betriebsvereinbarungen sind **schriftlich** abzuschließen. Sie sind vom Arbeitgeber an geeigneter Stelle im Betrieb auszulegen und so der Belegschaft mitzuteilen (§ 77 Abs. 2 BetrVG).

*Geltungsbereich, Kündigung*

Der Geltungsbereich der Betriebsvereinbarung erstreckt sich nur auf den Betrieb, für den sie abgeschlossen wurde, nicht auf den gesamten Konzern. Betriebsvereinbarungen enden mit Ablauf der Frist, für die sie eingegangen wurden. Nach § 77 Abs. 5 BetrVG können sie, soweit nichts anderes vereinbart wurde, mit einer Frist von ***drei Monaten*** ordentlich gekündigt werden. Darüber hinaus kann auch eine außerordentliche Kündigung erfolgen, wenn ein wichtiger Grund vorliegt. Hieran werden allerdings strenge Anforderungen gestellt.

*Günstigkeitsprinzip*

Der Regelungsgehalt der Betriebsvereinbarung ist unabdingbar und ***zwingend*** (§ 77 Abs. 4 S. 1 BetrVG). Das gilt nur dann nicht, wenn die Einzelarbeitsverträge für den Arbeitnehmer günstiger als die Betriebsvereinbarungen sind (***Günstigkeitsprinzip***). Ein Arbeitnehmer kann auf die ihm durch Betriebsvereinbarung eingeräumten Rechte nur mit Zustimmung des Betriebsrates verzichten (§ 77 Abs. 4 S. 2 BetrVG). Betriebsvereinbarungen unterliegen der ***gerichtlichen Billigkeitskontrolle***.

*Einigungsstelle*

Kommt eine Einigung durch Betriebsvereinbarung nicht zustande, kann der Vertragsschluss auch durch den ***Spruch einer Einigungsstelle*** ersetzt werden. Sofern der Regelungssachverhalt in den Bereich der erzwingbaren Mitbestimmung gehört, wird die Einigungsstelle auf Antrag nur einer Partei tätig (§ 76 Abs. 5 BetrVG), im übrigen nur auf Antrag beider Parteien oder wenn beide Parteien mit ihrem Tätigwerden einverstanden sind (§ 76 Abs. 6 BetrVG). Der Spruch der Einigungsstelle ist nur verbindlich, wenn sich ihm beide Seiten im Voraus unterwerfen, ihn ausdrücklich annehmen oder der Spruch kraft Gesetz verbindlich ist.

*Dienstvereinbarungen*

Die dargestellten Zusammenhänge gelten im öffentlichen Bereich entsprechend, wo statt des Betriebsverfassungsrechts das weitgehend identische Personalvertretungsrecht zur Anwendung kommt. Man spricht dort allerdings von ***Dienstvereinbarungen***, die von Personalräten ausgehandelt werden.

## 6.10.2 Betriebs- bzw. Dienstvereinbarung für die Internetnutzung – Mitbestimmungrechte

*Direktionsrecht des Arbeitgebers*

Die Betriebsvereinbarung kann nur über solche Fragen abgeschlossen werden, die zum Aufgabenbereich des Betriebsrates gehören. Die Entscheidung, einem Mitarbeiter den Onlinezugang zu eröffnen oder einen E-Mail-Account einzurichten, betrifft zunächst die konkrete Ausgestaltung des innerbetrieblichen Arbeitsablaufs und unterliegt somit dem ***Weisungs- und Direktionsrecht*** des Arbeitgebers.

*Mitbestimmungsrecht des Betriebsrates*

Allerdings hat gemäß § 87 Abs. 1 Nr. 1 BetrVG der Betriebsrat in Fragen der Ordnung des Betriebes und des Verhaltens der Arbeitnehmer im Betrieb mitzubestimmen. Nach § 87 Abs. 1 Nr. 6 BetrVG erstreckt sich das ***Mitbestimmungsrecht des Betriebsrates*** insbesondere auf die Einführung und Anwendung von technischen Einrichtungen, die dazu bestimmt sind, das Verhalten oder die Leistung der Arbeitnehmer zu überwachen.

Beide Mitbestimmungsrechte sind betroffen, wenn sich ein Unternehmen entschließt, online zu gehen und die Mitarbeiter hieran teilhaben zu lassen. Die Einrichtung von Internetzugängen kann Auswirkungen auf das Arbeitsverhalten und die vom Arbeitnehmer geforderten Leistungen haben. Die Geschäftsführung kann auch ohne großen technischen Aufwand überprüfen, welcher Mitarbeiter wann und wie lange online war und welche Informationen er abgerufen hat, insbesondere ob er das Medium zu nichtdienstlichen Zwecken genutzt hat.

*Überwachungsmaßnahmen*

Auf der anderen Seite sind nach Ansicht des Bundesarbeitsgerichts (BAG) solche Regelungen mitbestimmungsfrei, mit denen der Arbeitgeber lediglich die konkreten Arbeitspflichten regelt, auch wenn er dabei in den Arbeitsablauf einzelner Betroffener eingreift (BAG NZA 1985, 224). Weist ein Unternehmen also einzelne Arbeitnehmer an, in Zukunft mit Geschäftspartnern elektronisch zu kommunizieren, dürfte dazu die Zustimmung des Betriebsrates noch nicht notwendig sein. Der Mitbestimmung unterliegen allerdings zweifelsfrei ***Überwachungsmaßnahmen***, die eine Zuordnung bestimmter Handlungen zu individuellen Mitarbeitern zulassen. Für die Überwachung im Rahmen lokaler Computernetze hat die Rechtssprechung dies ausdrücklich entschieden (BAG DB 1974, 1868; BAG DB 1986, 2080).

*Zwingende Einbindung*

Für den E-Mail-Verkehr gilt nichts anderes, auch dort ist eine Überwachung nach § 87 Abs. 1 Nr. 6 BetrVG zustimmungspflichtig. Dies gilt auch dann, wenn der Arbeitgeber von der potentiell eröffneten Möglichkeit, die Logfiles auszuwerten keinen Gebrauch macht. Allein die ***Möglichkeit hierzu genügt***. Da die Logfiles automatisch mitgeschnitten werden und darauf aus sicherheitstechnischer Sicht nicht verzichtet werden kann, bestehen stets auch Überwachungsoptionen. Die ***Einbindung*** des Betriebsrates bei einer Regelung der neuen Medien ist damit zwingend. Betriebsvereinbarungen im Bereich Internet- und E-Mail-Nutzung durch Mitarbeiter sind deshalb eine inzwischen gängige Möglichkeit, den Problemkomplex in den Griff zu bekommen.

Im Folgenden sollen daher spezielle Problempunkte und Regelungsinhalte einer solchen Betriebsvereinbarung dargestellt werden.

### 6.10.3 Checkliste: Notwendige Regelungspunkte einer Betriebsvereinbarung

- Zweck und Reichweite der Regelung
- verbotene Nutzungen, unerwünschte Inhalte
- Privatnutzung: ausdrückliche Gestattung bzw. Verbot
- Umfang der erlaubten Nutzung: zeitlich, quantitativ und qualitativ
- ggf. Regelung der Kostenpflichtigkeit, Gebührenhöhe
- Festlegung der zulässigen Dateien und Anhänge
- quantitative Begrenzung von Downloads
- Installation von Software
- Umgang mit Passwörtern
- Welche Daten werden erfasst: Protokollierung von E-Mail- und Internetaktivitäten, Gesamtdatenvolumen, etc.
- Kontrollbefugnisse des Arbeitgebers, insbesondere: anonymisierte Stichprobenkontrolle, personenbezogene Missbrauchskontrolle (grober Missbrauch, Straftat) etc.
- Kontrollprozedere: notwendige Beteiligung von Personalreferenten, Datenschutzbeauftragten, Betriebsräten, Sicherheitsverantwortlichen etc.
- Abwesenheitsregelung
- Löschungspflichten und -zeiträume
- technische Einrichtungen, die auch zur Kontrolle geeignet: Firewall, Proxy, Spamfilter, Content-Filter, Reporting-Tools, URL-Filter, Monitoring-Funktionen, IDS etc.
- Konsequenzen bei Nichteinhaltung
- Schlussbestimmungen

### 6.10.4 Formulierungsbeispiel einer Betriebsvereinbarung

*Hinweis*

Das nachfolgende Muster versteht sich als ein praxistaugliches ***Beispiel***, das der Veranschaulichung dient. Es kann weder Anspruch auf Vollständigkeit erheben noch die Vielzahl der Problemstellungen lösen. Insbesondere ersetzt ein pauschales Muster keine rechtliche Gestaltung im Einzelfall, die einen individuellen Zuschnitt erfordert. Vor einer ungeprüften Übernahme muss deshalb – ähnlich wie bei der AGB-Gestaltung auch – dringend abgeraten werden.

**Betriebsvereinbarung zwischen der Musterfirma....**

**und dem Betriebsrat....**

**über die Internet- und E-Mail-Nutzung am Arbeitsplatz**

Die Musterfirma und der Betriebsrat schließen entsprechend § 77 in Verbindung mit § 87 Abs. 1 Nr. 1 und 6 BetrVG die folgende Betriebsvereinbarung über die Internet- und E-Mail-Nutzung der Mitarbeiter am Arbeitsplatz.

**Inhaltsübersicht**

## § 1 Zweck und Geltungsbereich

(1) Ziel dieser Betriebsvereinbarung ist es, die Nutzungsbedingungen sowie die Maßnahmen zur Protokollierung und Kontrolle transparent zu machen, die Persönlichkeitsrechte der Beschäftigten zu sichern und den Schutz ihrer personenbezogenen Daten zu gewährleisten.

(2) Diese Betriebsvereinbarung gilt in räumlicher Hinsicht für die Unternehmen, und Betriebe in ....., die Tochterunternehmen in ......etc. In sachlicher Hinsicht umfasst die Betriebsvereinbarung die Nutzung des unternehmensweiten Intranets, Extranets, der Zugänge zum Internet sowie die Kommunikation via E-Mail. Diese Betriebsvereinbarung gilt für sämtliche Arbeitnehmer im Sinne des § 5 BetrVG.

## § 2 Information und Schulung der Mitarbeiter

(1) Die Mitarbeiter werden durch die EDV-Abteilung über die besonderen Datensicherheitsprobleme bei der E-Mail- und Internet-Nutzung unterrichtet. Sie werden für den sicheren und wirtschaftlichen Umgang mit diesen Systemen qualifiziert und über die einschlägigen Rechtsvorschriften informiert.

(2) Geeignete Schulungsmaßnahmen werden durchgeführt.

## § 3 Nutzungsrichtlinien

(1) E-Mail- und Internet-Zugang stehen den Mitarbeitern als Arbeitsmittel im Rahmen der Aufgabenerfüllung zur Verfügung und dienen insbesondere der Verbesserung der internen und externen Kommunikation, der Erzielung einer höheren Effizienz und der Beschleunigung der Informationsbeschaffung und der Arbeitsprozesse.

(2) Bei der E-Mail- und Internet-Nutzung sind die in Anlage 4 beigefügten Sicherheitsanweisungen der Musterfirma zu beachten. Die E-Mail-Korrespondenz wird mit dem in Anlage 2 beigefügten einheitlichen Abspann geführt.

(3) Unzulässig ist jede wissentliche oder fahrlässige Nutzung des Internet, die geeignet ist, den Interessen oder dem Ansehen der Musterfirma in der Öffentlichkeit zu schaden, die Sicherheit des Netzwerkes zu beeinträchtigen oder die gegen die geltenden Rechtsvorschriften oder einschlägigen Arbeits- und Sicherheitsanweisungen für die Nutzung der IT-Systeme verstößt. Untersagt ist insbesondere das Abrufen oder Verbreiten von Inhalten, die gegen persönlichkeitsrechtliche, urheberrechtliche oder strafrechtliche Bestimmungen verstoßen, sowie das Abrufen oder Verbreiten von beleidigenden, verleumderischen, verfassungsfeindlichen, rassistischen, sexistischen, gewaltverherrlichenden oder pornografischen Äußerungen oder Abbildungen.

(4) Zur Überprüfung der Einhaltung der Regelungen dieser Vereinbarung werden regelmäßige nicht-personenbezogene Stichproben in den Protokolldateien gemäß dem Abschnitt „Missbrauchskontrolle" durchgeführt. Dabei wird auch eine Übersicht über das jeweilige Gesamtvolumen des ein- und ausgehenden Datenverkehrs erstellt.

(5) Die EDV-Abteilung fungiert als Ansprechstelle, bei der die Beschäftigen – auch unter Wahrung ihrer Anonymität – unerlaubte oder rechtswidrige Inhalte, die sie in den IT-Systemen bemerkt haben, melden können, um die Inhalte auf diesem Wege schnellstmöglich zu unterbinden. Jeder Mitarbeiter ist aufgefordert, in dieser Weise der weiteren Verbreitung illegaler Inhalte entgegenzuwirken.

(6) Auf der Homepage der Musterfirma können personenbezogene Daten der Mitarbeiter aufgeführt werden, soweit die Daten zur Erfüllung der Arbeitspflichten – insbesondere für Vertrieb und Kundendienst – erforderlich sind. Zu Marketing- oder Werbezwecken darf die Musterfirma nach vorheriger Zustimmung des Mitarbeiters, die auch bereits im Arbeitsvertrag erfolgen kann, auf der Homepage auch Abbildungen der Mitarbeiter verwenden.

## § 4 Private Nutzung

(1) Die private Nutzung ist nur zulässig, soweit sie die dienstliche Aufgabenerfüllung sowie die Verfügbarkeit der IT-Systeme für dienstliche Zwecke nicht beeinträchtigt. Die Erlaubnis der privaten Nutzung kann für einzelne Mitarbeiter bei Zuwiderhandlungen gegen diese Betriebsvereinbarung auch einseitig durch den Arbeitgeber widerrufen werden.

(2) Das Abrufen von kostenpflichtigen Informationen oder Dienstleistungen für den Privatgebrauch ist unzulässig. Im Rahmen der privaten Nutzung dürfen keine kommerziellen oder sonstigen geschäftlichen Zwecke verfolgt werden.

(3) Private E-Mails dürfen empfangen und versendet werden, wenn ein geringfügiger Umfang von maximal .... E-Mails pro Arbeitstag nicht überschritten wird. Die privaten E-Mails dürfen nur außerhalb der regulären Arbeitszeiten (z. B. in der Mittagspause oder nach Feierabend) gelesen und versendet werden.

(4) Der Internetzugang wird für dienstliche Zwecke zur Verfügung gestellt, darf aber außerhalb der Arbeitszeiten (z. B. in der Mittagspause oder nach Feierabend) in einem vertretbaren Umfange von höchstens..... pro Arbeitstag, welcher die dienstliche Nutzung nicht beeinträchtigen kann, auch privat genutzt werden.

(5) Trotz der Privatnutzung ist die Musterfirma berechtigt, den Zugriff auf Internet-Inhalte und Internet-Seiten z. B. durch den Einsatz von URL-Filtersystemen einzuschränken. Dienstlich veranlasste E-Mails sind auf

Anforderung dem Vorgesetzten – notfalls unter Löschung privater Passagen – zugänglich zu machen.

(6) Mitarbeitern, die keinen Antrag nach Anlage 3 gestellt und unterschrieben haben, ist die private E-Mail- und Internet-Nutzung nicht gestattet.

## § 5 Sicherheitsrichtlinien

(1) Der Zugang zum Internet erfolgt grundsätzlich nur über das zentrale Netzwerk der Musterfirma. Ausnahmen sind nur mit besonderer Genehmigung der EDV-Abteilung zulässig. Insbesondere besteht die Pflicht, die für die Nutzung vorgesehenen Zugangsbeschränkungen und Zugriffskontrollen (z. B. Passwortauswahl und -verwahrung, Zugriffsschutz-Software, mechanische Sperreinrichtungen, Verschluss der Büroräume, gesicherte Aufbewahrung von externen Datenträgern etc.) zu beachten. Für die Pflichten im Einzelnen wird auf die Sicherheitsanweisungen in Anlage 4 verwiesen.

(2) PC und Notebooks, die für betriebliche Zwecke genutzt werden und eine Anschlussmöglichkeit an das Netzwerk des Unternehmens besitzen, dürfen nur über das Netzwerk und nicht über ein eingebautes Modem oder eine ISDN-Karte mit dem Internet verbunden werden. Etwas anderes gilt nur in Fällen, in denen der Zugang über Modem oder ISDN-Karte durch eine spezielle Software (Firewall) abgesichert ist. Für solche Fälle muss die Software durch die EDV-Abteilung genehmigt und eingerichtet worden sein.

(3) Jeder Mitarbeiter erhält Passwörter z. B. für die PC-, Internet- oder E-Mail-Nutzung etc. Die Passwörter sind vertraulich zu behandeln, dürfen insbesondere nicht öffentlich oder für Arbeitskollegen zugänglich sein. Erhält eine unbefugte Person Kenntnis von einem Passwort, so ist das Passwort umgehend zu ändern.

(4) Der Download von Software sowie die Installation privater oder nicht freigegebener Software ist nicht gestattet. Generell ist Software nur über die EDV-Abteilung zu beschaffen und wird nur von dieser installiert.

(5) E-Mails unbekannter Herkunft, insbesondere mit unbekannten Dateianhängen, dürfen nicht geöffnet werden und müssen gelöscht oder der EDV-Abteilung vorgelegt werden. Ausnahmen gelten für die Abteilungen Vertrieb, Kundendienst, Personal....etc., wo aus dienstlichen Gründen auch E-Mails unbekannter Herkunft geöffnet werden dürfen. Hierbei ist besondere Sorgfalt erforderlich. In Zweifelsfällen ist die EDV-Abteilung hinzuzuziehen. Nicht geöffnet werden dürfen Dateianhänge der Formate *.bat, *.com, *.exe, *.vbs.

(6) Alle PC und Notebooks sind mit einem Virenscanner ausgestattet. Eine Änderung der durch die EDV-Abteilung eingerichteten Konfigurationen oder das Deaktivieren des Virenscanners ist untersagt.

## § 6 Technische Einrichtungen und Software

(1) Die Nutzung des Internetzugangs, Intranets, Extranets und der E-Mail-Kommunikation erfolgt derzeit u. a. auf Basis der zustimmungspflichtigen Softwareprogramme und technischen Einrichtungen in Anlage 5, deren Einsatz der Betriebsrat zustimmt. Die Musterfirma verpflichtet sich, den Betriebsrat rechtzeitig über geplante Modifikationen oder den Einsatz von Updates zu informieren. Auf Antrag sind Modifikationen oder Updates mit dem Betriebsrat zu beraten und abzustimmen.

(2) Enthält die Modifikation oder das Software-Update keine weitergehenden Kontrollmöglichkeiten, so ist die Anwendung der modifizierten Software oder technischen Einrichtung unabhängig von den Beratungen mit dem Betriebsrat möglich. Ergeben sich hingegen durch die Modifikation weitergehende Kontrollmöglichkeiten bzw. ist zwischen den Betriebspartnern streitig, ob derartige weitergehende Kontrollmöglichkeiten bestehen könnten, so ist ein Einsatz der modifizierten Technik oder Software erst nach ausdrücklicher Zustimmung des Betriebsrates zulässig.

(3) Dem Einsatz eines Spam-Filter-Systems wird zugestimmt. Dabei kann es auch hinsichtlich der Privatnutzung in der Größenordnung der Herstellerangaben gemäß Anlage 5 zu irrtümlicher Ausfilterung erwünschter E-Mails in den Spamordner (sog. „false positives") kommen. Einer regelmäßigen Kontrolle des Spamordners zur Erkennung von „false positives" wird zugestimmt.

(alternativ: Der jederzeitige Zugriff des Endnutzers auf die ausgefilterten E-Mails im Spamordner wird gewährleistet. Der Endnutzer verpflichtet sich zur regelmäßigen Kontrolle des Spamordners zur Erkennung von „false positives ").

## § 7 Regelung bei Abwesenheit

(1) Bei Abwesenheit infolge Urlaub, Krankheit, Kündigung oder Tod ist alternativ entweder durch eine automatisierte Abwesenheitsregelung in Form einer „Weiterleitung, auto-forward" oder einer „Absendernachricht, auto-reply" der Informationsfluss sicherzustellen. Dies gilt jedoch nur, sofern eine Abwesenheitsregelung aus dienstlichen Gründen überhaupt erforderlich ist.

(2) Weiterleitungsregelung: Der Mitarbeiter bestimmt selbständig, sofern aus dienstlichen Gründen dringend erforderlich, für die von ihm allein kontrollierten E-Mail-Postfächer einen Stellvertreter für den Fall seiner Abwesenheit. Der benannte Stellvertreter muss einverstanden sein und die notwendige fachliche Qualifikation für eine Vertretung des Mitarbeiters besitzen. Der Stellvertreter wird der EDV-Abteilung bekannt gegeben und dort in einer Liste geführt. Durch Aktivierung einer automatisierten Programmfunktion im E-Mail-Programm – durch den Mitarbeiter oder die EDV-Abteilung – werden die während der Abwesenheit ankommenden E-Mails an den benannten Stellvertreter weitergeleitet. Weitergeleitete E-Mails

dürfen – solange sie nicht abschießend bearbeitet wurden – vom Stellvertreter nicht gelöscht werden.

(3) Absendernachricht: Durch die in Anlage 1 als Muster vorformulierte Abwesenheitsnachricht an den jeweiligen E-Mail-Absender ist – unter Angabe der Zeitdauer – auf die Abwesenheit des Empfängers und auf den Namen des Stellvertreters hinzuweisen.

(4) Unterbleibt die Benennung eines Stellvertreters oder kann der Benannte seine Vertretungsfunktion nicht ausüben, obwohl aus dienstlichen Gründen dringend erforderlich, so erfolgt eine Ersatzlösung in Abstimmung mit dem abwesenden Mitarbeiter. Ist eine Ersatzlösung nicht erzielbar, so übernimmt hilfsweise der unmittelbare Vorgesetzte (alternativ: der zuständige Betriebsrat) des Mitarbeiters die Stellvertretung bis zur Rückkehr, sofern anders Schaden vom Unternehmen nicht abgewendet werden kann.

(5) Scheidet der Mitarbeiter aus dem Unternehmen aus, so wird sein Postfach geschlossen mit der Folge, dass weiterhin ankommende Mails zurückgehen. Dabei werden die Absender über einen Zeitraum von drei Monaten automatisiert über das Ausscheiden benachrichtigt. Alternativ kann – insbesondere wenn aus dienstlichen Gründen erforderlich oder zur Vermeidung der Spamproblematik – mit dem Einverständnis des Mitarbeiters ein Stellvertreter benannt werden, der die Verteilung der weiterhin für den Mitarbeiter eingehenden E-Mails vornimmt: Geschäftliche E-Mails an den Nachfolger, private an den ausgeschiedenen Mitarbeiter. Ein Jahr nach dem Ausscheiden wird das Postfach des Mitarbeiters geschlossen und private E-Mails, die nicht weitergeleitet werden konnten, gelöscht.

## § 8 Protokollierung von E-Mail- und Internetaktivitäten

(1) Auf den Servern und insbesondere der Firewall werden die Verbindungsdaten der E-Mail und Internet-Nutzung mit Angaben von Datum, Uhrzeit, Adressen von Absender und Empfänger und übertragener Datenmenge protokolliert. Dabei wird insbesondere auch das Gesamtvolumen des ein- und ausgehenden Datenverkehrs erfasst. Dies ist aus Datensicherheitsgründen und für eine Störungsbeseitigung notwendig. Aus diesen Protokollen gehen die Aktivitäten der Benutzer hervor. Eine Unterscheidung von dienstlicher und privater Nutzung bei der technischen Aufzeichnung und Protokollierung erfolgt nicht. Vielmehr erstreckt sich die Protokollierung und Kontrolle nach dieser Betriebsvereinbarung auch auf den Bereich der privaten Nutzung.

(2) Die Protokolle nach Absatz 1 werden ausschließlich zu Zwecken der Analyse und Korrektur technischer Fehler, Gewährleistung der Systemsicherheit, Optimierung des Netzes, statistischen Feststellung des Gesamtnutzungsvolumens, bei Gefahr im Verzug, Störungen, Angriffen auf das Netz und Verdacht auf eine Straftat sowie für Stichprobenkontrollen und Auswertungen gemäß dieser Betriebsvereinbarung (Missbrauchskontrolle) verwendet.

(3) Die bei der Nutzung der E-Mail- und Internetdienste anfallenden personenbezogenen Daten dürfen nicht zur Leistungs- und Verhaltenskontrolle verwendet werden. Sie unterliegen der Zweckbindung dieser Vereinbarung und den einschlägigen datenschutzrechtlichen Vorschriften.

Die bei der Nutzung der E-Mail- und Internetdienste anfallenden Daten werden automatisiert nach einer Frist von 12 Monaten gelöscht.

## § 9 Missbrauchskontrolle

(1) Protokolle und Datenvolumen werden durch einen gesondert beauftragten, technisch ausgebildeten Mitarbeiter in monatlichen Abständen, stichprobenartig und ohne Personenbezug ausgewertet. Der Betriebsrat sowie der betriebliche Datenschutzbeauftragte werden auf Wunsch an den Stichprobenkontrollen beteiligt. Die Auswertung der anonymen Kontrollergebnisse ist auf den beauftragten Mitarbeiter sowie den beteiligten Betriebsrat und Datenschutzbeauftragten begrenzt.

(2) Der beauftragte Mitarbeiter sowie der beteiligte Betriebsrat und Datenschutzbeauftragte sind durch eine schriftliche, unterschriebene Erklärung auf die Einhaltung der Datenschutzbestimmungen zu verpflichten und auf die strafrechtlichen, arbeitsrechtlichen und zivilrechtlichen Konsequenzen bei Verstößen hinzuweisen. Sie werden in besonderem Maße auf ihre Verantwortung und das Datengeheimnis gemäß § 5 BDSG verpflichtet. Das Datengeheimnis besteht auch nach Beendigung ihrer Tätigkeit fort.

(3) Die Musterfirma schafft die technischen Voraussetzungen für ein gestuftes Kontrollverfahren, insbesondere durch Installation von technischen Reporting- oder Monitoring-Funktionen, die eine anonyme Auswertung ebenso wie die Repersonalisierung der Daten ermöglichen. Es ist technisch sicherzustellen, dass bei der anonymen Stichprobenkontrolle keine personenbezogenen Daten eingesehen oder erhoben werden können.

(4) Ergibt sich aufgrund der Stichprobenkontrolle, aufgrund einer Meldung oder anderer Verdachtsmomente ein konkreter Verdacht auf eine missbräuchliche, unerlaubte oder strafbare E-Mail- oder Internet-Nutzung, erfolgt unter zwingender Beteiligung des Betriebsrates und des betrieblichen Datenschutzbeauftragten eine personenbezogene Überprüfung des Vorgangs durch den beauftragten Mitarbeiter. Eine personenbezogene Überprüfung erfolgt nur bei einem gewichtigen Missbrauchsverdacht, Bagatellfälle rechtfertigen die Überprüfung nicht.

(5) Bestätigt die Überprüfung den Verdacht, so wird ein gemeinsamer Bericht durch die Beteiligten erstellt und der betroffene Mitarbeiter angehört. Die Anhörung erfolgt im Wege einer neutralen Konfrontation mit dem Vorgang, ohne Vorwurfserhebung oder Androhung von Sanktionen. Für weitere Maßnahmen gelten die einschlägigen Regelungen des Straf-, Disziplinar-, Arbeits- und Tarifrechts.

(6) Wird der Verdacht durch die Überprüfung nicht bestätigt, so sind die für die Überprüfung erhobenen Daten und Aufzeichnungen unverzüglich zu löschen. Die nicht bestätigte Überprüfung darf keinerlei weitere Folgemaßnahmen – insbesondere keine gezielten Stichproben bezüglich der ermittelten IP-Adresse – nach sich ziehen. Können gravierende Verdachtsmomente dem betroffenen Mitarbeiter nicht nachgewiesen werden, so können die Strafverfolgungsbehörden für weitere Ermittlungen eingeschaltet werden.

(7) Bei Gefahr im Verzug sind weitere gefahrbringende oder strafbare Handlungen – eventuell unter Einschaltung der Strafverfolgungsbehörden – unmittelbar zu unterbinden, insbesondere die erforderlichen technischen Abwehrmaßnahmen ohne Verzögerung zu ergreifen, auch wenn hierbei personenbezogene Daten erhoben oder eingesehen werden müssen. Der Betriebsrat und der betriebliche Datenschutzbeauftragte sind sobald wie möglich über die Vorgänge zu informieren.

### § 10 Konsequenzen bei Nichteinhaltung

(1) Bei Zuwiderhandlung gegen diese Betriebsvereinbarung oder unsachgemäßer Nutzung können die E-Mail- und/oder Internet-Zugänge zur Wahrung der notwendigen Sicherheit deaktiviert werden.

(2) Bei gravierenden Verstößen gegen diese Betriebsvereinbarung muss der Arbeitnehmer mit arbeitsrechtlichen Konsequenzen bis hin zur Kündigung des Arbeitsverhältnisses sowie Schadensersatzansprüchen rechnen.

(3) Erhebt die Musterfirma personenbezogene Daten unter Verstoß gegen die Vorgaben dieser Betriebsvereinbarung, so unterfallen die Daten einem Beweisverwertungsverbot mit der Folge, dass sie für arbeitsrechtliche Sanktionen nicht verwendet werden können.

### § 11 Schlussbestimmungen

(1) Geplante Änderungen oder Erweiterungen der elektronischen Kommunikationssysteme werden dem Betriebsrat sowie dem betrieblichen Datenschutzbeauftragten rechtzeitig mitgeteilt, soweit sie sich auf die Regelungen dieser Vereinbarung auswirken.

(2) Notwendige Änderungen oder Erweiterungen dieser Betriebsvereinbarung können im Einvernehmen in einer ergänzenden Regelung vorgenommen werden.

(3) Die Betriebsvereinbarung kann mit einer Frist von drei Monaten zum Monatsende, frühestens jedoch nach Ablauf von 2 Jahren nach der Unterzeichnung gekündigt werden. Im Falle einer Kündigung bleibt sie bis zum Abschluss einer neuen Vereinbarung gültig.

(4) Zur Evaluierung dieser Betriebsvereinbarung ist nach Ablauf von zwei Jahren ein Erfahrungsbericht vorzulegen.

(5) Die Betriebsvereinbarung tritt mit ihrer Unterzeichnung in Kraft.

Stuttgart, den __________

____________________ ____________________

Geschäftsführer Betriebsrat

**Anlage 1: Automatische Abwesenheitsnachricht**

Sehr geehrte Damen und Herren,

ich bin heute / vom xx.xx. bis xx.xx.20xx nicht in der Musterfirma zu erreichen. Bitte wenden Sie sich in dringenden Fällen direkt an meinen Stellvertreter – Herr/Frau Vorname Nachname (vorname.nachname@Musterfirma.de – Tel: ....).

Ihre E-Mail wird nicht automatisch weitergeleitet.

Vielen Dank für Ihr Verständnis.

Mit freundlichen Grüßen

Vorname Nachname

Musterfirma Abteilung/Bereich
Straße Nr. , PLZ Ort
Tel: ...
mobil: ...
Fax:...
vorname.nachname@Musterfirma.de
www.Musterfirma.de

**Anlage 2: Einheitlicher E-Mail-Abspann**

Mit freundlichen Grüßen

Vorname Nachname

Musterfirma Abteilung/Bereich
Straße Nr. , PLZ Ort
Tel: ...
mobil: ...
Fax:...
vorname.nachname@Musterfirma.de
www.Musterfirma.de

## Anlage 3: Antrag zur privaten E-Mail- und Internet-Nutzung

Name:____________ Vorname: ____________

Abteilung: ___________________________

Ich habe die Betriebsvereinbarung zwischen der Musterfirma und dem Betriebsrat über die Internet- und E-Mail-Nutzung am Arbeitsplatz zur Kenntnis genommen und verstanden. Insbesondere bin ich darüber informiert worden, dass entsprechend der Protokollierung, Missbrauchs- und Abwesenheitsregelung der Betriebsvereinbarung auch eine Einsicht in private E-Mails und die private Internetnutzung möglich ist und dass auf den Servern und der Firewall Protokolle über die private E-Mail- und Internet-Nutzung aufgezeichnet werden. Ich bin mit dieser Regelung einverstanden und beantrage die private Nutzung von E-Mail und Internet.

Eine Abschrift der Betriebsvereinbarung wurde mir zusammen mit einer Kopie dieses Antrages ausgehändigt.

Musterfirma, Stuttgart, den __________

Unterschrift ____________________

## Anlage 4: Sicherheitsanweisungen der Musterfirma

## Anlage 5: Die in der Musterfirma verwendete Software, technische Einrichtungen etc.

### Anmerkungen zur Muster-Betriebsvereinbarung

#### Zu § 3 Nutzungsrichtlinien

*Unzulässige Nutzungsarten*

Auch wenn es sich für den gesitteten Nutzer um Selbstverständlichkeiten handelt, sollten die ***unerwünschten und strafbaren Nutzungsarten*** vollständig aufgezählt werden, weil andernfalls bei Missbräuchen eingewendet wird, man habe die Unzulässigkeit der Nutzung nicht wissen können. Sind die unzulässigen Auswüchse klar aufgelistet, können solche Ausflüchte nicht mehr verfangen. Auch haftungsrechtlich kann der Arbeitgeber durch klare Nutzungsverbote vorbauen.

#### Zu § 4 private Nutzung

*Festlegung des Umfangs*

Sofern die private Nutzung zugelassen wird, muss ihr ***Umfang*** eindeutig festgelegt werden. Andernfalls sind auch hier Überschreitungen nicht sanktionsfähig, da der Verursacher sich stets auf Unkenntnis berufen könnte. Schon im Eigeninteresse, aber auch im Rahmen von Organisationspflichten sind die Grenzen der Privatnutzung klar zu ziehen. Jedenfalls ausschließen sollte man ***kostenpflichtige*** Nutzungsformen, weil der Arbeitgeber ansonsten mit nachfolgenden Zahlungsansprüchen überzogen werden könnte. Die ***kommerzielle*** Nutzung sollte ebenfalls verboten sein, da ansonsten eine ausufernde Nutzung, z. B. als Powerseller bei eBay zu befürchten ist. Hier werden inzwischen in vielen Unternehmen Kleingewerbe vom Arbeitsplatz aus betrieben.

#### Zu § 6 technische Einrichtungen und Software

*Spamfilter*

In vielen Unternehmen werden mittlerweile Spamfilter eingesetzt. Datenschutzrechtlich besteht hier das Problem der ***False-Positives***, also der Fehlleitung von eigentlich erwünschten E-Mails, die irrtümlich in den Spamordner aussortiert werden. Die Datenschutzprobleme können durch die Auswahl eines Filters mit einer vernachlässigbar niedrigen False-Positive-Quote vermieden werden, jedoch sollte es eine moderne Betriebsvereinbarung nicht versäumen, zur Absicherung des rechtlichen ***Restrisikos*** eine Zustimmung der Arbeitnehmerseite festzuschreiben. Gerade bei einer vernachlässigbar geringen False-Positive-Quote dürfte diese in der Regel durch den Betriebsrat problemlos gewährt werden (vgl. zu den rechtlichen Aspekten des Spamfilters im Einzelnen unten, Kapitel 7.2).

*Spamordner*

Sofern der Betriebsrat einer regelmäßigen Kontrolle des ***Spamordners*** durch den Arbeitgeber nicht zustimmt, z. B. weil sich dort aufgrund einer hohen False-Positive-Quote eine Vielzahl fehlgeleiteter Privatmails befinden, so kann auch ***organisatorische Abhilfe*** geschaffen werden. Hierzu wird der jederzeitige Zugriff des Endnutzers (Arbeitnehmers) auf die ausgefilterten E-Mails im Spamordner gewährleistet, indem im E-Mailsystem des Arbeitnehmers neben der herkömmlichen Mailbox zusätzlich ein Spamordner eingerichtet wird, der vom Arbeitnehmer regelmäßig durchzusehen ist. Die ***Nachteile*** dieser Verfahrensweise liegen jedoch auf der Hand. Weder wird der nutzlose Traffic unterbunden, da jede Spam-Mail bis zum Endempfänger weitergeleitet werden muss, noch wird effektiv Zeit eingespart, da der Endempfänger nach wie vor den Spamordner auf Fehlleitungen hin durchsuchen muss.

### *Zu § 7 Regelung bei Abwesenheit*

*Zwei Lösungsvarianten*

Besondere Schwierigkeiten bereitet die Abwesenheitsproblematik, die mangels Arbeitnehmerdatenschutzgesetz gesetzlich ungeregelt ist. Hier gibt es bei unverhoffter längerer Abwesenheit von Arbeitnehmern insbesondere ***zwei Varianten***: Zum einen die ***„autoforward“***-Lösung, also eine Weiterleitungsregelung, zum anderen die ***„autoreply“***-Lösung, also eine automatisierte Benachrichtigung des Absenders der einkommenden E-Mail.

*Spamproblematik*

Im ***Spam-Zeitalter*** ist die automatisierte Benachrichtigung z. B. während der Urlaubsabwesenheit kritisch zu sehen, da durch die automatisierten Nachrichten auch die Spammer über eine aktive E-Mailadresse informiert werden und in der Folge die fragliche Adresse verstärkt ins Visier nehmen. Wer aber die Spamnachteile im Griff hat, etwa weil die E-Mailadresse überhaupt nicht zugespamt wird, der findet in der Variante „Abwesenheitsnachricht“ die datenschutzrechtlich ***beste Lösung***. Sofern der Absender einer E-Mail lediglich über den Stellvertreter informiert wird, können sich keine Datenschutzprobleme ergeben, da eine Einsichtnahme in die Mails des abwesenden Mitarbeiters überflüssig ist.

*Weiterleitung*

Datenschutzrechtlich schwieriger zu handhaben ist die ***Weiterleitungslösung***, die in vielen Unternehmen praktiziert wird, um Zäsuren durch die Abwesenheit gegenüber dem Kunden zu vermeiden. Hierfür ist es erforderlich, den abwesenden Mitarbeiter zur ständigen Bestellung eines vertrauenswürdigen ***Stellvertreters*** anzuhalten.

*Stellvertreter*

Ein Stellvertreter wird aber nicht bei jedem Mitarbeiter erforderlich sein, sondern nur bei einer verantwortlichen Stellung, die eine längere unbearbeitete Abwesenheit nicht verträgt. Die Lösung ist also nur zulässig, wenn die erfolgende Beeinträchtigung das mildeste denkbare Mittel und damit verhältnismäßig ist. Solch ***betriebswichtige Mitarbeiter*** haben zumeist ohnehin bereits in der Vergangenheit einen Stellvertreter bestellt, mit dem sie z. B. ihre Urlaubsabwesenheit abstimmen. Denn auch außerhalb der E-Mailboxen muss die Arbeit solcher Mitarbeiter bei Abwesenheit fortgeführt werden. Es bietet sich daher an, diesen bewährten und vertrauenswürdigen Stellvertreter auch für die befristete Einsichtnahme in die während der Abwesenheit auflaufenden E-Mails einzuschalten. Aufgrund der präventiv erfolgenden, ständigen Bestellung steht auch bei überraschender Abwesenheit, z. B. wegen Krankheit, jeweils bereits ein Stellvertreter zur Verfügung.

*Unterlassene Bestellung*

Sofern eine Stellvertreterbestellung durch den Mitarbeiter entgegen der Empfehlung ***unterblieben*** ist, muss diese möglichst im Einvernehmen mit dem abwesenden Mitarbeiter nachgeholt werden. Ein Zwang darf dabei nicht ausgeübt werden. Allerdings kann der Mitarbeiter darauf hingewiesen werden, dass seine Stellung eine Stellvertretung dringend erfordert. Nur wenn der Mitarbeiter nicht angesprochen werden kann, z. B. bei einem schweren Verkehrsunfall, übernimmt hilfsweise der unmittelbare Vorgesetzt oder eine allgemeine Vertrauensperson (Betriebsrat oder Datenschutzbeauftragter) die Stellvertretung bis zur Rückkehr. Diese Ersatzlösung hat sich der Mitarbeiter dann selbst zuzuschreiben, da er es in der Hand hatte, eine Person seines Vertrauens zu bestellen. Ein solcher Eingriff in das Persönlichkeitsrecht ist allerdings nur verhältnismäßig, wenn er erforderlich ist, um einen größeren Schaden vom Unternehmen abzuhalten. Da jede andere mildere Lösung vorzugswürdig ist, wird für die Weiterleitung nur in ***Ausnahme- und Notfallsituationen*** Raum sein.

### Zu § 9 Missbrauchskontrolle

*Mildestes Mittel*

Sowohl die Abwesenheitsregelung wie auch die Rechte bei der Missbrauchskontrolle stellen in gewissem Umfange eine ***Modifikation*** des Fernmeldegeheimnisses bzw. der Datenschutzrechte des Arbeitnehmers dar, je nach dem, ob die Privatnutzung erlaubt ist oder nicht. Diese Modifikationen müssen sich insbesondere unter Geltung des Fernmeldegeheimnisses im Sinne der ***Verhältnismäßigkeit*** auf das mildeste Mittel beschränken. Ein

Eingriff in den ***Kernbereich*** des grundgesetzlich geschützten Fernmeldegeheimnisses wäre unzulässig und muss vermieden werden. Andernfalls ist eine Betriebsvereinbarung rechtswidrig und hat vor den Arbeitsgerichten keinen Bestand. Es ist deshalb notwendig, sofern überhaupt eine Kontrolle erwünscht ist, die Missbrauchskontrolle in einem ***gestuften Verfahren*** durchzuführen. Eine anlassunabhängige, fortlaufende Kontrolle mit Personenbezug ist sicherlich nicht möglich, vielmehr ist in einer ersten Stufe nur ***anonymisiert und stichprobenartig*** zu kontrollieren.

*Technische Funktionalitäten*

Die Stichprobenkontrolle setzt technische Funktionalitäten voraus, die beispielsweise von den modernen URL-Filter-Systemen in Form von ***Reporting- und Monitoring-Funktionen*** zur Verfügung gestellt werden. Die nachfolgenden Screenshots zeigen Beispiele für anonyme Auswertungsmöglichkeiten:

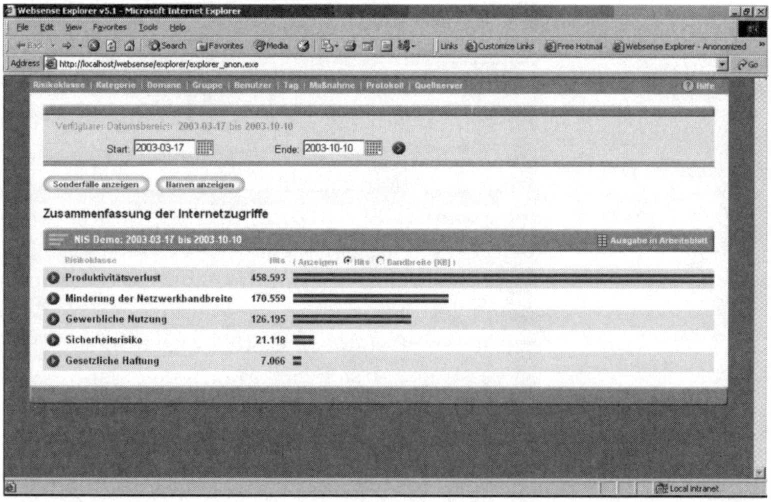


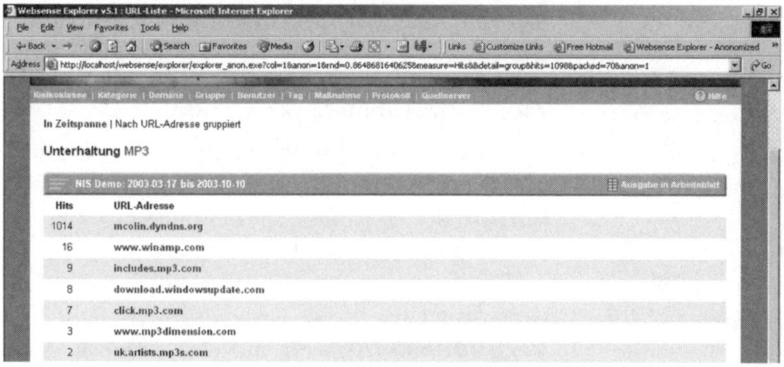

Eine moderne Betriebsvereinbarung kann ohne diese Tools nicht umgesetzt werden, da die Protokolldaten bei der Erhebung mit der IP-Adresse verknüpft, also personenbezogen sind. Wer hierauf ohne Zwischenschaltung einer Auswertungssoftware zugreift, der macht ein großes Fass auf, dass er zwangsläufig nur unter Verstoß gegen Persönlichkeitsrechte überprüfen kann.

*Personenbezogene Kontrolle*

Erst wenn die anonyme Stichprobenkontrolle, die datenschutzrechtlich neutral abläuft, weil sie keinen Personenbezug aufweist, ***gravierende Missbräuche*** aufdeckt, wird unter Hinzuziehung von Betriebsrat und Datenschutzbeauftragtem eine personenbezogene Kontrolle durchgeführt. Sofern keine ***Bagatellfälle***, sondern schwerwiegende Missbräuche bis hin zu Straftaten vorliegen, ist auch eine personenbezogene Kontrolle verhältnismäßig und damit datenschutzkonform.

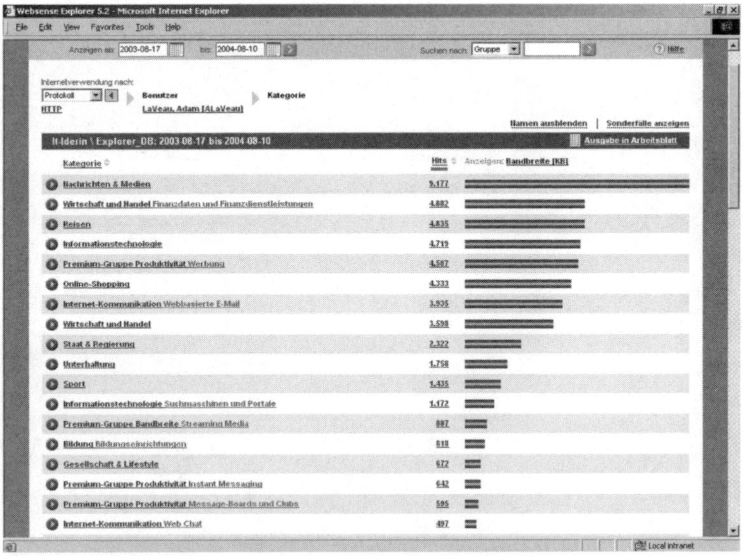


*Lenkungswirkung*

Das hiernach ablaufende Kontrollprozedere ist in der Betriebsvereinbarung ***transparent*** gemacht, also den Mitarbeitern bekannt, sodass eine entsprechende ***Lenkungswirkung*** erzeugt wird.

### *Zu § 11 Schlussbestimmungen*

*Evaluierung*

Abgesehen von den üblichen Klauseln ist hier vor allem auf Absatz 4 hinzuweisen, der eine ***Evaluierung*** in regelmäßigen Zeitintervallen vorsieht. Neben ihren zahlreichen weiteren Funktionen, dient die Betriebsvereinbarung u. a. auch der Schaffung eines hohen Datenschutz- und Datensicherheitsniveaus. Die neuen Medien sind technisch ständig im Fluss, sodass auch die Betriebsvereinbarung als lebendiger Bestandteil des IT-Sicherheitskonzepts ***fortlaufend modernisiert*** werden sollte. Die Erfahrungswerte aus der praktischen Anwendung der Betriebsvereinbarung sind wichtige Parameter für die IT-Sicherheit im Unternehmen.

# 7 Spam-Problematik

*Problemlage*

Kommerzielle Versender von unerwünschten Werbe-E-Mails (Spammer) verfügen über Datenbanken mit Millionen von E-Mail-Adressen. Die Adressen werden durch das programmgesteuerte Absuchen von Webseiten, Newsgroups oder Adressbüchern mit sog. „***Scrawlern***“ gesammelt. Vor allem die im Internet veröffentlichten Adressen werden stark zugespammt. Daneben existiert ein boomender Handel mit E-Mailadressen, die in großen Mengen auf CDs verkauft werden. Aber auch die (entgeltliche) Weitergabe legal durch Abonnements von Newslettern und Online-Bestellungen gesammelter Adressen durch unseriöse Anbieter spielt eine große Rolle. Man sollte sich deshalb gut überlegen, bei wem man im Internet seine Adresse freiwillig einträgt. Auch das Versenden der Spam-Mails geschieht automatisiert. Da der Versand nur ***vernachlässigbare Kosten*** verursacht, ist es belanglos, dass viele Adressen ungültig oder ungenutzt sind.

Der Spam-Anteil steigt immer weiter an.

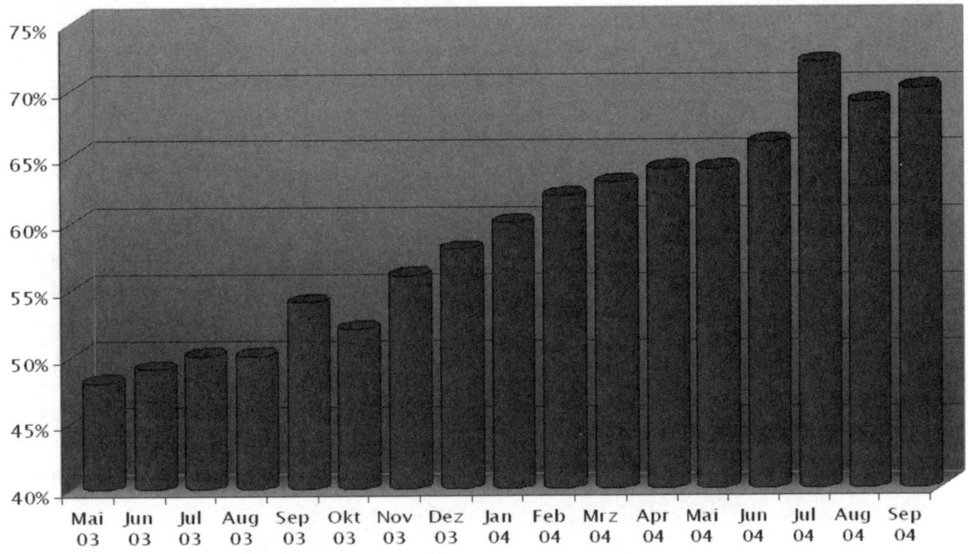


Zahlen von Brightmail und Messagelabs – zusammengestellt von Gerhard Langer, AMPEG GmbH Bremen

*Fragestellung*

Die tägliche Flut unerwünschter Spam-Mails wird immer größer. Das Spam-Aufkommen ***steigt exponential*** an. Was kann juristisch dagegen unternommen werden? Ist das Spammen gesetzlich ***verboten***? Neben den rechtlichen Mitteln sind immer mehr ***Spam-Filter*** erforderlich, deren rechtssicherer Einsatz in der Praxis von großer Bedeutung ist. Welche Anforderungen stellen Haftung und Datenschutz an die Filtersysteme? Was geschieht, wenn der Spamfilter versehentlich erwünschte Mails, sog. „***false positives***" (FP) ausfiltert?

## 7.1 Rechtliche Zulässigkeit des Spammings

Zunächst muss das Phänomen des Spammens rechtlich eingeordnet werden.

### 7.1.1 Deutsche Rechtslage

*Strafbarkeit*

Nach deutschem Recht existiert kein strafrechtliches Verbot für das Spamming (Zumüllen), so dass ***keine Strafanzeige*** erstattet werden kann und eine Hinzuziehung der Ermittlungsbehörden zur Absenderermittlung ausscheidet. In einigen ***US-Bundesstaaten*** wurde das Spamming neuerdings unter Strafe gestellt. Eine Strafanzeige in den USA wird jedoch nur in besonders gravierenden Fällen in Frage kommen. Die Straflosigkeit des Spamming selbst bedeutet aber nicht, dass durch Spam-Mails keine Straftaten begangen werden können, sofern ihr Inhalt strafbar ist. In Frage kommt v.a. die Verbreitung von Pornographie gemäß § 184 StGB oder Betrug durch Dialer.

*Wettbewerbswidrigkeit*

Allerdings ist die fehlende Strafbarkeit nur die eine Seite der rechtlichen Medaille. Daneben muss immer auch die zivilrechtliche Seite betrachtet werden, wonach gemäß einer weitgehend einheitlichen Rechtsprechung unverlangte Werbung sowohl per Fax und Telefon wie auch per E- Mail grundsätzlich unzulässig, weil ***wettbewerbswidrig*** ist (vgl. etwa Kammergericht, Beschluss vom 08.01.2002, Az.: 5 U 6727/00; LG Berlin, Urteil vom 07.01.00, NJW-RR 2000, 1229 ff.; LG Berlin, Urteil vom 16.05.02, NJW 2002, Seite 2569 ff.). Demnach sind Werbemaßnahmen lediglich per Briefpost und durch persönliche Kontaktaufnahme, etwa auf der Strasse, zulässig.

*Ausnahmen*

Ausnahmen lässt die Rechtsprechung nur zu, soweit der Empfänger mit der Werbesendung einverstanden ist. Das ***Einverständnis*** kann der Empfänger *ausdrücklich* erteilen oder es wird aufgrund bestimmter Umstände vermutet. Häufigster Fall ist das Bestehen einer ***ständigen Geschäftsbeziehung*** zwischen den Beteiligten. Hier dürfen Werbemails aus dem selben Geschäftsbereich versendet werden, da ein Interesse des Empfängers unterstellt werden kann. Sobald der Empfänger keine weitere Werbung mehr wünscht, muss er aus dem Verteiler wieder herausgenommen werden. Das Einverständnis des Empfängers gilt als Rechtfertigungsgrund für die an sich unerlaubten Werbemails. Den Versender trifft daher die ***Darlegungs- und Beweislast***, dass eine ständige Geschäftsbeziehung oder ein ausdrückliches Einverständnis vorliegt (Kammergericht, Beschluss vom 08.01.2002, Az.: 5 U 6727/00).

Darüber hinaus soll das Spammen ausnahmsweise zulässig sein, wenn nichtkommerzielle Werbe-Mails für ***karitative Zwecke*** verschickt werden.

### 7.1.2 EU-Rechtslage

*Opt-Out-Modell*

Nach Art. 10 Abs. 2 der Fernabsatzrichtlinie (FARL) der EU (97/7/EG vom 20.05.1997; ABl. EG Nr. L 144/19 vom 4.6.1997) galt bisher das sogenannte Opt-Out-Modell. Danach war das Spammen grundsätzlich erlaubt, sofern ein Verteiler mit jederzeitiger ***Ausstiegsoption*** vorhanden war. In der Spam-Mail muss ein für den Empfänger deutlicher Link gesetzt sein, dessen Anklicken zu einer Abbestellung der Mailversendung führt. Diese Vorgehensweise informiert jedoch den Spammer darüber, dass die verwendete Empfangsadresse lebendig, also noch in Benutzung ist. Ein Umstand der besonders wichtig ist, weil viele Empfänger im Laufe ihrer Internetnutzung E-Mail-Adressen eingerichtet haben, die sie inzwischen nicht mehr nutzen. Spammer aber benötigen aktive E-Mail-Adressen, weshalb diese auf dem grauen Markt wesentlich mehr wert sind. Die Abbestell-Mail informiert also über eine noch aktive Adresse und provoziert so eine Vielzahl weiterer Spam-Mails, weil der Spammer sich weder um die Abbestellung noch um die Rechtswidrigkeit des Spammens kümmern wird. Damit erweist sich das Opt-Out-Model als nicht praktikabel und ***kontraproduktiv***.

Strittig war, ob die Opt-Out-Lösung in nationales Recht zu transformieren ist. Der Bundestag sah hier keinen Handlungsbedarf (BT-Drucksache 25/00, S. 69), da dem Wortlaut des Art. 10 Abs. 2 FARL („Die Mitgliedstaaten tragen dafür Sorge...") ein Vorbehalt zu Gunsten abweichender mitgliedsstaatlicher Regelungen oder Rechtsprechung unterstellt wurde. Die strengere deutsche Rechtsprechung hatte also Vorrang. Dies hatte bisher eine ***divergierende Rechtslage*** zur Folge, je nach dem, ob der Spammer aus Deutschland oder aus einem EU-Land ohne abweichende nationale Regelung kam. Nach dem Herkunftslandprinzip des Art.3 Abs. 2 ECRL (E-Commerce-Richtlinie 2000/31/EG vom 08.06.2000; ABl. EG Nr. L 178 vom 17.07.2000), umgesetzt durch § 2 Abs. 6 und § 4 Abs. 1 und 2 TDG, unterliegen Diensteanbieter mit Sitz in einem EU-Land nur den Anforderungen ihres eigenen Rechts, auch wenn ihre Handlungen sich in anderen Ländern auswirken. Es besteht also stets die Möglichkeit eines ***einheitlichen Euromarketings*** (vgl. unten, Kapitel 8.3.3). Daraus ergab sich bisher ein Wettbewerbsnachteil für deutsche Unternehmen. Unternehmen mit Sitz im EU-Ausland durften auch nach Deutschland spammen, sofern wegen fehlender nationaler Regelung die FARL anzuwenden war. Unternehmen mit Sitz in Deutschland dagegen dürfen weder in Deutschland noch in das EU-Ausland Spam-Mails versenden.

*Opt-In-Regelung*

Inzwischen wurde dieser unbefriedigende Zustand durch eine Neuregelung der EU beendet. Art. 13 der EU-Datenschutzrichtlinie für elektronische Kommunikation (2002/58/EG vom 12. Juli 2002; ABl. Nr. L 201/37 vom 31.7.2002) enthält die sogenannte Opt-In-Regelung, wonach unerwünschte Werbe-E-Mails, -Faxe und -Anrufe nur nach ***vorheriger Einwilligung*** des Betroffenen zulässig sind. Damit entspricht die neue EU-Rechtslage nun der oben dargestellten deutschen Rechtsprechung, die das unverlangte Direktmarketing per Mail, Fax und Telefon auch bisher schon als wettbewerbswidrig ablehnt. Die Umsetzung von Art. 13 der EU-Datenschutzrichtlinie erfolgte durch die Novellierung des Gesetzes gegen den unlauteren Wettbewerb (UWG) vom 03.07.2004 (BGBl I, S. 1414). Gemäß § 7 Abs. 2 Nr. 3 UWG ist entsprechend der Opt-In-Regelung der EU-Datenschutzrichtlinie nun auch nach deutschem Recht die Werbung mit elektronischer Post ohne Einwilligung des Adressaten wettbewerbswidrig.

### 7.1.3 Juristische Abwehrmöglichkeiten

*Zivilrechtliche Mittel*

Wie gesehen, kann im Rahmen der juristischen Vorgehensweise gegen das Spammen ***keine Strafanzeige*** erstattet werden, wenn man von einigen US-Bundesstaaten absieht. Demnach ist lediglich die zivilrechtliche Vorgehensweise der ***Abmahnung*** und Aufforderung zur Abgabe einer strafbewehrten Unterlassungserklärung möglich. Sofern der Spammer die Unterlassungserklärung nicht unterzeichnet, kann ein schneller Rechtsschutz im Wege der ***einstweiligen Verfügung*** erlangt und parallel Unterlassungsklage erhoben werden.

### 7.1.4 Wer kann gegen Spammer vorgehen?

*Empfänger*

Zunächst kann sich jeder Empfänger gegen Spam-Mails wehren. Für ***Privatpersonen*** stellen Spams eine Belästigung und damit eine Beeinträchtigung des allgemeinen Persönlichkeitsrechts dar. Sind die Spams an ***Unternehmen*** gerichtet, liegt ein Eingriff in den eingerichteten und ausgeübten Gewerbebetrieb vor. In all diesen Fällen besteht ein Unterlassungsanspruch gemäß §§ 823 Abs.1, 1004 BGB.

*Konkurrenten*

Aber nicht nur der unmittelbare Empfänger sondern auch der Konkurrent, der selbst keine Spams erhalten hat, kann sich, da es sich um ein gemäß §§ 1,3 UWG wettbewerbswidriges Verhalten handelt, gegen das Spamming des Konkurrenten wehren. Durch unlautere Spamwerbung kann der Konkurrent ***Umsatzeinbußen*** erleiden, die er nicht hinnehmen muss. Unabhängig davon, ob er die Spams selbst erhalten hat, kann er gegen das Spamming der Konkurrenz vorgehen. Voraussetzung ist lediglich, dass ein Konkurrenz- bzw. ***Wettbewerbsverhältnis*** vorliegt, der Spammer also in der gleichen Branche wie der Konkurrent tätig ist. Der Begriff des Wettbewerbsverhältnisses ist weit auszulegen, so dass auch verwandte Branchen oder Berührungspunkte genügen.

Während der belästigte Empfänger nur Unterlassung der Werbe-Mails „***an sich selbst***" *v*erlangen darf, kann der betroffene Konkurrent auf Unterlassung gegenüber ***allen*** Empfängern der Spam-Aktion klagen, also das Spammen des Konkurrenten flächendeckend verhindern.

### 7.1.5 Schadensersatz

*Belästigter Empfänger*

Neben dem Anspruch auf künftiges Unterlassen der unerwünschten Werbesendungen kommt auch ein Schadensersatzanspruch in Betracht. Allerdings wird der belästigte Empfänger, da er jeweils nur aufgrund einzelner Mails von einzelnen Empfängern vorgehen kann, einen Schaden nur im ***Bagatellbereich*** erleiden, der im Zweifel nicht beziffert werden kann. Selbst wenn eine Bezifferung möglich ist, ist der Aufwand für die Beseitigung einzelner Mails vernachlässigbar gering, sodass eine Klage nicht lohnt.

*Konkurrenten*

Anders bei einem betroffenen Konkurrenten, der seine erlittenen ***Umsatzeinbußen*** als Schadensersatzanspruch geltend machen kann, da der Spammer einen unlauteren Werbevorteil erlangt hat. Sofern dem Konkurrenten der Beweis dieser Umsatzeinbußen gelingt, kann das Abschöpfen des erlangten Vorteils ganz erhebliche Schadenshöhen erreichen.

### 7.1.6 Gegen wen macht ein Vorgehen Sinn?

*Räumlich*

Theoretisch kann gegen jeden Spammer vorgegangen werden. Allerdings steht möglicherweise der Aufwand außer Verhältnis zum erzielbaren Erfolg. Deshalb wird ein Vorgehen gegen Spammer außerhalb der EU von vorneherein ausscheiden. ***Innerhalb der EU*** sollte man sich auf die ausgewiesenen Industrienationen beschränken, da andernorts keine ausreichenden Rechtspflegestandards herrschen, sodass umständliche und langwierige Verfahren drohen.

*Personenkreis*

Vorgegangen werden kann nicht nur gegen den ***Versender*** der Werbe-E-Mails, sondern – da das Verhalten wettbewerbswidrig ist – auch gegen den ***Beworbenen***. Also gegen den Nutznießer der Spams, für den geworben wird, da dieser als Mitstörer anzusehen ist. Oftmals wird der Beworbene gleichzeitig auch der Absender sein. Dies ist aber nicht zwingend, vor allem weil inzwischen zahlreiche Firmen spezielle Spam-Dienstleistungen anbieten.

*Massen-E-Mails*

Die juristischen Mittel bleiben jedoch ein stumpfes Schwert, wenn – wie in den meisten Fällen – der Spammer seine ***Herkunft verschleiert***. Den Kern des Spam-Problems bilden die Massen-E-Mails, die zu 100.000en die Mailboxen überfluten. Hier ist in den allermeisten Fällen der Absender gefälscht oder verdeckt. Sofern der Empfänger überhaupt die Möglichkeit hat, ist die Ermittlung des Absenders technisch schwierig. Wer den Aufwand dennoch nicht scheut, ermittelt oftmals einen Spammer, der im unerreichbaren Ausland auf einer fernen Insel angesiedelt ist, die keine oder unzureichende Rechtspflegestrukturen aufweist. Überdies bekommt der belästigte Empfänger von einer ***Vielzahl*** von Personen unerwünschte Werbung, sodass er auch eine Vielzahl von Personen verklagen müsste, um spürbare Linderung zu erreichen. Ein Vorgehen auf breiter Front aber ist aus Zeit- und Kostengründen für den Einzelnen von vorneherein fast unmöglich. Ein juristisches Vorgehen gegen das Phänomen der unerwünschten Massen-E-Mails kann deshalb sinnvoller Weise nur von Wettbewerbsvereinen oder Verbraucherschutzzentralen organisiert werden. Der einzelne Empfänger ist juristisch machtlos.

*Newsletter*

Ganz anders stellt sich die Situation dar, wenn es sich nicht um anonymisierte Massen-E-Mails, sondern um gezielte Werbemaßnahmen in Form von Newslettern handelt. Sofern sich hierbei der Spammer nicht verschleiert und seinen Sitz in Deutschland hat, kann er jederzeit ohne großen Aufwand erfolgreich abgemahnt werden. Solche Abmahnungen führen fast durchweg zu einem dauerhaften Unterlassen der Werbung.

*Fazit*

Gegen die offenen, unverschleierten Werbe-E-Mails kann erfolgreich mit juristischen Mitteln vorgegangen werden. Sie bilden allerdings nur einen kleinen Prozentsatz des eigentlichen Spam-Problems. Dem Löwenanteil der verdeckten Massen-E-Mails ist juristisch kaum beizukommen.

### 7.1.7 Kostentragung

Die juristische Vorgehensweise verursacht Kosten bei Rechtsanwalt und Gericht, die zunächst der ***Empfänger*** als Auftraggeber bezahlen muss. Es besteht zwar eine Ersatzpflicht des Spammers, die aber nicht realisiert werden kann, wenn der Spammer unbekannt im Ausland oder nicht zahlungsfähig ist. Der klagende Empfänger droht also immer auf den Kosten sitzen zu bleiben.

Der von den Gerichten dabei angenommene ***Streitwert*** bewegt sich zwischen einigen Hundert und 15.000 EUR (so Kammergericht Berlin, Beschluss vom 08. Januar 2002, 5 U 6727/00). Ein Streitwert von 15.000 DM für ein Verfügungsverfahren kann angemessen sein, sofern die Kommunikation per E-Mail für den Empfänger unerwünschter Werbe-E-Mails erkennbar von besonderer geschäftlicher oder beruflicher Bedeutung ist (Kammergericht Berlin, Beschluss vom 23.09.2002, 5 W 106/02).

## 7.2 Rechtsaspekte des Spam-Filters

*Problemlage*

Spam-Mails gibt es schon seit Beginn des Internetzeitalters und stets waren sie lästig. Inzwischen aber ist die Schmerzgrenze bei weitem überschritten, die Flut von Massen-E-Mails droht den E-Mail-Dienst insgesamt zu überfluten und lahm zu legen. Der Einsatz von ***Spam-Filtern ist unausweichlich***, nicht zuletzt auch deshalb, weil wie gesehen die juristischen Gegenmaßnahmen beschränkt sind. Er wirft eine Reihe von ***rechtlichen Fragen*** auf. Was geschieht etwa, wenn erwünschte Mails versehentlich ausgefiltert, gelöscht oder im Spam-Ordner abgelegt und vom Empfänger nicht zur Kenntnis genommen werden – sog. „***false positives***“ bzw. „Falsch-Positive“. Der rechtssichere Umgang mit Spam-Filtern soll deshalb nachfolgend erläutert werden.

Fraglich ist, welche rechtlichen Folgewirkungen die Installation eines Filtersystems nach sich zieht. Dabei soll nach der Intensität des Filtervorgangs unterschieden werden, je nachdem ob das Filtersystem lediglich eine Markierung der Spam-Mails vornimmt, die Spams in einen gesonderten Ordner aussortiert oder aber eine Löschung erfolgt.

### 7.2.1 Reine Markierung

Das Markieren der Mail, sodass die betroffene E-Mail einen Spam-Status erhält, ist rechtlich ***unbedenklich***, so lange mit dem Markierungsvorgang keine Kenntnisnahme von Verbindungsadressen oder Inhalten verbunden ist.

### 7.2.2 Mailunterdrückung durch Aussortieren und Löschen

*Strafbarkeit*

Beim Aussortieren in einen gesonderten Spam-Ordner können zwei Varianten unterschieden werden, je nachdem ob der Endnutzer Zugriff auf den Spam-Ordner hat oder nicht. Dies erlangt vor allem Bedeutung, wenn das Filtersystem durch den Arbeitgeber betrieben wird. Unter Geltung des Fernmeldegeheimnisses, dass wie gesehen bei der erlaubten Privatnutzung Anwendung findet, ist auch die ***Mailunterdrückung*** gemäß § 206 Abs.2 Nr.2 StGB ***strafbar***. Die Norm stellt das „Unterdrücken einer Sendung“ unter Strafe und erfasst damit nach einhelliger Meinung in der Literatur – im Gegensatz zu § 206 Abs.2 Nr.1 StGB, wo dies strittig ist (vgl. unten, Kapitel 7.2.3) – auch ***unkörperliche*** Gegenstände. Damit sind nicht allein Postsendungen, sondern jede Form der dem Fernmeldegeheimnis unterliegenden Telekommunikation (Telegramme, Faxe, Mails etc.) eingeschlossen.

*Vorsätzliches Handeln*

§ 206 StGB verlangt ein vorsätzliches Handeln, hierfür genügt aber auch ***bedingter Vorsatz***, also ein bewusstes Inkaufnehmen. Wenn nun das Spam-Filtersystem von vorneherein eine nicht vernachlässigbare Rate an fehlgeleiteten Mails ausweist (***false-positives***" = FP, also Mails, die erwünscht sind, aber irrtümlich in den Spam-Ordner aussortiert werden), dann nimmt der Betreiber die Mailunterdrückung in Kauf. Dies gilt umso mehr, je höher die Rate der FP ist. Eine Rate im Promillebereich jedenfalls genügt, um zu wissen, dass über kurz oder lang FP generiert werden. Damit nimmt der Betreiber des Spam-Filters die Mailunterdrückung ***billigend in Kauf***. Dies gilt nur dann nicht, wenn die Rate der FP so verschwindend gering ist, dass sie dem allgemeinen Transportrisiko der E-Mail-Kommunikation entspricht. Dann kann von einer bewussten Mailunterdrückung nicht gesprochen werden, sondern es realisiert sich lediglich ein ***systemimmanentes Risiko***.

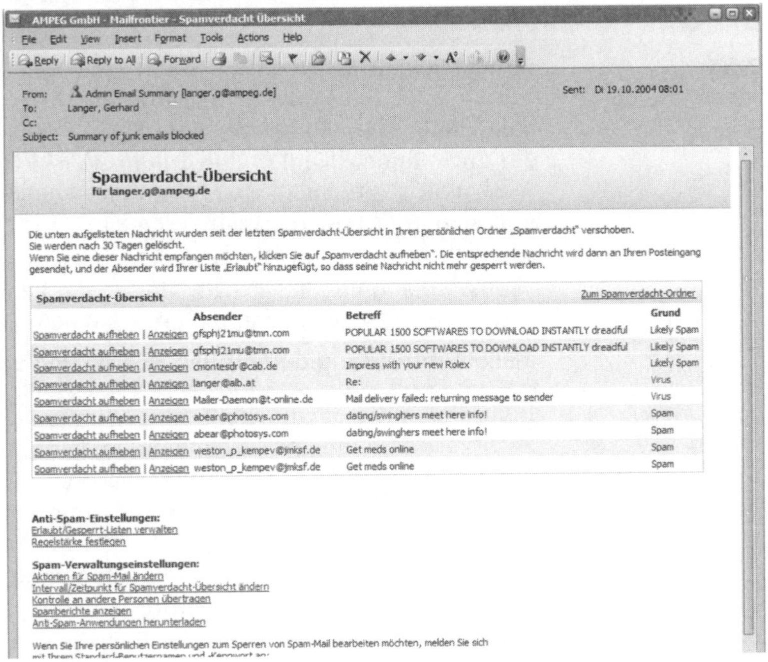


Daily Report

*Organisatorische Abhilfe*

Abhilfe kann auch organisatorisch geschaffen werden, indem der Endnutzer (Arbeitnehmer) auf seinen Spam-Ordner, in den seine Spams, aber auch seine FP aussortiert werden, weiterhin zugreifen kann. Etwa durch eine Benachrichtigungsfunktion über die eingegangenen Spams und FP – sogenannter ***Daily-Report*** – oder die Einrichtung eines individuellen Spamordners auf Client-Basis. Dann kann von einer Mailunterdrückung keine Rede sein, weil dem Arbeitnehmer ausnahmslos alle seine Mails – auch Spams und FP – zugeleitet werden. Er kann so selbstständig entscheiden, ob er den Spam-Ordner durchsieht, um die FP zu entdecken oder ob er dies unterlässt. Jedenfalls besitzt er die ***jederzeitige Zugriffsoption***.

*Löschung*

Die größte Eingriffsintensität ist gegeben, sofern der Spam-Filter die Spam-Mails nach dem Aussortieren sofort oder nach einiger Zeit löscht. Auch das unbefugte Löschen ist eine gemäß § 206 Abs.2 Nr.2 StGB ***strafbare Mailunterdrückung***. Denn durch das Löschen wird eine möglicherweise private E-Mail erst recht dem Zugriff des Mitarbeiters entzogen, worin ein Verstoß gegen das Fernmeldegeheimnis liegt. Gleiches gilt, wenn die Spam-Mails nicht gelöscht, sondern durch einen Provider aussortiert und aufbewahrt werden.

*Betriebsvereinbarung*

Abhilfe schafft insbesondere auch eine Vereinbarung in Arbeitsvertrag oder Betriebsvereinbarung, durch die der betroffene Arbeitnehmer oder Endnutzer dem Spam-Filter zustimmt. Aufgrund der Einwilligung handelt der Arbeitgeber nicht mehr unbefugt im Sinne von § 206 StGB. Der Spam-Filter eröffnet Überwachungsoptionen für den Arbeitgeber gemäß § 87 Abs.1 Nr. 1 und 6 BetrVG, sodass sein Einsatz dem Zustimmungsrecht des ***Betriebsrates*** unterfällt. Da für den Spam-Filter also ohnehin die Mitwirkung des Betriebsrates erforderlich ist, empfiehlt sich die Gestaltung einer Vereinbarung, die einen zweckmäßigen Einsatz gewährleistet (vgl. hierzu im Einzelnen oben, Kapitel 6.10.4).

## 7.2.3 Einsichtnahme in den Spamordner

*Unzulässigkeit*

Problematisch sind auch ***Inhaltskontrollen*** des Spam-Ordners. Abgesehen von der funktionalen Nutzlosigkeit, weil die Notwendigkeit der Kontrolle des Spam-Ordners den Zeitvorteil des Spam-Filters wieder zunichte macht, kann eine Text- oder Bildanalyse ebenfalls das Fernmeldegeheimnis verletzten. Die Einsichtnahme in den Spamordner kann als das „Öffnen einer verschlossenen Sendung" gemäß § 206 Abs.2 Nr.1 StGB ***strafbar*** sein, je nachdem, ob man eine E-Mail als eine ***verschlossene Sendung*** in diesem Sinne ansieht oder nicht. Die Frage ist strittig. Es gilt hier für den Spamordner, in dem sich private Post in Form von FP befindet, nichts anderes, als für die herkömmliche Mailbox. Auf die Ausführungen hierzu kann deshalb verwiesen werden (vgl. oben, Kapitel 6.3 und 6.7). Bei der rein dienstlichen Nutzung ist wie gesehen das Fernmeldegeheimnis nicht anwendbar. Es gilt jedoch das Bundesdatenschutzgesetz, sodass eine Einsichtnahme in Inhalte auch im Zuge des Spam-Filterns unter den beschriebenen ***datenschutzrechtlichen Beschränkungen*** steht (vgl. oben, Kapitel 6.6).

*Abhilfe*

Sollte der Filter eine nur ***vernachlässigbare Quote*** an FP produzieren, ist weder Fernmeldegeheimnis noch Datenschutz maßgeblich, denn das Einsehen der bloßen Werbemails ist ohne jeden Belang für den Persönlichkeitsschutz. Zumindest der Arbeitnehmer kann ein Recht auf seine Spams nicht proklamieren. Etwas anderes mag gegenüber dem klassischen E-Mail-Provider gelten.

## 7.2.4 Verantwortlichkeit des Administrators

*Strafbarkeit*

Im Unternehmen wird regelmäßig ein bestimmter Mitarbeiter (z. B. der Netzwerkadministrator) mit der Installation und dem Betrieb des Spam-Filters betraut. Er wird dabei als verlängerter Arm des Unternehmens tätig, da er regelmäßig auf Anweisung eines Vorgesetzten oder der Unternehmensleitung handelt. Dies hilft ihm allerdings nicht, da der Täterkreis des § 206 StGB auch die Beschäftigten des TK-Unternehmens erfasst, so dass sich grundsätzlich auch der Administrator etwa wegen ***Mailunterdrückung*** gemäß § 206 Abs. 2 Nr.2 StGB ***strafbar*** machen kann. Ihm ist deshalb zu raten, rechtswidrige Weisungen nicht auszuführen, was angesichts der Arbeitsmarktsituation schwierig genug sein dürfte. Einen allgemeinen ***Rechtfertigungsgrund*** wie Notwehr nach

§ 32 StGB oder rechtfertigender Notstand nach § 34 StGB kann er jedenfalls nicht beanspruchen, da diese nach überwiegender Meinung keinen Bezug zum Fernmeldegeheimnis aufweisen. Auch wenn er trotz Widerspruch zur Installation des Spam-Filters angewiesen wird, hilft ihm das nicht weiter. Es bleibt ihm nur die Weigerung, um eigene Strafbarkeit zu vermeiden.

Erlangt der Administrator im Zuge des Spamfilterns von Missbräuchen durch Mitarbeiter Kenntnis und informiert er seinen Vorgesetzten hierüber, kommt eine Strafbarkeit gemäß § 206 Abs. 1 StGB wegen ***unbefugter Mitteilung*** in Betracht. Dies gilt im übrigen auch für den Arbeitgeber, der kriminelle Mitarbeiter-Vorgänge den Strafverfolgungsbehörden meldet. Für die Strafbarkeit kommt es entscheidend darauf an, ob diese Mitteilungen unbefugt erfolgen, was jedenfalls bei einer vorliegenden Einwilligung ausgeschlossen ist. Hier ist dem Arbeitgeber deshalb anzuraten, eine Einwilligung im Arbeitsvertrag bzw. einer Betriebs-/Dienstvereinbarung herbeizuführen.

*Inhaltskontrollen*

Bei ***Einsichtnahme*** in den Spamordner kann sich der Administrator hinsichtlich der FP wegen „Öffnen einer verschlossenen Sendung“ gemäß § 206 Abs.2 Nr.1 StGB strafbar machen. In all diesen Fällen gilt nichts anderes als bei der normalen Mailbox, weswegen auf die dortigen Ausführungen (vgl. oben, Kapitel 6.3 und 6.7) verwiesen werden kann.

Handelt der Administrator oder ein sonstiger Mitarbeiter beim Einsatz eines Spam-Filters ***eigenmächtig*** – etwa weil er die Spamflut leid ist – so macht er sich erst recht nach den genannten Tatbeständen strafbar. Der Mitarbeiter ist darüber hinaus für eintretende Schäden gegenüber seinem Arbeitgeber verantwortlich.

Abhilfe schafft auch für den Administrator eine ***Einwilligung*** des Betroffenen im Arbeitsvertrag oder in der Betriebs-/Dienstvereinbarung, die seine Tätigkeit regelt und damit legitimiert.

### 7.2.5 Zugang der „false positives“

Das Filtern der dienstlichen Mails wirft jedoch auch außerhalb von Fernmeldegeheimnis und Datenschutz rechtliche Fragen auf. Insbesondere in Form der FP. Hier stellt sich zunächst die Frage, ob versehentlich im Spam-Ordner befindliche Mails dem Empfänger genauso rechtswirksam zugehen, wie die Mails in der Mailbox.

*Zugang einer E-Mail*

Der Inhalt einer E-Mail wird gemäß § 130 Abs.1, Satz 1 BGB in dem Zeitpunkt wirksam, indem die E-Mail dem Empfänger zugeht. Der Zugang der E-Mail ist erfolgt, wenn sie in den ***Machtbereich*** des Empfängers gelangt, so dass dieser von ihr Kenntnis nehmen kann (BGH NJW 1980, 990; BGHZ 67, 271, 275). Es stellt sich also die Frage, wann in diesem Sinne die E-Mail in den Machtbereich des Empfängers gelangt und damit zugegangen ist. Hierzu werden zwei verschiedene maßgebliche Meinungen vertreten. Einerseits wird angenommen, die notwendige Verfügungsgewalt des Empfängers liege bereits dann vor, wenn die E-Mail im Empfängerbriefkasten des ***Providers*** eingegangen ist. Nach anderer Ansicht, muss die E-Mail auf dem Rechner des ***Empfängers*** gespeichert sein, um ihm zuzugehen. Der Provider kann nicht dem Machtbereich des E-Mail-Empfängers zugeordnet werden, da der Empfänger regelmäßig ***keinen Einfluss*** auf den Provider ausüben kann. Der Provider kann gegenüber dem Empfänger Zurückbehaltungsrechte geltend machen und die Zugänglichkeit der gespeicherten E-Mails sperren oder er kann in Insolvenz geraten und die auf dem Server abgespeicherten E-Mails sind nicht mehr erreichbar. Gleiches ergibt sich aus einer analogen Betrachtung der ***Rechtsprechung*** zum Zugang von postalischen Schriftstücken. Nach BGH erfolgt durch die Niederlegung eines Schreibens bei der Post, auch wenn der Empfänger eine Benachrichtigung im Briefkasten erhält, noch kein Zugang (BGHZ 67, 275). Der Zugang erfolgt vielmehr erst durch den Einwurf des Schreibens in den Briefkasten des Empfängers. Ebenso muss im virtuellen Bereich der Eingang der E-Mail auf dem PC oder im Netzwerk des ***Empfängers maßgeblich*** sein.

*Zugang im Spam-Ordner*

Der Meinungsstreit kann aber bei einer Spam-Filterung durch den Empfänger dahinstehen, da auch die E-Mails im Spam-Ordner in das EDV-System des Empfängers und damit in dessen Verfügungsgewalt gelangen. Damit sind alle Erklärungsinhalte in der E-Mail dem Empfänger ***rechtswirksam zugegangen***, auch wenn sie durch einen Spam-Filter aussortiert und in den Spam-Ordner verschoben wurden. Dies muss auch bereits aus Gründen des Vertrauensschutzes so sein, weil der Absender auf die ordnungsgemäße Zustellung der Mails vertraut und mit einem Ausfiltern nicht rechnen muss.

### 7.2.6 Kaufmännisches Bestätigungsschreiben

*Voraussetzungen*

Auswirkungen hat dies z. B. für den Bereich des kaufmännischen Bestätigungsschreibens im Rechtsverkehr zwischen ***Kaufleuten***. Schließen Geschäftspartner – etwa bei Verhandlungen auf einer Messe – einen Vertrag ab und fasst einer der Vertragspartner den maßgeblichen Inhalt des Geschäfts nochmals in einem sogenannten ***kaufmännischen Bestätigungsschreiben*** zusammen, dann kommt der Vertrag mit dem Inhalt des Bestätigungsschreibens zustande, sofern diesem nicht widersprochen wird. ***Schweigen*** auf das Bestätigungsschreiben gilt also als Zustimmung (vgl. hierzu auch oben, Kapitel 1.1.1.2). Die Schriftform kann gemäß § 126 a BGB durch den Einsatz einer digitalen Signatur erfüllt werden. Inzwischen kommt aber auch eine Handelssitte in Betracht, die Bestätigungsschreiben ***per E-Mail*** zu versenden.

*Problemlage*

Gelangt ein solches Bestätigungsschreiben versehentlich in den Spam-Ordner und wird vom Empfänger nicht zur Kenntnis genommen, so gilt sein Schweigen als Zustimmung und der Vertrag kommt mit dem Inhalt des Bestätigungsschreibens zustande. Sofern es den geschlossenen Vertrag unzutreffend wiedergibt, können erhebliche ***Schäden*** eintreten.

*Abhilfe*

Auch hier wird deutlich, dass es für die Rechtssicherheit des Spam-Filters maßgeblich auf eine vernachlässigbar ***geringe FP-Quote*** ankommt. Andernfalls liegt eine Dilemmasituation vor, weil die notwenige Einsichtnahme womöglich gegen Fernmeldegeheimnis oder Datenschutz verstößt. Abhilfe schafft in jedem Fall auch eine ***Vereinbarung*** in Arbeitsvertrag oder Betriebs-/Dienstvereinbarung, welche die Einsichtnahme legalisiert.

## 7.3 Haftungsfragen

Sofern wie üblicherweise die E-Mail vom Absender über einen E-Mail-Provider an ein Unternehmen mit verschiedenen Mitarbeitern weitergeleitet wird, betrifft das Spamfiltern eine Vielzahl von Rechtsbeziehungen.

### 7.3.1 Filterpflicht des E-Mail-Providers

*Keine Filterpflicht*

Der Empfänger einer stark ansteigenden Zahl von Spam-Mails fragt sich zunächst, ob er nicht einfach seinen E-Mail-Provider verpflichten kann, ihm künftig keine Spam-Mails mehr zu senden. Gemäß § 9 Abs. 1 TDG ist ein Diensteanbieter jedoch für fremde Informationen, die er in einem Kommunikationsnetz übermittelt, nicht verantwortlich, solange er eine reine Transportdienstleistung erbringt, ohne die Übermittlung zu veranlassen, den Adressaten auszuwählen oder die übermittelten Inhalte zu beeinflussen. Demnach trifft den E-Mail-Provider ***keine gesetzliche Pflicht***, einen Spam-Filter zu installieren. Etwas anderes gilt nach § 9 Abs.1, Satz 2 TDG nur dann, wenn der E-Mail-Provider mit den Versendern der Spams zusammenarbeitet. Als solchermaßen Beteiligter ist er nicht nur zum Filtern der Spams, sondern zur Unterlassung verpflichtet. Ein kollusives Zusammenwirken wird aber in den seltensten Fällen gegeben sein.

Dies bedeutet, dass der belästigte Empfänger beim Spam-Filtern regelmäßig ***auf sich alleine gestellt*** ist.

### 7.3.2 Filtern durch den Provider

*Strafbarkeit*

Im Verhältnis zwischen dem Provider und dem Kunden des Providers (Unternehmen oder Privatperson) sollte sich der Provider aus dem Spamfiltern heraushalten. Es sei denn, er filtert auf Basis einer ***vertraglichen Absprache*** mit dem Kunden. In dieser muss der Kunde deutlich darauf hingewiesen werden, wie hoch die Rate der FP und damit das Risiko einer irrtümlichen Aussortierung von erwünschten Mails in den Spam-Ordner ist. Spamfiltern ohne Zustimmung des Kunden wäre hinsichtlich der FP eine ***strafbare Mailunterdrückung*** gemäß § 206 Abs.2 Nr. 2 StGB. Durch die

Zustimmung wird ein Verstoß des Providers gegen das Fernmeldegeheimnis vermieden, weil er nicht mehr unbefugt handelt. Davon kann ausgegangen werden, auch wenn der Absender nicht eingewilligt hat. Denn es ist Sache des Kunden, welche Mails er empfängt. Er könnte seinen Account ja auch ganz schließen.

*Erwünschte Spams*

Keine Rechtsverletzung wiederum auch dann, wenn der Spam-Filter nur vernachlässigbar ***wenig FP*** produziert. Eine Verletzung der Kundenrechte wegen der unerwünschten Werbung ist wohl nicht anzunehmen, wenn es sich eindeutig um Spams handelt. Was aber sind Spams und was ist ***erwünscht***? Die Antwort wird mitunter nicht eindeutig beantwortet werden können. In Grenzbereichen kann sie auch von der individuellen Bedürfnisstruktur oder Einschätzung des Empfängers abhängen. Diese Unwägbarkeiten oder das Risiko einer zu hohen FP-Quote sollte der Provider nicht ohne Not auf sich nehmen. Es gilt nichts anderes als im Verhältnis zwischen Arbeitgeber und Arbeitnehmer, sodass zumindest ***legalisierende Vereinbarungen*** vorhanden sein müssen.

*Vereinbarung mit dem Kunden*

Jedoch ist auch auf Basis einer vertraglichen Absprache mit seinem Kunden das Spamfiltern für den Provider nicht risikolos, da er mit Schadensersatzansprüchen des Absenders rechnen muss. Zwar ist denkbar, dass der Provider sich durch eine ***Freistellungsklausel*** im vertraglichen Verhältnis zum Empfänger schützt, in der sich der Empfänger verpflichtet, den Provider von Schadensersatzansprüchen Dritter freizuhalten. Trotzdem verbleibt dem Provider das Risiko, mit einem Prozess überzogen zu werden. Dies gilt erst Recht im Verhältnis zu den Mitarbeitern des Kunden, die Strafanzeige stellen oder Schadensersatz wegen Unterdrückung privater Mails fordern könnten. Zwar erfordert § 206 StGB ein vorsätzliches Handeln, auf Grund der Üblichkeit, muss aber ein E-Mail-Provider damit rechnen, das im Traffic eines gewerblichen Unternehmens auch private Mails der Mitarbeiter transportiert werden.

### 7.3.3 Filtern durch den Empfänger

Sofern der Kunde aufgeklärt wurde und gleichwohl einem Filtervorgang zustimmt, beauftragt er den Provider, so dass die Verantwortlichkeit auf den Kunden übergeht. Es macht für den Kunden keinen Unterschied, ob der Provider in seinem Auftrag oder ob er selbst den Spamfilter einsetzt. Da die Provider wie gesehen, zum

Spamfiltern nicht verpflichtet sind, wird in der Regel nicht der Provider, sondern der Kunde den Spam-Filter installieren.

*Risikoverteilung*

Für die Haftung des Kunden (Empfängers) kommt es auf Risikoverteilung und ***Vertrauensschutz*** an. Der Absender muss nicht damit rechnen, dass die von ihm versendete E-Mail durch einen technisch unzureichenden Filtervorgang oder eine hohe FP-Quote in den Spam-Ordner gelangt und vom Empfänger nicht zur Kenntnis genommen wird. Wie gesehen kann ein Zugang der E-Mail beim Empfänger nicht angenommen werden, wenn der Provider filtert. Das versehentliche Aussortieren durch den Spam-Filter geschieht aber mit Zustimmung und damit auf ***Risiko des Empfängers***, gleich ob er selbst oder der Provider filtert. Da auch ohne Einsatz des Spam-Filters der E-Mail-Verkehr nicht 100%ig sicher ist, muss der Absender sich das ***Transportrisiko*** zurechnen lassen. Nach der rechtlich üblichen Risikoverteilung, trägt der Absender das Transportrisiko, während der Empfänger das ***Organisationsrisiko*** durch den Filtervorgang trägt. Denn der Empfänger hat es zu verantworten, wenn eine Erklärung, über die er bereits Verfügungsgewalt hatte, wieder verloren geht.

*Vernachlässigbares Restrisiko*

Dies gilt wiederum nur dann nicht, wenn die Rate der FP so ***verschwindend gering*** ist, dass sie in dem allgemeinen Transportrisiko der E-Mail-Kommunikation aufgeht. Hier können die technischen Verhältnisse als Maßstab dienen. FP-Quoten im Bereich von 1:100.000 werden inzwischen von den Herstellern angeboten. Dies wird man jedenfalls als vernachlässigbar ansehen müssen. Dann kann von einer bewussten Mailunterdrückung oder Zustimmung im Hinblick auf die FP nicht gesprochen werden, sondern es realisiert sich ein dem E-Mail-Dienst ganz allgemein anhaftendes, ***systemimmanentes Restrisiko***.

### 7.3.4 Filterpflicht des Empfängers

*Organisationspflichten*

Spams transportieren in großem Umfange auch kritische Inhalte, etwa in Form von harter Pornografie, Dialern oder illegaler Medikamentenwerbung. Eine ausdrückliche gesetzliche Pflicht zum Einsatz von Spam-Filtern besteht zwar nicht, gerade den Arbeitgeber treffen aber weitreichende Organisationspflichten. Werden beispielsweise ***minderjährige*** Azubis beschäftigt, so ist der Arbeitgeber für die Einhaltung des Jugendschutzes verantwortlich. Zu nennen ist hier auch das Gesetz zum Schutz der Beschäftigten vor sexueller Belästigung am Arbeitsplatz (***Beschäftigten-***

***schutzgesetz***, BeschSG) vom 24.06.1994 (BGBl I, S. 140), das dem Arbeitgeber vorbeugende Organisatinspflichten zum Schutz insbesondere von weiblichen Mitarbeiterinnen auferlegt.

Eine permanente Konfrontation mit illegalen Inhalten bei der E-Mail- und Internet-Nutzung ist durch geeignete Gegenmaßnahmen zu unterbinden. Es besteht ein Bündel an Organisationspflichten, wozu auch der Einsatz von Content- und Spamfiltern zu rechnen ist. Wird gegen sie verstoßen, sind Haftungskonstellationen möglich (vgl. hierzu im Einzelnen oben, Haftungsprävention 4.10.2).

## 7.4 Fazit

Die Situation vor allem für den Arbeitgeber und Administrator ist wenig befriedigend. Eine rechtssichere Handhabung des Spamfilters ist nur gesichert, wenn die ***FP-Quote*** vernachlässigbar gering ist oder eine legalisierende ***Vereinbarung*** mit den Arbeitnehmern getroffen wurde. Die den Interessen des Arbeitgebers zuwiderlaufende Rechtslage wird auch durch die Novellierung des TKG nicht korrigiert. Eine sinnvolle Regelung könnte etwa in einem „***Arbeitnehmerdatenschutzgesetz***“ getroffen werden.

# 8 Anwendbares Recht und Gerichtszuständigkeit

Das Internet ist ein ***internationales Medium***, weshalb sich bei Rechtsstreitigkeiten sehr schnell die Frage stellt, welche Rechtsordnung anwendbar und welches Gericht für die Beurteilung der Rechtsstreitigkeit zuständig ist.

## 8.1 Problemstellung

*Zivilrecht*

Bietet z. B. ein amerikanisches Unternehmen Waren im Internet an, die von einem deutschen Verbraucher bestellt werden, und kommt es zum Streit, weil die Ware mangelhaft ist, so stellt sich die Frage, ob hier deutsches oder US-amerikanisches Recht zur Anwendung kommt und ob hierfür ein deutsches oder ein amerikanisches Gericht zuständig ist. Neben ***vertraglichen Angelegenheiten*** kennt das Zivilrecht aber auch Konstellationen, in denen die Beteiligten ohne einen Vertrag zu schließen aneinander geraten, etwa beim Spamming. Hier spricht man von ***unerlaubten Handlungen*** oder Delikten. Die Beantwortung der zivilrechtlichen Kollisionsfragen beurteilt sich nach dem internationalen Privatrecht (IPR), das für Deutschland im EGBGB geregelt ist. Das zuständige Zivilgericht wird nach der EuGVVO bestimmt.

*Strafrecht*

Nicht nur im Zivilrecht, sondern vor allem auch im ***Strafrecht*** entstehen bei Auslandsberührung schwierige Kollisionsfragen. Speist etwa ein englischer Rechtsradikaler in England volksverhetzende Inhalte ins Netz ein und sind die Inhalte wie regelmäßig auch in Deutschland abrufbar, so stellt sich die Frage, ob er nach deutschem Strafrecht belangt werden kann, das in § 130 StGB die Volksverhetzung unter Strafe stellt.

*Begrifflichkeit*

Bei der Feststellung des anwendbaren Rechts sowie der Gerichtszuständigkeit soll in der Folge also zwischen unerlaubten Handlungen, Verträgen und Straftaten unterschieden werden. Wobei viele unerlaubte Handlungen des Zivilrechts – wie etwa die Beleidigung – gleichzeitig auch strafbar sind. Dann muss unterschieden werden, ob man die zivil- oder die strafrechtliche Seite einer Angelegenheit beurteilen will.

*Prüfreihenfolge*

Bei der Bestimmung des anzuwendenden Rechts und des zuständigen Gerichts ist zunächst das ***zuständige Gericht*** nach der EuGVVO zu bestimmen. Hieraus ergibt sich das anzuwendende ***nationale IPR***, das wiederum bestimmt, welche ***Rechtsordnung*** zur Anwendung kommt, also entweder die eigene nationale des zuständigen Gerichts oder aber eine ausländische Rechtsordnung.

## 8.2 Gerichtsstand im Zivilrecht

*Zuständiges Gericht*

Bei Angelegenheiten mit Auslandsberührung, wie sie im Internet regelmäßig vorkommen, stellt sich zunächst die Frage nach der sogenannten „***internationalen Zuständigkeit***“, also der Frage, ob die deutschen oder die Gerichte eines ausländischen Staates zuständig sind.

*Gesetzliche Bestimmungen*

Für die Mitgliedstaaten der EU (mit Ausnahme Dänemarks) ist am 01.03.2002 die ***EuGVVO*** in Kraft getreten. Dabei handelt es sich um die Verordnung (EG) Nr. 44/2001 vom 22.12.2000 des Rates über die gerichtliche Zuständigkeit und die Anerkennung und Vollstreckung von Entscheidungen in Zivil- und Handelssachen (ABl. EG Nr. L 12 vom 16.01.2001, S. 1). Die EuGVVO ersetzt in ihrem Anwendungsbereich das ***EuGVÜ***, also das Brüsseler Übereinkommen über die gerichtliche Zuständigkeit und die Vollstreckung gerichtlicher Entscheidungen in Zivil- und Handelssachen vom 29.09.1968, das im Zusammenspiel mit dem parallelen Lugano-Übereinkommen mit den EFTA-Staaten die Frage der internationalen Zuständigkeit im Verhältnis der Europäischen Staaten bisher geregelt hat.

### 8.2.1 Wohnsitz und Niederlassung

*Anwendbarkeit EuGVVO*

Die Zuständigkeitsordnung der EuGVVO kommt immer dann zur Anwendung, wenn der Beklagte in ihrem ***geographischen Geltungsbereich*** seinen Wohnsitz, seinen Sitz oder eine Niederlassung hat. Nach herrschender Meinung setzt die EuGVVO und damit die Frage nach der internationalen Zuständigkeit auch einen internationalen Sachverhalt voraus, also Rechtsstreitigkeiten mit ***Auslandsberührung***.

*Wohnsitzgericht zuständig*

Zur Beantwortung der Frage, welches Gericht für Rechtsstreitigkeiten mit Auslandsberührung zuständig ist, gilt gemäß Art. 2 Abs. 1 EuGVVO zunächst der Grundsatz, dass Personen, die ihren ***Wohnsitz*** in einem Mitgliedsstaat der EU haben, ohne Rücksicht auf ihre Staatsangehörigkeit vor den Gerichten dieses Mitgliedsstaates zu verklagen sind. Unternehmen mit weiteren Niederlassungen können gemäß Artikel 5 Nr. 5 EuGVVO auch am Ort dieser (ausländischen) ***Niederlassungen*** verklagt werden.

Dieser Grundsatz wird jedoch in der Folge durch die weiteren Artikel der EuGVVO ***modifiziert***. Die nachfolgenden Konstellationen der EuGVVO behandeln insbesondere die Zuständigkeit von Gerichten außerhalb des Wohnsitzstaates einer Person.

### 8.2.2 Vertragliche Ansprüche

*Gericht am Erfüllungsort*

Bei vertraglichen Ansprüchen ist gemäß Artikel 5 Nr. 1 a EuGVVO das Gericht desjenigen Ortes zuständig, an dem die vertragliche Verpflichtung zu erfüllen ist, sogenannter Gerichtsstand des ***Erfüllungsortes***. Wo dieser Erfüllungsort liegt, kann nach den jeweiligen Rechtsordnungen unterschiedlich sein und muss deshalb bestimmt werden.

*Bestimmung Erfüllungsort*

Der Erfüllungsort bestimmt sich nach derjenigen Rechtsordnung, die nach dem ***IPR des Gerichtsstaates*** anzuwenden ist. Oder anders ausgedrückt: Das vom Kläger ***angegangene Gericht*** hat zunächst nach den Kollisionsnormen seines IPR das für die Bestimmung des Erfüllungsortes anzuwendende Recht zu ermitteln und sodann den Erfüllungsort nach diesem Recht zu bestimmen (Tessili-Entscheidung des EuGH vom 06.10.1976, NJW 1977, 491; EuGH NJW 1995, 183, 184; BGH NJW 1999, 2442). Aufgrund des Erfüllungsortes bestimmt sich sonach das zuständige Gericht.

*Ausnahmen, autonome Bestimmung*

Von diesen Rechtsprechungsgrundsätzen gibt es jedoch nun gemäß Artikel 5 Nr. 1 b EuGVVO wichtige Ausnahmen, allerdings nur für den Verkauf von Waren und die Erbringung von Dienstleistungen. Nach der Vorschrift ist für ***Kauf- und Dienstleistungsverträge*** der Erfüllungsort nicht nach dem IPR des Gerichtsstaates zu bestimmen, sondern nach rein ***faktischen Kri-***

***terien***. Maßgebend ist der Ort, an den die Waren vertragsgemäß zu liefern sind bzw. der Ort, an dem die Dienstleistungen vertragsgemäß zu erbringen sind (sogenannte autonome Bestimmung des Erfüllungsortes). Sofern also z. B. ein französischer Anbieter über das Internet Waren in Deutschland an ein deutsches Unternehmen verkauft, so kann dieses das französische Unternehmen vor dem deutschen Gericht seines Wohnsitzes verklagen.

Liegt der solchermaßen ermittelte Erfüllungsort allerdings außerhalb des Anwendungsbereichs der EuGVVO (also grob betrachtet ***außerhalb Europas***), so ist nach Art. 5 Nr. 1 c EuGVVO wiederum die Tessili-Regel des EuGH anzuwenden.

*Wahlrecht des Verbrauchers*

Im Interesse des Verbraucherschutzes gelten für ***Verbraucherverträge*** die besonderen Bestimmungen der Artikel 15 ff EuGVVO. Unter die Verbrauchergeschäfte fallen gemäß Artikel 15 Abs. 1 EuGVVO der Teilzahlungskauf, Finanzierungsdarlehen sowie alle anderen Verbrauchergeschäfte, sofern der Unternehmer im Wohnsitzstaat des Verbrauchers eine gewerbliche Tätigkeit entfaltet und der Vertrag in den Bereich dieser Tätigkeit fällt. Sofern ein Verbrauchervertrag gegeben ist, kann der Verbraucher den Unternehmer gemäß Artikel 16 Abs. 1 EuGVVO entweder vor dem Gericht am Sitz des Unternehmens oder aber vor dem Gericht seines eigenen Wohnsitzes verklagen. Dagegen kann der Verbraucher im Interesse des Verbraucherschutzes gemäß Artikel 16 Abs. 2 vom Unternehmer nur vor dem Wohnsitzgericht des Verbrauchers verklagt werden. ***Abweichende Vereinbarungen*** von diesen Verbraucherschutzvorschriften können gemäß Artikel 17 EuGVVO nur ***nach*** Entstehung der Streitigkeit getroffen werden oder wenn die Vereinbarung die Gesetzeslage zugunsten des Verbrauchers abändert oder wenn Unternehmer und Verbraucher ihren Sitz im selben Mitgliedsstaat der EU haben.

*Arbeitsverträge*

Bei Streitigkeiten aus Arbeitsverträgen kann der Arbeitgeber vom Arbeitnehmer gemäß Artikel 19 EuGVVO an seinem Sitz, am Ort der Arbeitsverrichtung, oder gemäß Artikel 18 Abs. 2 EuGVVO am Ort der Niederlassung verklagt werden. Dagegen kann der Arbeitgeber den Arbeitnehmer gemäß Artikel 20 Abs. 1 EuGVVO nur an dessen Wohnsitzgericht verklagen.

### 8.2.3 Unerlaubte Handlungen

*Erfolgsort oder Strafgericht*

Handelt es sich bei dem Gegenstand eines Rechtsstreites um Ansprüche aus einer unerlaubten Handlung, so kann gemäß Artikel 5 Nr. 3 EuGVVO der Verletzte den Schädiger vor dem Gericht desjenigen Ortes verklagen, an dem das schädigende Ereignis eingetreten ist, also am ***Erfolgsort*** der unerlaubten Handlung. Handelt es sich bei der unerlaubten Handlung gleichzeitig um eine Straftat, so kann die Klage auf Schadensersatz oder auf Wiederherstellung auch vor dem zuständigen ***Strafgericht*** erhoben werden, sofern dieses Gericht nach seinem Recht auch über zivilrechtliche Ansprüche erkennen kann, vgl. Artikel 5 Nr. 4 EuGVVO.

## 8.3 Anwendbares Recht – unerlaubte Handlungen

*Begriff*

Unter die ***unerlaubten Handlungen*** fallen Wettbewerbsverstöße, z. B. bei unlauteren Werbemethoden, sowie alle Delikte im Internet, also z. B. Schädigungen durch Viren, Hacking-Angriffe, Beleidigungen oder sonstige Verletzungen des allgemeinen Persönlichkeitsrechts, wie z. B. Spamming. Ob ein Geschehen als unerlaubte Handlung zu qualifizieren ist, entscheidet sich nach ***deutschem Recht*** (BGH FamRZ 96, 604). Im nächsten Schritt muss ermittelt werden, welches Recht zur Anwendung kommt.

### 8.3.1 Tatortprinzip und Deliktsstatut

Das für die unerlaubte Handlung einschließlich der Gefährdungshaftung maßgebliche Recht wird nach dem sogenannten Tatortprinzip oder Tatortrecht ermittelt. Danach bestimmt sich zunächst das sogenannte ***Deliktsstatut***, also die Gesamtheit aller IPR-Regeln eines Staates für den Bereich der unerlaubten Handlung. Diese wiederum bestimmen, welche ***nationale Rechtsordnung*** zur Anwendung kommt.

*Handlungs- oder Erfolgsort*

Man unterscheidet beim Tatortprinzip zwischen dem Recht des Handlungs- und des Erfolgsortes. Der ***Handlungsort*** liegt in demjenigen Staat, wo die Tat begangen wurde, also die maßgebliche Ursache für die Rechtsgutsverletzung gesetzt wurde. Bei

Unterlassungsdelikten, also Handlungen die nicht durch aktives Tun, sondern ein passives Unterlassen begangen werden, entscheidet der Ort, an welchem der Schädiger hätte handeln müssen. ***Erfolgsort*** ist der Ort des Eintritts der Rechtsgutsverletzung, d. h. der Vollendung des Delikts. Bei den meisten unerlaubten Handlungen fallen Handlungs- und Erfolgsort zusammen. So etwa beim Verkehrsunfall, wo regelmäßig der unfallverursachende Verkehrsverstoß genau dort erfolgt, wo in der Folge auch das Auto beschädigt wird.

*Wahlrecht des Verletzten*

Bei ***grenzüberschreitenden*** Delikten wie im Internet aber weichen Handlungs- und Erfolgsort voneinander ab. In solchen Fällen entscheidet gemäß Artikel 40 Abs. 1 Satz 1 EGBGB primär das Recht des Handlungsortes. Der Verletzte kann aber bei grenzüberschreitenden Delikten gemäß Artikel 40 Abs. 1 Satz 2 EGBGB statt des Rechts des Handlungsortes auch das Recht des Erfolgsortes zur Anwendung bringen (Ubiquitätsprinzip). Er hat also ein ***Wahlrecht***.

*Internet*

Der ***Handlungsort*** befindet sich im Internet dort, wo der Inhalt in das Netz eingespeichert wird (Ort des Uploads). Nicht maßgeblich ist dagegen der Standort des Servers (a.A. LG Düsseldorf NJW RR 1998, 979), wobei allerdings der Serverstandort und der Upload in den meisten Fällen zusammenfallen. Der ***Erfolgsort*** bei unerlaubten Handlungen im Internet liegt überall dort, wo das Angebot vom Nutzer aufgerufen werden kann (LG Düsseldorf, NJW RR 98, 979). Inhalte oder Werbung, die im Internet angeboten werden, richten sich grundsätzlich an ein ***weltweites*** Publikum, sofern sie nicht eindeutig auf bestimmte Märkte beschränkt werden, etwa durch die Verwendung einer bestimmten Sprache, bestimmter ortsgebundener Maßeinheiten oder andere nationale Symbole, oder auch durch einschränkende Disclaimer, die das Angebot auf einen bestimmten Bereich beschränken. Damit liegt der Erfolgsort für unerlaubte Handlungen im Internet überall dort, wo die Website ***bestimmungsgemäß abgerufen*** werden kann (OLG Frankfurt EWiR § 1 UWG 7/99, 471).

*Gemeinsamer Aufenthaltsort*

Nach Art. 40 Abs. 2 EGBGB kommt das Tatortrecht nicht zur Anwendung, wenn ***Schädiger und Verletzter*** sich regelmäßig in dem selben Staat aufhalten. Für diesen Fall kommt das Recht am gemeinsamen gewöhnlichen Aufenthaltsort zur Anwendung.

*Ausnahme*

Sowohl das Tatortrecht wie auch das Recht des gemeinsamen Aufenthaltsortes kommen gemäß Art. 41 EGBGB nicht zur Anwendung, wenn die Angelegenheit mit der Rechtsordnung eines anderen Staates eine wesentlich ***engere Verbindung*** aufweist.

Dies kann z. B. der Fall sein, wenn zwischen den Beteiligten bereits rechtliche Beziehungen oder tatsächliche Verbindungen bestehen, die es zweckmäßig erscheinen lassen, das Recht eines bestimmten Staates anzuwenden. Etwa wenn ein enger sachlicher Zusammenhang mit der Erfüllung eines bestehenden Vertragsverhältnisses besteht.

*Geltungsumfang*

Das ***Deliktsstatut*** gilt sowohl für Schadensersatzansprüche, wie auch für Unterlassungs-, Beseitigungs-, Widerrufs- oder Auskunftsansprüche. Bei der Bemessung der Höhe des ***Schmerzensgeldes*** können die Richtsätze des Aufenthaltsortes berücksichtigt werden, sofern Tatumstände und Beteiligte eine besonders enge Verbindung zum Recht des Aufenthaltsortes aufweisen, etwa weil Schädiger und Verletzter im selben Aufenthaltsland, das vom Tatortland abweicht, leben (BGHZ 93, 214, 218; 119, 137, 142).

### 8.3.2 Marken- und Domainrecht

*Schutzlandprinzip*

Ansprüche wegen Verletzungen von Immaterialgüterrechten (z. B. das Marken- und das Urheberrecht) sind nicht nach dem Tatortprinzip (Deliktsstatut) zu beurteilen. Hier ist nach dem sogenannten ***Schutzlandprinzip*** das Recht des Staates maßgeblich, für dessen Gebiet der Verletzte Schutz in Anspruch nimmt. Wenn also etwa eine Markenrechtsverletzung geltend gemacht werden soll, so gilt das Recht des Landes, für das der Markenschutz besteht (BT-Drucksache 14/343, Seite 10, BGHZ 118, 398; 126, 255; BGH NJW 98, 1396) . Rechtsstreitigkeiten wegen ***Domains*** werden nach markenrechtlichen Grundsätzen entschieden, so dass auch dort das Schutzlandprinzip anwendbar ist.

### 8.3.3 Wettbewerbsrecht

*Marktort*

Bei Wettbewerbsverstößen ist Handlungsort der ***Marktort***, wo die wettbewerblichen Interessen der Konkurrenten aufeinander treffen. Maßgeblich ist also das Recht des Staates, in dem z. B. die unlautere Werbemaßnahme den Konkurrenten beeinträchtigt. Deutsche Unternehmen, die auf einem ausländischen Markt tätig sind, haben also grundsätzlich nur das Recht dieses ausländischen Marktes zu beachten, nicht jedoch auch die deutschen Wettbewerbsbestimmungen. Das gilt selbst dann, wenn die Handlungen von Deutschland aus gesteuert werden (BGHZ 40, 391; 113, 15). Eine ***Ausnahme*** besteht aber gemäß Art. 40 Abs. 2 Satz 2 EGBGB, wenn es sich um einen ausländischen Wettbewerb zwischen zwei Unternehmen mit Sitz in Deutschland handelt.

*Elektronischer Geschäftsverkehr*

Für den Bereich des elektronischen Geschäftsverkehrs und der ***Teledienste*** gelten jedoch besondere Regeln. Die E-Commerce-Richtlinie vom 08.06.00 (ABl. EG Nr. L 178 vom 17.07.00) ist durch das Gesetz über die rechtlichen Rahmenbedingungen für den elektronischen Geschäftsverkehr (EGG) vom 14.12.01 (BGBl. 3721) umgesetzt worden. In Art. 3 Abs. 2 der E-Commerce-Richtlinie (ECRL) wird das ***Herkunftslandprinzip*** verankert, wonach Diensteanbieter mit Sitz in einem EU-Mitgliedsstaat nur den Anforderungen ihres eigenen Rechts gerecht werden müssen. Dadurch wird die im Wettbewerbsrecht übliche Anknüpfung an den Marktort modifiziert. Umgesetzt in Deutsches Recht wird das Herkunftslandprinzip durch § 4 TDG. Gemäß § 4 Abs. 1 TDG haben Diensteanbieter mit Sitz in ***Deutschland*** stets die Maßstäbe des deutschen Rechts zu beachten, unabhängig davon, ob sie ihre Teledienste innerhalb Deutschlands oder im europäischen Binnenmarkt erbringen. Umgekehrt müssen gemäß § 4 Abs. 2 TDG nichtdeutsche Diensteanbieter mit Sitz innerhalb der EU nicht an das deutsche Recht halten, auch wenn sie die Dienste in Deutschland erbringen. Die ECRL und deren Umsetzung im TDG ermöglicht also allen Unternehmen mit Sitz in der EU ein ***einheitliches Online-Euromarketing***, weil sie sich nur nach den Anforderungen ihres Sitzrechtes richten müssen. Insoweit wird die Anknüpfung an den Marktort durch die Anknüpfung an den Herkunftsort ersetzt.

*Spamming*

Das hat Auswirkungen etwa im Bereich des Spamming. Anbieter aus dem europäischen Ausland, deren nationales Recht kein Spam-Verbot vorsah, durften nach der bisherigen EU-Regelung (***Opt-Out-Prinzip***) solange Spams versenden, bis sich der Empfänger dagegen wehrt. Dagegen dürfen Anbieter aus Deutschland aufgrund des deutschen Spam-Verbots in der Rechtsprechung keine unverlangten Werbe-E-Mails versenden. Nach der neuen EU-Rechtslage (vgl. oben, Kapitel 7.1.2) sind solche Wettbewerbsverzerrungen allerdings in Zukunft hinfällig, da nun auch die EU-Regelung die ***Opt-In-Regelung*** also ein grundsätzlichen Verbot mit Erlaubnisvorbehalt statuiert.

*Außerhalb der EU*

Soweit Teledienste außerhalb des europäischen Binnenmarktes angeboten werden, oder von außerhalb der EU in Deutschland angeboten werden, verbleibt es bei der Anknüpfung an den ***Marktort***.

*Verträge*

Für die vertraglichen Beziehungen zwischen den Anbietern von Telediensten und ihren Kunden gilt gemäß § 4 Abs. 3 Nr. 2 TDG das Herkunftslandprinzip ebenfalls nicht, sondern verbleibt es wie sonst auch beim ***Vertragsstatut*** (also die Gesamtheit aller IPR-Regeln eines Staates für vertragliche Ansprüche, vgl. unten).

### 8.3.4 Produkt- oder Produzentenhaftung

*Wahlrecht des Geschädigten*

Die Produkt- oder Produzentenhaftung greift ein, wenn Schäden von einem ***fehlerhaften Produkt*** ausgehen. Außerhalb vertraglicher Beziehungen gilt gemäß Art. 40 Abs. 1 Satz 1 EGBGB primär das Recht des Handlungsortes. Das ist der Ort der Produktion oder der Ort des Vertriebs (Marktort), wobei die herrschende Meinung den ***Marktort*** bevorzugt. Allerdings kann der Geschädigte auch das Recht des ***Erfolgsortes*** wählen, der dort ist, wo das Produkt außer Kontrolle gerät. Soweit zwischen Produzent und Geschädigtem vertragliche Beziehungen bestehen, gilt gemäß Art. 41 Abs. 2 Nr.1 EGBGB in der Regel das ***Vertragsstatut***.

### 8.3.5 Datenschutz

*Gesetzliche Neuregelung*

Das BDSG hat durch Gesetz vom 18.05.2001 (BGBl. 904) eine Novellierung erfahren, die am 23.05.2001 in Kraft getreten ist. Die Neufassung setzt die EU-Datenschutzrichtlinie 95/46/EG vom 24.10.1995 (ABl. EG Nr. L 281 vom 23.11.95, S. 31) um. Der Anwendungsbereich ist nunmehr in § 1 Abs. 5 BDSG geregelt, welcher den Vorgaben von Art. 4 der EU-Datenschutzrichtlinie entspricht.

*Grenzüberschreitender Datenverkehr in Europa*

Gemäß § 1 Abs. 5 BDSG gelten speziellen Regeln für die Mitgliedsstaaten der EU, sowie des europäischen Wirtschaftsraums (Norwegen, Island und Lichtenstein). Danach ist der Anwendungsbereich des nationalen Datenschutzrechts im grenzüberschreitenden ***EU-Datenverkehr*** nicht nach dem Territorialprinzip, sondern nach dem ***Sitzlandprinzip*** geregelt. Die anzuwendende nationale Rechtsordnung richtet sich nicht nach dem Ort der Erhebung oder Verarbeitung der Daten, sondern nach dem Ort, an dem die für die Datenverarbeitung verantwortliche Stelle ihren Sitz hat. Zweck der Regelung ist es zu gewährleisten, dass ein international tätiges Unternehmen für seine Aktivitäten innerhalb der EU immer nur sein gewohntes Datenschutzrecht am Unternehmenssitz zu beachten hat.

*Niederlassung in Deutschland*

Das ***Territorialprinzip*** kommt jedoch wieder zur Anwendung, wenn die in einem anderen EU-Staat tätige Stelle eine ***Niederlassung*** in Deutschland hat und von dieser aus Datenverarbeitung betreibt. Für die Datenverarbeitung dieser Niederlassung gilt das deutsche Datenschutzrecht. Eine Niederlassung liegt nach dem Erwägungsgrund 19 der EU-Datenschutzrichtlinie vor, wenn das Unternehmen von einer festen Einrichtung aus Tätigkeiten entfaltet. Die Rechtsform der Niederlassung spielt keine Rolle. Gemäß § 42 Abs. 2 GewO ist eine Niederlassung vorhanden, wenn das Unternehmen dauerhaft einen Raum für den Betrieb eines Gewerbes besitzt.

*Datenschutzverstöße*

Keinen Einfluss hat das spezielle Sitzlandprinzip der EU-Datenschutzrichtlinie gemäß dem Erwägungsgrund Nr. 21 auch für das im ***Strafrecht*** geltende Territorialitätsprinzip. Somit gilt die Strafnorm des § 44 BDSG auch für Datenschutzverstöße von EU-Bürgern in Deutschland.

*Von außerhalb Europa*

Für Stellen, die von außerhalb der EU bzw. des EWR in Deutschland Datenverarbeitung betreiben, findet gemäß § 1 Abs. 5 Satz 2 das BDSG Anwendung. Für diese Fälle verbleibt es also bei dem für das BDSG geltenden Grundsatz des ***Territorialprinzips***. Gemäß § 1 Abs. 5 Satz 4 BDSG kommt das Sitzlandprinzip jedoch wieder zum Tragen, wenn die Daten nur durch Deutschland hindurch transportiert werden, also ein bloßer Datentransfer erfolgt, der nicht mit einer Kenntnisnahme der Daten in Deutschland verbunden ist.

## 8.4 Anwendbares Recht – Vertragsbeziehungen

*Vertragsstatut*

Sofern zwischen den Beteiligten vertragliche Beziehungen bestehen, gilt bei der Kollision von unterschiedlichen Rechtsordnungen das ***Vertragsstatut*** (also die Gesamtheit aller IPR-Regeln eines Staates für vertragliche Ansprüche).

### 8.4.1 Rechtswahl

*Freie Rechtswahl*

Die Parteien haben gemäß Art. 27 Abs. 1 EGBGB zunächst die Möglichkeit, die anzuwendende Rechtsordnung durch eine ***Vereinbarung*** selbst zu bestimmen. Es herrscht das Prinzip der freien Rechtswahl. Dabei herrscht weitgehend Privatautonomie. Auch wenn es in der Praxis kaum vorkommen mag, könnten die Parteien auch irgendeine Rechtsordnung vereinbaren, die mit der Angelegenheit in keinerlei Beziehung steht.

### 8.4.2 Prinzip der engsten Verbindung

*Charakteristische Vertragsleistung*

In der Praxis wird eine Rechtswahl insgesamt eher selten vorgenommen. Soweit sie unterbleibt, unterliegt der Vertrag gemäß Art. 28 Abs. 1 EGBGB dem Recht desjenigen Staates, mit dem der Vertrag die ***engsten Verbindungen*** aufweist. Wichtigster Anhaltspunkt hierfür ist nach Art. 28 Abs. 2 EGBGB die ***charakteristische Vertragsleistung***, also diejenige Leistung, welche dem betroffenen Vertragstyp seine Eigenart und spezielle Ausprägung verleiht und ihn damit von den anderen Vertragstypen unterscheidet. Beim Kaufvertrag ist dies die Lieferung der Sache, beim Mietvertrag die Überlassung der Mietsache, beim Dienstvertrag die Arbeitsleistung, beim Werkvertrag die Herstellung des Werks usw. Diejenige Partei, welche diese charakteristische Vertragsleistung erbringt, bestimmt durch ihren ***Sitz*** das anzuwendende Recht. Sofern die maßgebliche Partei eine gewerbliche Tätigkeit ausübt, bestimmt sich das Recht durch den Ort der (Haupt-) ***Niederlassung*** dieser Partei. Maßgeblich ist im Zweifel der Ort der Hauptverwaltung. Regelmäßig wird also das leistende Unternehmen einer Vertragsbeziehung durch seinen Sitz das anzuwendende Recht bestimmen. Verkauft etwa ein amerikanischer Anbieter über das Internet Waren in Deutschland, so ist im Grundsatz US-amerikanisches Recht anzuwenden.

*Widerlegbare Vermutung*

Jedenfalls wird gemäß Art. 28 Abs. 2 vermutet, dass der Vertrag mit der solchermaßen bestimmten Rechtsordnung die engsten Verbindungen aufweist. Gemäß Art. 28 Abs. 5 EGBGB wird die der charakteristischen Vertragsleistung folgende Vermutung jedoch widerlegt, sofern aufgrund der Gesamtumstände der Vertrag engere Verbindungen mit einem anderen Staat aufweist.

### 8.4.3 Verbraucherschutz

*Verbraucherverträge*

Die Regelung des Art. 28 EGBGB würde regelmäßig dazu führen, dass das stärkere Unternehmen, welches die charakteristische Vertragsleistung erbringt, durch seinen Sitz auch die anzuwendende Rechtsordnung bestimmt. Dies würde insbesondere im Hinblick auf die ***Aushebelung*** von Verbraucherschutzvorschriften zu unangemessenen Ergebnissen führen. So würden für ausländische Unternehmen die strengen deutschen Verbraucherschutzbestimmungen nicht zur Anwendung kommen, während der inländische Anbieter daran gebunden ist und so einen maßgeblichen Wettbewerbsnachteil hätte. Art. 29 EGBGB enthält deshalb Sondervorschriften für Verträge, an denen Verbraucher beteiligt sind (Verbraucherverträge).

*Recht am Aufenthaltsort Verbraucher*

Deshalb unterliegen gemäß Art. 29 Abs. 2 EGBGB, wenn wie regelmäßig keine Rechtswahl erfolgt, die Verbraucherverträge dem Recht desjenigen Staates, in dem der Verbraucher seinen gewöhnlichen ***Aufenthalt*** hat. Sofern also ein amerikanischer Anbieter über das Internet in Deutschland Waren verkauft, so ist deutsches Recht anwendbar, sofern der Käufer ein in Deutschland ansässiger Verbraucher ist. Gemäß Art. 29 Abs. 2 EGBGB kommt also die Rechtsordnung im Land des Verbrauchers vollständig zur Anwendung.

*Rechtswahl*

Zwar ist auch bei Verträgen mit Verbrauchern eine Rechtswahl möglich, für diesen Fall bleiben aber gemäß Art. 27 Abs. 3, Art. 34 und Art. 29 Abs. 1 EGBGB zumindest die ***zwingenden Verbraucherschutzvorschriften*** nach wie vor anwendbar. Im Interesse des schwächeren Verbrauchers, darf gemäß Art. 29 Abs. 1 EGBGB eine Rechtswahl der Parteien nicht dazu führen, dass die zwingenden Verbraucherschutzvorschriften ausgehebelt werden. Diese Einschränkung der freien Rechtswahl erfolgt gemäß Art. 29 Abs. 1 Nr.1 EGBGB aber nur, wenn das Unternehmen seine Waren oder Dienstleistungen im Verbraucherland anbietet oder bewirbt und der Verbraucher den Vertragsschluss ***in seinem Heimatland*** vornimmt.

*Internet*

Hierfür ausreichend ist auch das Angebot oder die Werbung auf einer Website im Internet. Wer im Internet weltweit Waren anbietet, muss also zumindest mit den Verbraucherschutzvorschriften des jeweiligen Bestellerlandes rechnen. Das Unternehmen kann aber, wenn es sich bestimmten (etwa den strengen deutschen) Verbraucherschutzbestimmungen nicht unterwerfen will, durch einen ***Disclaimer*** auf der Website die Geltung seiner Angebote für bestimmte Länder ausdrücklich ausschließen.

*Physische Präsenz*

Ebenso bleiben gemäß Art. 29 Abs. 1 Nr. 2 EGBGB trotz Rechtswahl die zwingenden Verbraucherschutzvorschriften maßgeblich, wenn das Unternehmen die Bestellung des Verbrauchers in dessen Heimatland ***entgegennimmt***. Hierfür ist die physische Präsenz des Unternehmens im Aufenthaltsstaat des Verbrauchers erforderlich, wie etwa bei einem Verkauf auf einer Messe im Verbraucherland. Dagegen begründet allein der Vertragsschluss über das Internet noch keine solche physische Präsenz des Unternehmens. Schließlich sind gemäß Art. 29 Abs. 1 Nr. 3 EGBGB die zwingenden Verbraucherschutzvorschriften maßgeblich, wenn der Verbraucher auf eine ***Werbereise*** eingeladen wird. Dies erfasst die typische Situation der sogenannten Kaffee- oder Butterfahrten.

*Fazit*

Unabhängig von einer Rechtswahl können die deutschen Verbraucherschutzvorschriften nicht umgangen werden.

# 9 Risikomanagement und Sicherungspflichten

*Themenstellung*

Ist Sicherheit Privatvergnügen? Der Themenbereich „Risikomanagement und Datensicherung" beschäftigt sich mit der Verpflichtung des Unternehmens bzw. seiner Geschäftsleitung, Maßnahmen zur Gewährleistung von IT-Sicherheit zu ergreifen. Die freiwillige Anschaffung von Sicherheitstechnik – insbesondere für den Eigenschutz der Unternehmen – wird in Zeiten knapper finanzieller Budgets zurückgestellt. Gesetzlich verankerte Pflichten zur Installation von IT-Sicherheit sind nicht nur Verkaufsargumente für die Hersteller, sondern helfen auch den Sicherheitsbeauftragten und Administratoren in den Unternehmen, bei der Geschäftsleitung die notwendigen Mittel für die Einrichtung der IT-Sicherheitstechnik freizumachen.

## 9.1 Verpflichtungen zur IT-Sicherheit

*Gesetzliche Pflichten*

Bei der Frage, welche gesetzlichen Bestimmungen Sicherungspflichten enthalten, stößt man zunächst auf die ***Straftatbestände*** des § 203 StGB, 17 UWG sowie § 44 BDSG.

### 9.1.1 Privat- und Geschäftsgeheimnisse

*Verletzung Privatgeheimnisse*

In § 203 StGB wird die Verletzung von Privatgeheimnissen unter Strafe gestellt. Bestimmte ***Berufsgruppen*** wie Ärzte, Apotheker, Rechtsanwälte, Notare, Wirtschaftsprüfer, Steuerberater, soziale und psychologische Beratungsstellen aller Art, Sozialarbeiter, Angehörige von Sozialversicherungen usw. unterliegen hinsichtlich der ihnen anvertrauten Daten einer besonderen ***Verschwiegenheitspflicht***. Die unbefugte Mitteilung der Geheimnisdaten an Dritte ist strafbar.

*Öffentliche Hand*

Gemäß § 203 StGB gehören zu den Berufsgruppen mit Garantenstellung auch alle ***Amtsträger*** sowie Personen, die für den öffentlichen Dienst besonders verpflichtet sind. Amtsträger sind nach § 11 Nr. 2 alle Beamten, Richter, Personen in einem sonstigen öffentlich-rechtlichen Amtsverhältnis (z. B. Notare) oder sonstige Funktionsträger der öffentlichen Verwaltung. Umfasst sind Beamte auf allen Ebenen, also Kommunal-, Landes- und Bundesbeamte. Nicht jedoch ***kirchliche*** Amtsträger.

***Beamter*** ist nur, wer förmlich in das Beamtenverhältnis bestellt wurde und hoheitliche Aufgaben wahrnimmt. Nicht erfasst sind folglich die herkömmlichen Angehörigen des ***öffentlichen Dienstes***. Allerdings wird man in der Praxis nur schwer trennen können. Ein richterliches Urteil oder eine behördliche Verfügung sind zweifellos Hoheitsakte, so dass die anfallenden Informationen und Daten dem § 203 StGB unterfallen. Werden zur Datenverarbeitung – was regelmäßig der Fall sein wird – insbesondere auch Angehörige des öffentlichen Dienstes, wie etwa Schreibkräfte, eingesetzt, so ist deren Tätigkeit ebenfalls erfasst, weil den entsprechenden Amtsträger Aufsichts- und Überwachungspflichten treffen. Damit besteht in der praktischen Konsequenz für den gesamten Bereich der öffentlichen Verwaltung die Pflicht, die notwendigen Maßnahmen zur Schaffung von IT-Sicherheit zu ergreifen. Für den öffentlichen Dienst ***besonders verpflichtet*** im Sinne von § 203 Abs. 2 Nr. 2 StGB können insbesondere auch private Unternehmen sein, die z. B. als sonstige Stellen zur Datenverarbeitung von Behörden herangezogen werden. Erfasst sind nach § 203 Abs. 2 Nr. 3 StGB auch Personen, die Aufgaben oder Befugnisse nach dem Personalvertretungsrecht der Länder und des Bundes (Personalräte) wahrnehmen.

*Behördenexterne*

Unter den Amtsträgerbegriff fällt auch die Wahrnehmung von Aufgaben der öffentlichen Verwaltung durch ***behördenexterne*** Personen, also etwa die mit öffentlichen Aufgaben Beliehenen wie z. B. Prüfingenieure für Baustatik. Neben den privatisierten Behörden und privaten Trägern öffentlicher Aufgaben sind auch sonstige Stellen mit öffentlich-rechtlichen Funktionen erfasst, wie etwa ***Krankenhäuser*** oder die Treuhand. Ebenso unterfallen dem Amtsträgerbegriff auch die Mitglieder von Organen ***öffentlich-rechtlicher Körperschaften***, etwa leitende Personen öffentlicher Banken, verbeamtete Vorstandsmitglieder kommunaler Sparkassen, Fluglotsen oder in einem privatrechtlich organisierten staatseigenen Betrieb, sofern dessen Aufgaben nicht völlig außerhalb des Tätigkeitsfeldes der Behörde liegen (BGHSt 12,89).

*Betriebs-geheimnisse*

Strafbar ist gemäß § 17 UWG auch der Verrat von ***Geschäfts- oder Betriebsgeheimnissen*** durch Angestellte, Arbeiter oder Lehrlinge. Auch hierdurch wird bezüglich geheimer Unternehmensdaten eine besondere Garantenstellung begründet, die das Unterlassen von Sicherheitsmaßnahmen strafbar macht. Im Hinblick auf die Geschäftsgeheimnisse müssen also die gleichen IT-Sicherheitsmaßnahmen ergriffen werden, wie im Hinblick auf die der Verschwiegenheitspflicht unterliegenden Daten, insbesondere Firewall und Verschlüsselung.

*Unterlassung von Sicherheit*

Die Straftatbestände können nicht nur durch positives Tun, sondern auch durch das ***Unterlassen*** von Sicherheitsmaßnahmen begangen werden. Wer etwa als Arzt seine Praxisräume nicht abschließt oder als Rechtsanwalt seine Akten ungeschreddert dem Altpapier übergibt, läuft Gefahr sich strafbar zu machen. Strafrechtliche Delikte können auch durch Unterlassen begangen werden, sofern den Handelnden eine Garantenpflicht trifft. Die ***Garantenstellung*** kann sich unter anderem aus gesetzlichen Bestimmungen, aber auch aus vertraglichen Vereinbarungen z. B. mit einem Kunden ergeben, wodurch besondere Schutzpflichten für die geheimen Daten übernommen werden. Durch § 203 StGB oder § 17 UWG wird den dort genannten Berufsgruppen aufgrund ihrer besonderen Vertrauensstellung eine gesetzliche Garantenpflicht für die ihnen anvertrauten Informationen und Daten auferlegt. Deshalb kann das Delikt nicht nur durch aktive Mitteilung an Dritte, sondern auch durch passives Unterlassen von Sicherungsmaßnahmen begangen werden.

*Sicherungs-maßnahmen*

Hierzu gehört für den virtuellen Bereich insbesondere auch die Herstellung von sicheren Kommunikationswegen. Die angesprochenen Berufsgruppen dürfen daher ihr Intranet nicht ungeschützt ans Internet anhängen, sondern müssen die notwendigen Vorkehrungen zur Schaffung von IT-Sicherheit treffen. Maßnahmen, die in einem verhältnismäßigen Umfang geeignet sind, das Ausspähen der geheimen Daten durch Hackerangriffe zu verhindern, wie etwa eine ***Firewall***, sind erforderlich. Insbesondere sind Personen in Garantenstellung auch verpflichtet, die geheimen Daten nicht unverschlüsselt über das Netz zu versenden, sondern ***Verschlüsselungstechnik*** einzusetzen.

*Vertrag*

Garantenpflichten werden in weitem Umfange auch durch vertragliche Vereinbarungen begründet. Zur Vermeidung von Vertragsverstößen sind die entsprechenden Sicherungspflichten zu erfüllen. Hier ist die Unterlassung mit Schadensersatzansprüchen verbunden, zum Teil werden ***Vertragsstrafeklauseln*** vereinbart.

### 9.1.2 Personenbezogene Daten

*Schutz personenbezogener Daten*

Die unbefugte Erhebung, Verarbeitung und Bereithaltung personenbezogener Daten sowie das unbefugte Beschaffen personenbezogener Daten ist gem. § 43 Abs. 2 eine ***Ordnungswidrigkeit***, die mit Geldbuße bis zu 250.000 EUR geahndet wird. Darüber hinaus enthält § 43 Abs. 1 BDSG weitere Tatbestände, wie Verstöße gegen Meldepflichten, Bestellung des Datenschutzbeauftragten, Speicher- oder Unterrichtungsvorschriften etc., die als Ordnungswidrigkeiten mit einer Geldbuße bis zu 25.000 EUR geahndet werden. Wer im Sinne von § 43 Abs. 2 BDSG personenbezogene Daten unbefugt erhebt, verarbeitet, bereithält oder sich verschafft und dabei vorsätzlich gegen Entgelt, in Bereicherungsabsicht oder in Schädigungsabsicht handelt, begeht eine ***Straftat***, die gem. § 44 Abs. 1 BDSG mit Freiheitsstrafe bis zu 2 Jahren oder mit Geldstrafe bestraft. Die Tat wird gem. § 44 Abs. 2 von den Ermittlungsbehörden nur auf Antrag verfolgt, wobei antragsberechtigt der Betroffene, die verantwortliche Stelle der Bundesbeauftragte für den Datenschutz und die Aufsichtsbehörde ist. Die Anwendung der Strafnorm des § 44 BDSG entfällt nicht, auch wenn wegen seiner Subsidiarität das BDSG durch speziellere Datenschutzbestimmungen verdrängt wird, diese bereichspezifischen Normen aber keine eigenen Straftatbestände enthalten. Damit gewährt die Strafnorm einen ***umfassenden Schutz***.

*Sicherungspflicht Datenverarbeiter*

Der besondere Schutz, den personenbezogene Daten erfahren, führt zu einer Garantenstellung mit Verpflichtung zu entsprechenden ***Sicherungsmaßnahmen*** für die datenverarbeitende Stelle. Auf die obigen Ausführungen zu den Privat- und Geschäftsgeheimnissen kann entsprechend verwiesen werden.

## 9.2 Risikomanagement nach KonTraG

*Themenstellung*

Das Gesetz zur Kontrolle und Transparenz im Unternehmensbereich vom 27.04.1998 (BGBl I 1998, 786) hat weitreichende Änderungen im Hinblick auf die Führung und Überwachung von Kapitalgesellschaften gebracht. Ein Großteil der Änderungen betrifft die Aktiengesellschaft, jedoch sind die Bestimmungen auch auf entsprechend große GmbHs anzuwenden. Aufgrund spektakulärer Unternehmenszusammenbrüche wie etwa der Metallgesellschaft sind Wirtschaftsprüfer und Aufsichtsräte in die Kritik geraten, was den Gesetzgeber zum Erlass des KonTraG bewogen hat.

## 9.2.1 Ziele und Zweck des KonTraG

Nach der allgemeinen Begründung des Gesetzentwurfs (BT-Drucksache 13/10038) verfolgt das Gesetz insbesondere zwei ***Ziele***:

- Schwächen und Verhaltensfehlsteuerungen im deutschen Unternehmenskontrollsystem des Aktienrechts und des Mitbestimmungsrechts sollen korrigiert werden.
- Der zunehmenden Ausrichtung deutscher Publikumsgesellschaften an den Informationsbedürfnissen internationaler Investoren soll Rechnung getragen werden.

*Prüfung erleichtern*

Das Gesetz will damit die Früherkennung von Schieflagen, also die Prüfung von Unternehmen durch Anleger und Beteiligte erleichtern. Insbesondere wird die Verpflichtung des Vorstands zur Schaffung eines effektiven ***Risikomanagementsystems*** betont. Zur Erreichung dieser Ziele sieht das KonTraG eine Reihe von Änderungen der bestehenden Gesetze, insbesondere des Handelsgesetzbuchs (HGB) und des Aktiengesetzes (AktG) vor. Insbesondere ist im § 289 Abs. 1 HGB der Lagebericht um einen ***Risikobericht*** erweitert worden.

*Reform der „Corporate Governance“*

Zugleich hat das KonTraG eine Reform der „Corporate Governance“, also der staatlichen ***Führung und Überwachung*** von Unternehmen eingeleitet.

## 9.2.2 Lage- und Risikobericht

*Interessenslage*

In der Unternehmenspraxis war es in der Vergangenheit ein nicht seltenes Phänomen, dass Unternehmen trotz uneingeschränkter Bestätigung von Jahresabschluss- und Lagebericht durch den Abschlussprüfer kurz darauf in die Krise geraten oder insolvent geworden sind. Den Abschlussprüfern konnte in solchen Fällen regelmäßig formalrechtlich kein Vorwurf gemacht werden, da sie ein ***uneingeschränktes Testat*** erteilen mussten. Öffentlichkeit und Anleger jedoch missverstehen ein solches Testat als Gütesiegel und fachmännische Garantie für ein gesundes Unternehmen und fühlen sich in der Folge durch die Arbeit der Abschlussprüfer ***getäuscht***. Diese Erwartungslücke versucht das KonTraG durch eine Reform der Lageberichterstattung zu schließen.

*Informationsfunktion*

Der Lagebericht erfüllt seine ***Informationsfunktion*** vor allem für die Aktionäre, Gesellschafter, Gläubiger, Kunden, Lieferanten, Wettbewerber und Arbeitnehmer des Unternehmens.

*Grundsätze*

Für den Lagebericht gelten die sog. ***Grundsätze der ordnungsgemäßen Lageberichterstattung*** (GoL). Darin eingeschlossen sind die Grundsätze der Richtigkeit, Vollständigkeit und Wesentlichkeit. Demnach sind sämtliche Angaben in den Lagebericht aufzunehmen, deren Fehlen die Adressaten des Lageberichts voraussichtlich schädigen würde. Dabei sind an den Lagebericht großer Kapitalgesellschaften höhere Anforderungen zustellen, als an die Berichterstattung von kleinen Gesellschaften. Nach dem ebenfalls geltenden Grundsatz der Klarheit sind die Informationen im Lagebericht prägnant, verständlich und übersichtlich darzustellen. Der Grundsatz der Vorsicht mahnt vor einer all zu optimistischen Lageberichterstattung.

*Gesetzeswortlaut*

Durch die Änderungen des KonTraG wurde dem Wortlaut des § 289 Abs. 1 HGB,

„Im Lagebericht sind zumindest der Geschäftsverlauf und die Lage der Kapitalgesellschaft so darzustellen, dass ein den tatsächlichen Verhältnissen entsprechendes Bild vermittelt wird“

die Erweiterung angefügt,

„dabei ist auch auf die Risiken der künftigen Entwicklung einzugehen“.

Der erweiternde Teilsatz erfasst als Risikobericht die Zukunftsaussichten eines Unternehmens.

*Voraussichtliche Entwicklung*

Gemäß § 289 Abs. 1 HGB muss der Lagebericht ein den tatsächlichen Verhältnissen entsprechendes Bild der Vermögens-, Finanz- und Ertragslage der Kapitalgesellschaft zeichnen. Neben Vergangenheitsinformationen soll der Lagebericht auch ***Prognoseinformationen*** über das Unternehmen für die Zukunft enthalten, so gem. § 289 Abs. 2 HGB über Vorgänge von besonderer Bedeutung, die nach dem Schluss des Geschäftsjahres eingetreten sind sowie über die voraussichtliche Entwicklung der Kapitalgesellschaft. Der Jahresabschluss im Lagebericht mit seinem vergangenheitsorientierten Rückblick auf das abgelaufene Geschäftsjahr kann die wirtschaftliche Lage des Unternehmens nur unvollständig wiedergeben. Vervollständigt werden die Angaben durch die zukunftsorientierten Bestandteile des Lageberichts in der voraussichtlichen Entwicklung der Kapitalgesellschaft, wobei auch auf die Risiken der künftigen Entwicklung einzugehen ist (Risikobericht).

*Risiko- und Prognosebericht*

Nach dem KonTraG ist der Lagebericht um den Risikobericht (Risiken der künftigen Entwicklung) zu ergänzen. Demnach muss der Lagebericht sowohl einen ***Risikobericht*** gem. § 289 Abs. 1 Halbsatz 2 HGB, wie auch einen ***Prognosebericht*** gem. § 289 Abs. 2 Nr. 2 HGB enthalten. Dabei ist zunächst der Unterschied zwischen Prognose und Risiko zu klären, da jegliche unternehmerische Tätigkeit mit gewissen Risiken behaftet ist.

*Begriff des Risikos*

Vom Gesetzgeber wird der Begriff des Risikos weder im Gesetzeswortlaut noch in der Gesetzesbegründung näher konkretisiert. Der Begriff des Risikos lässt sich als Unsicherheit bzw. als Möglichkeit eines Abweichens vom erwarteten Wert beschreiben. Er erfasst dabei insbesondere ***künftige Gefahren***, also negative Abweichungen vom erwarteten Wert. Will man den Begriff „verlustorientiert" definieren, so bedeutet Risiko ganz allgemein jede Nettovermögensminderung hinsichtlich der handelsrechtlichen Bilanzierung. Hierzu gehören insbesondere auch nicht vorhersehbare Einbußen aufgrund von Rechtsstreitigkeiten, Reklamationen oder Klagen.

*IT-Risiken*

Betrachtet man vor diesem Hintergrund die ***IT-Risiken***, so wird deutlich, dass hier besonders verlustreiche Entwicklungen denkbar sind. Wer etwa keinen ausreichenden Virenschutz vorhält, muss mit erheblichen Schadenersatzansprüchen rechnen, ebenso wer Kundendaten verliert, weil sie nicht ausreichend gegen Hackerangriffe geschützt waren. Sofern aufgrund eines Viren- oder Hackerangriffs gar Teile oder der gesamte Datenbestand eines Unternehmens verloren gehen, etwa weil kein ausreichendes Back-Up-System vorhanden ist, drohen existentielle Schadensersatzansprüche und Gewinneinbußen. Es wird deutlich, das die IT-Risiken ***bestandsgefährdend*** für das Unternehmen sind und deshalb von der Mitteilungspflicht im Risikobericht erfasst werden.

*Erweiterung des Lageberichts*

Bereits nach dem bisher geltenden Recht wurde in der Kommentarliteratur im Prognosebericht eine Berichterstattung über mögliche Negativentwicklungen und Risiken des Unternehmens gefordert. Durch die ausdrückliche Erweiterung des Gesetzeswortlauts betont der Gesetzgeber die Bedeutung des Risikoberichts. Dabei hat der Risikobericht nicht nur Einfluss auf den Lagebericht, sondern dient nach der Gesetzesbegründung ausdrücklich der ***Erweiterung*** des Inhalts des Lageberichts (BT-Drucksache 13/9712).

*Offenlegungspflicht*

Der Risikobericht unterliegt der allgemeinen ***Offenlegungspflicht***, die aufgrund der jüngsten Entscheidung des EuGH (Urteil vom 29.09.1998, GmbHR 1998, 1078) noch betont wurde. Die

Offenlegung geschieht in aller Regel zumindest bei größeren Unternehmen auch auf der Webseite im Internet.

*Fazit*

Zusammenfassend will der Gesetzgeber in § 289 Abs. 1 HGB die Kapitalgesellschaften zur Berichterstattung über Risiken der künftigen Entwicklung verpflichten. Dabei sind Risiken mögliche künftige Nettovermögensminderungen gegenüber den prognostizierten Werten. Der Risikobericht ist integraler Bestandteil des Lageberichts. Im Risikobericht ist über bestandsgefährdende Risiken sowie über Risiken, die geeignet sind, die Vermögens-, Finanz- und Ertragslage spürbar nachteilig zu beeinflussen, zu berichten. Dabei ist eine möglichst objektive Berichterstattung notwendig.

### 9.2.3 Anwendungsbereich des KonTraG

*Mittlere und große Gesellschaften*

Der Pflicht zum Lagebericht und damit zum Risikobericht unterfallen lediglich die mittleren und großen Kapitalgesellschaften gem. §§ 264 Abs. 1 Satz 3, 267 HGB. Erfasst werden demnach Gesellschaften, die in zwei aufeinanderfolgenden Jahren ***zumindest zwei*** der nachfolgenden drei Merkmale überschreiten:

- Bilanzsumme von 3.438.000,00 EUR
- Umsatz von 6.875.000,00 EUR
- im Jahresdurchschnitt 50 Mitarbeiter

Zufallsausschläge in einem besonders guten Geschäftsjahr sollen nicht maßgeblich sein. Die Merkmale müssen deshalb gem. § 267 Abs. 4 Satz 1 HGB an ***zwei aufeinanderfolgenden*** Geschäftsjahren erfüllt sein. Grundsätzlich erfasst sind auch ***börsennotierte*** Aktiengesellschaften. Sie gelten stets als große Kapitalgesellschaften, unterfallen also automatisch der Pflicht zur Lageberichtserstattung, auch wenn sie nach den Größenmerkmalen nicht erfasst wären.

*Kleine Kapitalgesellschaften*

Kleine Kapitalgesellschaften, die unterhalb dieser Schwellenwerte verbleiben, haben weiterhin die Möglichkeit auf die Aufstellung des Lage- und somit Risikoberichtes ***zu verzichten***. Eine ***besondere Berichtspflicht*** besteht gem. § 264 Abs. 2 Satz 2 HGB, wenn aufgrund besonderer Umstände der Jahresabschluss kein den tatsächlichen Verhältnissen entsprechendes Bild der Gesellschaft vermitteln kann. Für diesen Fall müssen auch kleine Kapitalgesellschaften im Anhang zum Jahresabschluss besondere zusätzliche Angaben machen, die ein ***schiefes Bild*** der Gesellschaft vermeiden.

*Zusätzliche Angaben*

Zusätzliche Angaben über die Pflichtangaben des Jahresabschlusses hinaus sind demnach erforderlich, wenn der Jahresabschluss hinter der Aussagekraft eines Jahresabschlusses unter normalen Umständen zurückbleibt. Die zusätzlichen Angaben sollen sowohl ein zu günstiges, wie auch ein zu ungünstiges Bild des Unternehmens korrigieren. Ein ***zu günstiges Bild*** droht etwa, wenn Vorteile, die in der Bilanz nicht auszuweisen sind, in Zukunft wegfallen, z. B. wenn in Zukunft ein wichtiges unternehmenstragendes Patent ausläuft oder eine essentielle Rohstoffzulieferung nicht mehr erfolgen kann.

**Anwendbarkeit KonTraG**

mittlere und große Kapitalgesellschaften (AG und GmbH), sofern
- börsennotiert oder
- zwei der folgenden Parameter zwei Jahre in Folge überschritten:
  3.438.000 EUR Bilanzsumme
  6.875.000 EUR Umsatz
  durchschnittlich 50 Mitarbeiter

kleine Kapitalgesellschaften nur ausnahmsweise

### 9.2.4 Risikomanagement – Überwachungssystem

Das KonTraG dient der Kontrolle und Überwachung und damit der Verhinderung von Unternehmenskrisen. Rechtspolitisch motiviert wurde das Gesetz durch erhebliche Mängel im deutschen Aufsichtsratssystem, die insbesondere beim Niedergang der Metallgesellschaft offenbar wurden. Eine weitere Neuerung des KonTraG betrifft unmittelbar die gesetzlichen Vorgaben für ein effektives ***Überwachungssystem*** und ***Risikomanagement***.

*Gesetzeswortlaut*

Gem. § 91 Abs. 2 AktG hat der Vorstand einer Aktiengesellschaft „geeignete Maßnahmen zu treffen, insbesondere ein Überwachungssystem einzurichten, damit den Fortbestand der Gesellschaft gefährdende Entwicklungen früh erkannt werden".

*Eingriff in „Corporate Governance"*

Dieser Eingriff des Gesetzgebers in die „Corporate Governance" (= Führung und Überwachung des Unternehmens) auferlegt dem Vorstand ***Organisations- und Sorgfaltspflichten***:

- Frühwarnsystem: präventive Überwachung und Erkennung von Fehlentwicklungen, z. B. im Bereich IT-Security
- Risikomanagement: Klassifizierung und Controlling von Unternehmensrisiken

*Bisherige Vorstandspflichten*

Auch nach den bisher geltenden Rechtsgrundsätzen gehörte es zu den zwingenden Pflichten der Geschäftsleitung, ***unternehmensgefährdende Risiken*** möglichst frühzeitig aufzuspüren und zu erkennen. Aus der umfassenden Leitungspflicht des Vorstands gem. § 76 Abs. 1 AktG folgt auch die Pflicht, ein funktionsfähiges Kontrollsystem einzurichten, um das Gesamtgeschehen im Unternehmen zu steuern und Schaden abzuwenden. In der Praxis war deshalb ein unternehmensinternes ***Risiko-Controlling*** bereits vor den Änderungen durch das KonTraG weit verbreitet. Insofern hat § 91 Abs. 2 AktG n.F. lediglich klarstellenden Charakter (so auch die Gesetzesbegründung in BT-Drucksache 13/9712, S. 15).

*Gesetzliche Betonung*

Allerdings darf nicht verkannt werden, dass zwischen einer verbreiteten Begrifflichkeit und Übung im Unternehmen und der gesetzlichen Verpflichtung große Unterschiede bestehen. Durch § 91 Abs. 2 AktG n.F. wird die Verpflichtung des Vorstands betont, für ein angemessenes Risikomanagementsystem zu sorgen. Die explizite gesetzliche Ausformulierung verleiht den Geschäftsleitungspflichten eine ganz andere Prägnanz. Die Verantwortlichkeit des Vorstands und aller seiner Mitglieder, wie auch die des Aufsichtsrates und seiner Mitglieder wird ***nachdrücklich unterstrichen***. Vor dem Hintergrund der Katastrophe, welche die Metallgesellschaft und andere bedeutende Unternehmen erlitten haben, wollte sich der Gesetzgeber nicht mit bloßen Anregungen begnügen, sondern hat ein Geflecht ***zwingender Verhaltensanordnungen*** geschaffen, eben ein Risiko-Erkennungssystem oder auch Risk-Managementsystem. Die allgemeine Leitungsaufgabe des Vorstands gem. § 76 AktG wird konkretisiert.

*Details*

Wie ein Risikomanagementsystem, das die Vorgaben des KonTraG erfüllen will, im Detail auszusehen hat, wird in der Gesetzesbegründung ***nur grob*** umschrieben. Die konkrete Ausformung der Geschäftsleitungspflichten hängt von der Größe, Branche, Struktur usw. eines Unternehmens ab. Hier besteht im Einzelnen noch viel Diskussionsbedarf. Neben die Kontrolle des internen Überwachungssystems muss der Aufbau eines Frühwarnsystems treten. Hierfür sind von der Unternehmensleitung ***Frühindikatoren*** festzulegen, die in der Lage sind, wesentliche Risiken rechtzeitig zu erkennen. Gefordert wird in diesem Zusammenhang die organisatorische Einrichtung eines ***Informationssystems***, das die Weiterleitung von Informationen so frühzeitig bewerkstelligt, dass in Krisensituationen noch die notwendigen Maßnahmen zur Bewältigung ergriffen werden können. Aufgrund der Bedeutung einer funktionsfähigen ***IT-Infrastruktur*** für fast alle Unternehmen, erscheint es jedoch zwingend, die Funktionsfähigkeit der IT-Systeme in die bestandsgefährdeten Risiken für ein Unternehmen mit aufzunehmen.

*Banken*

Für Banken gibt es sogar Spezialbestimmungen betreffend das Risikomanagement. Ein Kreditinstitut muss gemäß § 25 a Abs. 1 KWG (Kreditwesengesetz) über geeignete Regelungen zur Steuerung, Überwachung und Kontrolle der Risiken, über ein angemessenes internes Kontrollverfahren sowie über angemessene Sicherheitsvorkehrungen für den Einsatz der elektronischen Datenverarbeitung verfügen.

*Anwendung auf GmbH*

Das KonTraG hat hier lediglich die Bestimmungen des Aktiengesetzes, nicht aber die Bestimmungen des GmbH-Gesetzes geändert. Die erweiterten Organisations- und Sorgfaltspflichten treffen daher rein formal-rechtlich betrachtet den Geschäftsführer einer GmbH zunächst nicht. Laut der Gesetzesbegründung (BT-Drucksache 13/9712, Seite 15) sollen die Änderungen im Aktiengesetz auch Ausstrahlungswirkung auf diejenigen GmbHs haben, die aufgrund ihrer Größe und Struktur mit der AG vergleichbar sind. Damit ist die ***entsprechende Anwendung*** der Vorgaben des § 91 Abs. 2 AktG n.F. auf vergleichbare GmbHs durch die Rechtsprechung vorprogrammiert. Sie wird bereits diskutiert.

### 9.2.5 Haftung der Geschäftsleitung

*Gesetzliche Regelung*

Eine Verletzung der Risikovorsorgepflichten des Vorstands gem. § 91 Abs. 2 AktG n.F. kann zum Schadenersatz führen. Die Haftungstatbestände für den Vorstand sind im deutschen Aktienrecht bemerkenswert ***rigide*** ausgestaltet. Gem. § 93 Abs. 2 Satz 1 AktG sind Vorstandsmitglieder, die ihre Pflichten verletzen der Gesellschaft als Gesamtschuldner zum ***Schadenersatz*** verpflichtet. Damit ist im Schadensfalle nicht nur die Gesellschaft, sondern auch das einzelne Vorstandsmitglied ***persönlich*** haftbar.

*Rechtsprechung*

Die zum Teil vertretene Auffassung, wonach die zivilrechtliche Haftung von Vorstandsmitgliedern im deutschen Recht zwar besonders streng ausgestaltet, aber in der Praxis von nur untergeordneter Bedeutung sei, kann angesichts der zahlreichen anderslautenden ***Gerichtsentscheidungen*** in dieser Allgemeinheit nicht aufrechterhalten werden. Belegt wird dies auch durch die zahlreichen Möglichkeiten der Vorstandsmitglieder, ihr Risiko wegen Verletzung von Sorgfaltspflichten auf Schadensersatz in Anspruch genommen zu werden, ***versichern*** zu lassen.

*Verschulden*

Die Schadensersatzpflicht des Vorstands gemäß § 93 Abs. 2 Satz 1 AktG setzt ein ***schuldhaftes*** Handeln voraus, also einen vorsätzlichen oder fahrlässigen Verstoß gegen die Sorgfaltspflichten eines ordentlichen und gewissenhaften Geschäftsleiters gemäß § 93 Abs. 1 Satz 1 AktG. Anders als gegenüber Aufsichtsratsmitgliedern (LG Hamburg ZIP 1981, 194, 197) gilt ein objektiver Verschuldensmaßstab (BGH WM 1971, 1548,1549), so dass sich ein Vorstandsmietglied nicht auf fehlende ***Spezialkenntnisse*** – etwa im besonders komplexen IT-Sicherheitsbereich berufen kann. Sofern dem Vorstand die notwendigen Kenntnisse fehlen, ist es seine Pflicht, sich fachkundiger Hilfe zu bedienen (BGH WM 1983,498; 1958, 1544). Das Verhalten des Vorstands muss sich daher an den objektiv vom Aktienrecht vorgegebenen Sorgfaltsmaßstäben orientieren, so dass es auf die individuellen Eigenschaften seiner Person nicht ankommt (BGH WM 1983, 1856; 1981, 440, 442; 1971, 1548, 1549).

Sofern mehrere Vorstandsmitglieder ihre Sorgfaltspflichten verletzen, haften sie der Gesellschaft gemäß § 93 Abs. 2 Satz 1 AktG für den daraus entstehenden Schaden als ***Gesamtschuldner***.

*Haftung gegenüber Aktionären*

§ 93 Abs. 2 Satz 1 AktG regelt lediglich die Haftung der Vorstandsmitglieder gegenüber der „Gesellschaft". Dagegen enthält das Aktiengesetz keinen ***allgemeinen Haftungstatbestand*** zugunsten der Aktionäre oder Gesellschaftsgläubiger. Diese müssen ihre möglichen Schadenersatzansprüche auf § 823 Abs. 2 BGB in Verbindung mit einem ***Schutzgesetz*** stützen. § 93 Abs. 2 AktG ist jedoch kein solches Schutzgesetz im Sinne von § 823 Abs.2 BGB zugunsten der Gesellschaftsgläubiger oder Aktionäre, sondern die für Ersatzansprüche der Gesellschaft gegen ihre Organe maßgebliche Anspruchsgrundlage selbst (BGH WM 1979, 853, 854). § 93 Abs. 1 und 2 AktG dient also dem Schutz der Gesellschaft vor einer unsorgfältigen Geschäftsführung durch den Vorstand. Gegenüber den Aktionären haften die Vorstandsmitglieder nicht unmittelbar aus § 93 Abs. 2 AktG.

*Klagerzwingung*

Die Aktionäre können jedoch gem. § 147 AktG eine Klage der Gesellschaft gegen die Vorstandsmitglieder initiieren, wenn sich diese pflichtwidrig verhalten. Die notwendige Steuerung von Kapitalgesellschaften ist ohne eine ***Organhaftung***, also zivilrechtlicher Schadensersatzansprüche z. B. gegen pflichtwidrig handelnde Vorstandsmitglieder, nicht denkbar. Die Schwachstelle im deutschen System der Organhaftung war bislang die nur eingeschränkte Möglichkeit der Aktionäre, Klagen aus Organhaftung zu erzwingen. § 147 Abs. 1 Satz 1 AktG gibt den Aktionären die Möglichkeit, Schadensersatzansprüche gegen die Mitglieder des Vorstands oder des Aufsichtsrates zu erzwingen, wenn es die Hauptversammlung mit einfacher Stimmenmehrheit beschließt, oder eine ***Minderheit der Aktionäre***, deren Anteile zusammen 10 % des Grundkapitals ausmachen, es verlangt. Dieses Minderheitsrecht war jedoch bislang in der Rechtspraxis ein nur stumpfes Schwert, da die Eintrittsschwelle zu hoch war. Das KonTraG hat deshalb in § 147 Abs. 3 Satz 1 AktG n.F. die Schwelle auf ***5 % des Grundkapitals*** herabgesetzt, wodurch die Klagerzwingung von Schadensersatzansprüchen der Gesellschaft gegen Organmitglieder durch die Aktionäre erleichtert werden soll.

*Haftung gegenüber Gläubigern*

Der Schadensersatzanspruch der Gesellschaft kann gemäß § 93 Abs. 5 AktG auch von den Gesellschaftsgläubigern geltend gemacht werden, soweit diese von der Gesellschaft keine Befriedigung erlangen können. Dies gibt den Gläubigern zwar keinen eigenen Anspruch, aber ermächtigt sie, den Anspruch der Gesellschaft ***im eigenen Namen*** und im eigenen Interesse geltend zu machen. Voraussetzung hierfür ist, dass die Verletzung einer der Sondertatbestände des § 93 Abs. 3 AktG oder aber eine ***grob fahrlässige*** Verletzung der Sorgfaltslichten durch den Vorstand gegeben ist.

### 9.2.6 Beweislast

*Beweislastumkehr*

Ergänzt wird diese Haftung durch eine teilweise ***Umkehr der Darlegungs- und Beweislast***. Ist unklar und daher streitig, ob die Vorstandsmitglieder die notwendige Sorgfalt einer ordentlichen und gewissenhaften Geschäftsleitung angewandt haben, so trägt hierfür nicht der Anspruchsteller, der den Schadenersatzanspruch geltend macht, die Beweislast, sondern die Vorstandsmitglieder selbst. Die Beweislastumkehr rundet das Überwachungssystem ab, da ein Anspruchsteller in aller Regel ***keinen Einblick*** in die Unternehmensinterna hat und deshalb die Voraussetzungen für Schadenersatzansprüche nur schwer recherchieren und beweisen kann. Damit ist der Vorstand nicht nur zur Erfüllung seiner Risikovorsorgepflichten angehalten, sondern tut gut daran, die Erfüllung dieser Pflichten detailliert zu belegen (***Dokumentation***), um einer eventuellen Darlegungs- und Beweislast nachkommen zu können. Allerdings wird die Delegation der entsprechenden Aufgaben an die Fachabteilungen in aller Regel so erfolgen, dass der spätere Nachweis gelingen sollte.

*Verteilung der Beweislast*

Es handelt sich um eine ***teilweise*** Umkehr der Beweislast zu Lasten der Geschäftsleitung, so dass eine Aufteilung zwischen Vorstand und Gesellschaft besteht. Ist streitig, ob die Vorstandsmitglieder die Sorgfalt eines ***ordentlichen und gewissenhaften*** Geschäftleiters erfüllt haben, so trifft sie hierfür gemäß § 93 Abs. 2 Satz 2 AktG die Darlegungs- und Beweislast. Die Gesellschaft hat in einem eventuellen Schadensersatzprozess lediglich darzulegen und zu beweisen, dass ihr durch das Verhalten der Vortandsmitglieder ein Schaden entstanden ist (BGH WM 1985, 1293; 1972, 1121, 1122; 1971, 125, 126; BGH ZIP 1980, 776). Dabei dürfen an die Nachweispflicht bezüglich dieser ***Schadensverursachung*** keine allzu strengen Anforderungen gestellt werden.

*Beispiel*

Tritt beispielsweise ein ***Virusschaden*** ein, so genügt das Gutachten eines Sachverständigen, wonach der Schadenseintritt durch den Betrieb eines upgedateten Virenscansystems vermeidbar war. Hat die Gesellschaft dergestalt die Schadensverursachung nachgewiesen, so werden Sorgfaltspflichtverletzung und Verschulden des Vorstands vermutet. Es ist sodann Sache der Vorstandmitglieder, diese ***Beweisvermutung*** zu entkräften.

### 9.2.7 Prüfung durch Aufsichtsrat und Abschlussprüfer

*Gesetzliche Ausrichtung*

In der Vergangenheit sind Aufsichtsräte und Wirtschaftsprüfer durch spektakuläre Unternehmenszusammenbrüche, wie die der Metallgesellschaft, in die öffentliche Kritik geraten. Das KonTraG ist als Reaktion des Gesetzgebers auf diese Situation zu verstehen. Vor allem die Schwächen und Fehlleistungen im Kontrollsystem der Aktiengesellschaft sollen mit dem Gesetz korrigiert werden. Das KonTraG als Artikelgesetz ändert in der Hauptsache Vorschriften des AktG und HGB im Sinne einer ***Reform des Aufsichtsrates***, einer Erhöhung der Transparenz der Unternehmenssituation nach außen und damit korrespondierend die erweiterten Anforderungen an die gesetzliche ***Abschlussprüfung***.

*Auftragserteilung durch Aufsichtsrat*

Mit dem KonTraG wird die Position des Aufsichtsrates bei der Kontrolle des Vorstands gestärkt. Nach dem bisherigen Recht wurde der Abschlussprüfer gem. § 318 Abs. 1 Satz 4 HGB a.F. von der Geschäftsführung beauftragt. Aufgrund der Änderungen des KonTraG wird künftig gem. § 111 Abs. 2 Satz 3 AktG n.F. der Prüfungsauftrag für den Jahresabschluss nicht mehr vom Vorstand, sondern vom ***Aufsichtsrat*** erteilt. Damit soll die Hilfsfunktion des Prüfers für den Aufsichtsrat bei der Bewältigung seiner Kontrolltätigkeit und die Unabhängigkeit vom Management unterstrichen werden. Insbesondere hat der Aufsichtsrat mit dem Prüfer dessen Vergütung zu vereinbaren, um die ***Kungeleien*** der Vergangenheit zu vermeiden.

*Risikobericht*

Der Lagebericht ist gem. § 317 Abs. 2 HGB vom Abschlussprüfer zu überprüfen, insbesondere ob er eine zutreffende Vorstellung von der Lage des Unternehmens vermittelt. Dabei fordert § 317 Abs. 2 Satz 2 HGB den Abschlussprüfer explizit dazu auf, auch zu überprüfen, ob die ***Risiken der künftigen Entwicklung*** zutreffend dargestellt sind. Auch hier wird also die Wichtigkeit des Risikoberichts vom Gesetzgeber nochmals betont. Damit wird der Prüfungsumfang ganz erheblich ***ausgeweitet***, sodass sich der Abschlussprüfer noch intensiver mit dem Unternehmen und seinem Umfeld auseinander zu setzen hat. Die Darstellung der Risiken muss den Fakten entsprechen und vollständig sein. Der Abschlussprüfer wird, um die Darlegungen des Vorstands kritisch beurteilen zu können, eine eigenständige Sichtung und Beurteilung der künftigen Risiken vornehmen müssen. Hierfür ist gerade im Bereich IT-Sicherheit auch der Erwerb des erforderlichen technischen Know-hows geboten. Die neue Aufgabenstellung des Abschlussprüfers kommt den Interessen des Aufsichtsrates entgegen, der die Geschäftsführung ebenfalls zu überwachen hat und dabei auch künftige Risiken berücksichtigen muss.

*Risiko-Controlling*

Der Abschlussprüfer hat gem. § 317 Abs. 4 HGB n.F. die Einrichtung und Funktionsfähigkeit des Risiko-Controllings zu beurteilen, sofern es sich um eine ***börsennotierte*** Aktiengesellschaft handelt. Damit betont der Gesetzgeber die Überwachungsfunktion des Abschlussprüfers im Hinblick auf die gesetzlich verankerten Vorstandspflichten. Der besondere Sinn und Zweck des § 91 Abs. 2 AktG liegt auch in der korrespondierenden ***Erweiterung*** des Prüfungsumfanges des Abschlussprüfers und der Berichterstattung gegenüber dem Aufsichtsrat.

*Haftung des Aufsichtsrates*

Die Überprüfung des Vorstands durch den Abschlussprüfer ist auch im Hinblick auf die Haftung des Aufsichtsrates von Bedeutung. Korrespondierend zur Betonung der Risikovorsorgepflichten des Vorstands steigen auch die Anforderungen an die Überwachung dieser Vorstandspflichten durch den Aufsichtsrat. Gerade die Stärkung der Zusammenarbeit von Aufsichtrat und Abschlussprüfer soll bei dieser ***Überwachungsfunktion*** Unterstützung bringen. Allein schon aus Gründen der Haftungsbegrenzung werden sicherlich auch Aufsichtsräte von nichtbörsennotierten Aktiengesellschaften den Prüfungsumfang des Abschlussprüfers auf die Risikovorsorgepflichten des Vorstands ausdehnen. Der Aufsichtsrat kann sich so vor unliebsamen Überraschungen schützen.

## 9.3 Zertifizierung von IT-Sicherheit

In Folge insbesondere des Organisationsverschuldens im Unternehmen, der Sorgfaltspflichtverletzungen der Geschäftsleitung sowie der daraus resultierenden Haftungsfolgen für das Unternehmen, wie auch der persönlichen Haftung des Vorstands, stellt sich naturgemäß die Frage, ob solche Haftungsfolgen sicher vermieden werden können.

### 9.3.1 Vorteile und Standards

*Haftungsvermeidung*

Der ***effektivste Schutz*** gegen persönliche Haftung und Organisationsverschulden ist sicherlich die Durchführung der Zertifizierung von Abläufen und Geschäftsprozessen. Die Zertifizierung führt nicht allein zur Erstellung eines technischen und organisatorischen ***Sicherheitskonzeptes***, zur Anschaffung und Installation der hierfür notwendigen Sicherheitstechnik und zur Durchführung der notwendigen organisatorischen und rechtlichen Maßnahmen im Unternehmen, sondern vor allem auch zur Einführung eines ***geprüften Sicherheitsniveaus*** und zur Vergleichbarkeit mit anderen Standards.

*Nachweisfunktion*

Größter Vorteil der Zertifizierung ist jedoch, dass IT-Sicherheit im Unternehmen nicht nur installiert, sondern die ***Nachweisbarkeit*** eines geprüften Sicherheitsniveaus gegenüber Dritten nach außen ermöglicht wird. Wichtig vor allem, wenn externe Dritte bezüglich der IT-Sicherheit Anforderungen an das Unternehmen stellen. So etwa der ***Abschlussprüfer***, der im Rahmen der Anforderungen des KonTraG die ordnungsgemäße Erfüllung der notwendigen Risikovorsorgepflichten überprüft; oder die Vorgaben einer kreditgebenden Bank, die im Rahmen des ***Ratingverfahrens nach Basel II*** die Kreditwürdigkeit des Unternehmens auch im Hinblick auf ein vorhandenes Sicherheitsniveau prüft. In all diesen Fällen kann durch ein Zertifikat der lückenlose Nachweis der verlangten Anforderungen geführt werden.

*Vorhandene Standards*

Es stellt sich die Frage, welche Zertifizierung vorzugswürdig ist. Rechtlich zwingende Vorgaben des ***Gesetzgebers*** sind nicht vorhanden. Allerdings gibt es eine ganze Reihe von nationalen und internationalen Standards. Die wichtigsten sind:

- ***ISO 17799***, identisch mit dem British Standard (BS 7799)
- der deutsche ***BSI-Standard*** nach IT-Grundschutzhandbuch

Dabei hat das IT-Grundschutzhandbuch den Vorteil, dass es als ein behördlicher Standard des BSI (Bundesamt für Sicherheit in der Informationstechnik) ein hohes Maß an Integrität und Glaubwürdigkeit in der Wirtschaft, öffentlichen Verwaltung und bei den Gerichten genießt. Ob sich der Standard als *der* Standard durchsetzen wird, kann gleichwohl bisher noch nicht abschließend beurteilt werden. Vieles spricht jedoch dafür, weshalb auf Inhalte und Voraussetzungen etwas näher eingegangen werden soll.

### 9.3.2 IT-Grundschutz nach BSI

*Zielsetzung*

Es handelt sich um einen ***ganzheitlichen*** Sicherheitsansatz, der mit einem hohen Maß an Ausführlichkeit und Gründlichkeit versucht, alle relevanten Bereiche der IT-Sicherheit zu erfassen. So z. B. auch bautechnische Fragen der Gebäudesicherheit. Neben den rein technischen Aspekten schließt das IT-Grundschutzhandbuch aber auch alle in der vorliegenden Abhandlung erörterten, ***rechtlichen Anforderungen***, etwa des Datenschutzes nach BDSG, mit ein. Eine detaillierte Darstellung der juristischen Sicherheit enthält der Kurzleitfaden des BSI (Kap. Vorschriften und Gesetze, S. 8)

*Erwerb*

Erworben wird das BSI-Zertifikat durch das Audit eines nach den Maßstäben des IT-Grundschutzhandbuches ***zertifizierten Auditors***.

*Inhalt*

Das IT-Grundschutzhandbuch enthält eine detaillierte Beschreibung von Standardsicherheitsmaßnahmen, mit dem hohen Anspruch der ***umfassenden*** Geltung für alle EDV-Systeme. Zum Inhalt im Einzelnen:

- Beschreibung der Gefährdungslage
- Standardsicherheitsmaßnahmen für normalen Schutzbedarf
- Einfache Verfahrensweise zur Ermittlung des Sicherheitsniveaus durch Soll-Ist-Vergleich
- Beschreibung des Prozesses, um angemessenes Sicherheitsniveau zu erreichen und zu halten
- Detaillierte Maßnahmebeschreibungen zur Umsetzung

*Vorteile*

Wer sich den detaillierten Anforderungen des IT-Grundschutzhandbuches unterwirft, ist im Hinblick auf die rechtliche Haftungsproblematik umfassend geschützt. Im Rahmen von Schadensersatzansprüchen und Strafverfahren wird durch den Nachweis des IT-Grundschutzniveaus durch Vorlage eines entsprechenden Zertifikates mit hoher Wahrscheinlichkeit auch jeder Vorwurf eines Organisationsverschuldens gegenüber dem Unternehmen oder von Sorgfaltspflichtverletzungen gegenüber den Vorstandsmitgliedern zu entkräften sein. Weitergehende Anforderungen als von einer ***behördlichen Instanz*** vorgegeben kann weder der Gesetzgeber noch ein Gericht verlangen. Es ist vielmehr im Gegenteil sogar so, dass die detaillierten und weitreichenden Vorgaben des BSI-Standards für kleine Unternehmen aufgrund der anfallenden Kosten nicht verhältnismäßig sind und deshalb auch kein verbindlicher Maßstab sein können. Im Umkehrschluss bietet aber die Zertifizierung nach dem IT-Grundschutzhandbuch ein sehr hohes Maß an ***Haftungssicherheit***.

## 9.4 Rating nach Basel II

*Kreditsicherung*

Die neue Baseler Eigenkapitalvereinbarung (Basel II) verlangt bei sogenannten ***operationellen Risiken*** vom Unternehmen explizit eine Unterlegung von Eigenkapital für die Kreditsicherung. Da die ***IT-Infrastruktur*** heute in vielen Unternehmen die Geschäftsprozesse vollständig beherrscht, gelten die Risiken, die sich aus der Nutzung moderner Informationstechnologien ergeben, als zentraler Bestandteil der operationellen Risiken. Sofern ein Unternehmen ohne die IT einen Totalausfall erleidet und nur wenige Tage wirtschaftlich überleben kann, gehören die Risiken aus der IT-Sicherheit zu den wesentlichen Bestandsgefahren, denen sich ein Unternehmen gegenübersieht.

*IT-Sicherheit als Rating-Faktor*

Die Beherrschung der IT-Risiken ist deshalb ein wichtiger ***Rating-Faktor*** des Unternehmens im Rahmen der Kreditvergabe nach Basel II. Dies stellt nun auch das BSI ausdrücklich in seinem Kurzleitfaden (dort S. 8) klar:

„Auch Banken sind inzwischen gezwungen, bei der Kreditvergabe IT-Risiken des Kreditnehmers zu berücksichtigen, was sich unmittelbar auf die angebotenen Konditionen auswirken wird (Stichwort: Basel II)".

*Bessere Kreditkonditionen*

Ein hohes Sicherheitsniveau sowie ein effizientes Risiko- bzw. Sicherheitsmanagement-System, dass die Messung der verbleibenden Rest-Risiken erleichtert, führt zu einer reduzierten ***Eigenkapitalunterlegung***. Dokumentiert werden kann das vorhandene Sicherheitsniveau z. B. durch aussagekräftige Zertifizierungen nach BSI-Grundschutz oder ISO 17799.

## 9.5 Juristische Sicherheit

Im Rahmen dieser Abhandlung wird naturgemäß auf die Darstellung der rechtlichen Gestaltungselemente zur Schaffung von IT-Sicherheit die oberste Priorität gesetzt. Es sollen deshalb in der Folge die ***juristischen Dienstleistungen***, die im Zuge eines ganzheitlichen Sicherheitskonzeptes herangezogen werden können, im Überblick dargestellt.

### 9.5.1 Rechtliche Gestaltung

- Gestaltung der rechtlichen Komponenten in der Security-Policy
- Ausarbeitung von Betriebs- bzw. Dienstvereinbarungen
- Gestaltung von Nutzungsrichtlinien für Mitarbeiter (etwa bezüglich der Internet- und E-Mailnutzung, Datenschutz etc)
- Anpassung und Gestaltung der Arbeitsverträge

- IT-Vertragsgestaltung (rechtliche Steuerung von IT-Outsourcing, Service-Level-Agreements, Softwareverträge, IT-Infrastructure-Library, ITIL etc.)
- Gestaltung von allgemeinen Geschäftsbedingungen (AGB)
- Gestaltung des rechtsicheren Auftritts im Internet, sicherer E-Business
- Rechtsichere Einführung der digitalen Signatur und digitaler Zahlungsmittel

### 9.5.2 Risikomanagement

- Gesetzliche Verpflichtungen zur IT-Security
- Risikomanagement nach KonTraG, Frühwarnsystem, Lage- und Risikobericht
- Erstellung von Notfallkonzepten, rechtliche Abwehrmaßnahmen
- Möglichkeiten der Zertifizierung
- Versicherungsmöglichkeiten des IT-Risikos, Überprüfung von Versicherungspolicen

### 9.5.3 Datenschutzkonzept

- Überprüfung des Datenschutzniveaus, Datenschutzbestandsaufnahme
- Rechtsicherer Umgang und Verwertung von Kundendaten
- Legale Mitarbeiterkontrolle, Auswertung der Logfiles und Mailboxen
- Externe Übernahme der Funktion des Datenschutzbeauftragten, betriebsinterne Datenschutzschulungen
- Anpassung, Ausarbeitung von Datenschutzerklärungen
- Datenschutzaudit

## Datenschutzkonzept

**Bestandsaufnahme:**

- Sichtung vorhandener Richtlinien, Betriebsvereinbarungen, workflows etc.
- Aufnahme der anfallenden relevanten DV-Vorgänge
- durch Aufnahme des gesamten Sachverhalts vor Ort im Gespräch mit den beteiligten Mitarbeitern
- Analyse der relevanten Arbeitsabläufe ebenfalls vor Ort mit den maßgeblichen Mitarbeitern

**Begutachtung:**

- Schwachstellenanalyse und Soll-Ist-Vergleich
- Schriftliche Ausarbeitung der rechtlichen Anforderungen und des tatsächlich umgesetzten Niveaus
- Schriftliche Verbesserungsvorschläge und Maßnahmenkatalog

**Interaktion**

- Umsetzung der rechtskonformen Arbeitsabläufe
- durch fortlaufende Beratung und Schulung der beteiligten Mitarbeiter bzgl. der anfallenden Rechtsfragen und notwendigen Maßnahmen

**rechtliche Gestaltung**

- der herausgearbeiteten Ergebnisse und Lösungen
- in Arbeitsverträgen, AGBs, Betriebs-/Dienstvereinbarungen, Policies etc.

### 9.5.4 Beratung, Schulung, Workshops

- Juristische Beratung, Sensibilisierung der Sicherheitsentscheider
- Vorträge, Seminare bezüglich juristischen Fachwissens für EDV-Leiter, Administratoren, IT-Mitarbeiter, Revisoren, Personale etc.
- Ausbildung, Fortbildung des Datenschutzbeauftragten
- Inhouse-Schulungen, Kundenveranstaltungen

# 10 Outsourcing von IT-Dienstleistungen

*Gefragte Dienstleistung*

Auch in Zeiten der konjunkturellen Flaute verzeichnet das Outsourcing-Segment noch zweistellige Wachstumsraten. Vor allem das IT-Security-Outsourcing – z. B. die externe Überwachung von IT-Sicherheitssystemen – hat sich zu einer gefragten Dienstleistung entwickelt.

## 10.1 Ausgangslage

*Gestiegene Anforderungen*

Die Durchführung von IT-Projekten ist in den letzten Jahren schwieriger geworden. Auf der einen Seite wird das ***technische Umfeld*** immer komplexer. Die IT-Abteilungen und ihre Verantwortlichen werden fortlaufend mit neuen Problemen und Herausforderungen, wie etwa momentan der Spam-Flut, konfrontiert. Die ***rechtlichen Anforderungen*** werden zunehmend dichter. Sei es, weil der Gesetzgeber durch das KonTraG im Hinblick auf die IT-Sicherheit ein Risikomanagement verlangt, oder weil illegale Inhalte, wie mp3-Files oder Pornografie, aufgrund verschärfter Gesetze verhindert werden müssen.

*Hohe Erwartungshaltung*

Gleichzeitig wird der Kostendruck durch Reduzierung der Budgets erhöht. Der einengende Blick auf den ***Return on Investment*** ist bei IT-Projekten besonders ausgeprägt, auch wenn es um IT-Sicherheit geht. Folgerichtig übertragen viele Unternehmen IT-Dienstleistungen auf externe Dritte, um Kosten zu sparen und sich auf ihr Kerngeschäft zu konzentrieren, obwohl mit den IT-Prozessen nicht immer nur Beiwerk, sondern zum Teil auch ***maßgebliche Unternehmensabläufe*** ausgelagert werden. Entsprechend hoch ist die Erwartungshaltung an das Qualitätsniveau des IT-Outsourcing. Bei dieser Ausgangslage wundert es nicht, dass die ***Unzufriedenheit*** bei vielen Outsourcing-Projekten ansteigt.

*Rechtssicherheit durch Vertragsgestaltung*

Angesichts der hohen Investitionskosten überraschend, ist die ***spärliche Rechtsprechung***, die bisher zu Outsourcing-Verträgen ergangen ist. Insbesondere auch, weil in anderen IT-Problemfeldern – wie beispielsweise der Softwareentwicklung –

eine umfangreiche Rechtsprechung vorliegt. In der Folge fehlt auch die notwendige Rechtssicherheit, sodass für das Gelingen der Outsourcing-Projekte die rechtliche Steuerung durch vertragliche Gestaltungen von zentraler Bedeutung ist.

## 10.2 Was ist Outsourcing?

*Bedeutung*

Outsourcing ist die Abkürzung für „Outside Resource Using" und heißt frei übersetzt ***Funktionsauslagerung***. Grundsätzlich bedeutet Outsourcing den klassischen Zukauf von Leistungen. Keiner kann alles können. Daher mussten Unternehmen seit jeher vor allem Spezialaufträge an Externe vergeben, um sich den nötigen Freiraum zu schaffen, ihr Kerngeschäft effizient zu betreiben.

*Abgrenzung zur Auftragsvergabe*

Ist Outsourcing also nur ein weiterer Anglizismus für Altbekanntes? Die Frage ist zu verneinen. In der Vergangenheit erfolgte eine Auftragsvergabe nach außen, die lediglich ***untergeordnete Geschäfts- und Unternehmensprozesse*** zum Gegenstand hatte. Dabei entsprach es der unternehmerischen Führungskultur, alle Fäden in der Hand zu halten. Auf keinen Fall wären Teile der Schalt- und Nervenzentrale eines Unternehmens, wie sie die moderne IT-Infrastruktur mit ihrer Kommunikations-, Informations- und Transportfunktion darstellt, ausgelagert worden. Viel zu groß wäre die Angst vor Fremdbeherrschung und Abhängigkeit gewesen. Überdies waren auch mangels einer Vernetzung die technischen Möglichkeiten für einen solch dezentralen Unternehmensaufbau nicht gegeben. Dies hat sich im Informationszeitalter grundlegend geändert. Der Vorstandschef muss sein Unternehmen nicht mehr zu Fuß begehen können, sondern kann sich auf eine moderne Infrastruktur stützen, welche auch die Auslagerung komplexer und zentraler Unternehmensprozesse erlaubt. Hierin liegt der ***Qualitätssprung*** zwischen dem klassischen Fremdauftrag und dem heutigen Outsourcing.

*Definition*

Outsourcing definiert sich daher als Auslagerung wichtiger und komplexer Unternehmensprozesse auf externe Partner über einen mehrjährigen Zeitraum hinweg durch ein rechtlich gesteuertes Projekt, das ein hohes und messbares Qualitätsniveau gewährleistet und zur eigenverantwortlichen Aufgabendurchführung durch den Externen führt.

## 10.3 Rangliste der Outsourcing-Vorteile

- Kosteneinsparung
- Konzentration auf das Kerngeschäft
- Flexibilität und Anpassungsfähigkeit
- Unternehmenstransformation

## 10.4 Rangliste der ausgelagerten Bereiche

- Anwendungsentwicklung
- IT-Infrastruktur
- Gehaltsabrechnung
- IT-Help-Desk

## 10.5 Erscheinungsformen

*Kerngeschäft*

Das Kerngeschäft eines Unternehmens oder wesentliche Teile davon werden in der Regel für eine Auslagerung schon deshalb nicht infrage kommen, weil das damit verbundene Know-how als zentraler Unternehmenswert schon aus Konkurrenzgründen nicht nach außen gelangen darf. Kernnahe Tätigkeiten mit lediglich unterstützendem Charakter sind dagegen einer Übertragung auf einen externen Dienstleister zugänglich, wenn dadurch die Kosten reduziert und/oder die Leistungsqualität erhöht wird.

*Interne Umstrukturierung*

Verschiedene Auslagerungsvarianten können zunächst anhand des ***Grades der Fremdbeteiligung*** unterschieden werden. So wird man die Bildung unternehmenseigener Kompetenzzentren, um die Effizienz zu steigern und Synergieeffekte zu erzielen, noch als unternehmensinterne Umstrukturierung und noch nicht als Outsourcing-Projekt begreifen. Die Grenze zum Outsourcing wird regelmäßig dann überschritten, wenn betriebsinterne Anweisungen und Vereinbarungen nicht mehr ausreichen, sondern eine rechtliche Steuerung durch Vertragsgestaltung erforderlich wird.

*Outtasking von Einzelaufgaben*

Unterschieden werden können Auslagerungsprozesse auch nach ihrem ***Umfang***. Werden lediglich Einzelaufgaben übertragen, ohne dass die Gesamtverantwortung auf den Dienstleister übergeht, spricht man auch von *„Outtasking"*. Outsourcing-Maßnahmen sind dagegen regelmäßig mit einem Verantwortungstransfer auf den Dienstleister verbunden. In den meisten Fällen werden nicht alle Teilaufgaben, etwa des IT-Bereiches, auf den externen Dienstleister übertragen. Vielmehr wird regelmäßig ein Teil der IT-Prozesse im Unternehmen verbleiben.

*Gründung von Tochtergesellschaften*

Das Outsourcing wird häufig, aber nicht zwingend durch eine Fremdbeteiligung charakterisiert. Die ***Ausgründung*** rechtlich selbständiger Tochterunternehmen – etwa zur Erbringung von Rechenzentrums- und IT-Dienstleistungen – gehört zu den klassischen Outsourcing-Projekten ***ohne externe Fremdbeteiligung***. Hier sind die verschiedensten Varianten denkbar. So kann die Gründung von Tochtergesellschaften gleichzeitig die Eröffnung eines ***neuen Geschäftsfeldes*** bedeuten, sofern sich das Dasein der Tochter nicht in der Dienstleistung für die Muttergesellschaft erschöpft, sondern darüber hinaus auch Fremdgeschäft generiert werden soll. Meist wird zur Vorbereitung der Ausgründung über einen längeren Zeitraum hinweg im Mutterunternehmen ein weitgehend selbständiger Kompetenzbereich gebildet, der die rechtliche Selbständigkeit vorbereitet.

*Betriebsübergang*

Bei der Übertragung von Aufgaben auf eigens gegründete, selbständige juristische Personen sind ggf. die Vorgaben des § 613 a BGB für den Betriebsübergang bzw. die Bestimmungen des Umwandlungsgesetzes (UmwG) zu beachten. Dagegen stellt das bloße Outsourcing von Dienstleistungen nach der Rechtsprechung des EuGH und BAG in der Regel keinen Betriebsübergang im Sinne von § 613 a BGB dar (EuGH BB 1997, 735; BVerfG BB 1997, 2057).

*Strategische Partnerschaften*

In Konzernstrukturen mag eine 100 %ige Tochter der Muttergesellschaft lohnend sein. Zur Steigerung von Synergie und Kostenersparnis sind aber auch strategische Partnerschaften mehrerer Muttergesellschaften zur Ausgründung einer gemeinsamen Tochter denkbar.

*Public-Private-Partnership*

Im öffentlichen Bereich kann dies zu ***Teilprivatisierungen*** und Bildung gemischtwirtschaftlicher Unternehmen führen. Sofern private und öffentliche Träger jeweils Aufgaben auf einen einheitlichen Dienstleister übertragen, spricht man auch von *„Public-Private-Partnership"*.

## 10.6 Vorbereitungsphase und Entscheidung

*Auswahlkriterien*

Zur Vorbereitung der eigentlichen Übertragung müssen im ersten Schritt die auszulagernden IT-Prozesse ausgewählt werden. Als Auswahlkriterien spielen die Bedeutung des Einzelprozesses für das Unternehmen und die Effektivität, mit der die Aufgabe bisher erbracht wurde, die größte Rolle. Bereits in diesem frühen Stadium sind ***zwingende Vorgaben***, wie z. B. rechtliche Beschränkungen, zu beachten. So kann einer Auslagerung etwa eine Betriebsvereinbarung entgegenstehen.

*Detaillierte Leistungsbeschreibung*

Bereits in der Vorbereitungsphase sollte sich das Unternehmen dazu zwingen, die auszulagernden Prozesse detailliert zu beschreiben. Die eigene Leistungsbeschreibung bildet die ***Grundlage*** für alle späteren Schritte im Outsourcing-Prozess. Hierzu gehören insbesondere die Fragen: Welche Dienstleistungen müssen überhaupt eingekauft werden, um einen bestimmten IT-Prozess zu gewährleisten? Welche Anbieter kommen hierfür in Frage? Welche Vergütung ist angemessen? Welche Leistungsstandards, Service Level Agreements sind festzulegen?

*Inhalt der Selbstanalyse*

Der Aufwand an Zeit, Personal und Energie für die detaillierte Selbstanalyse, Bestandsaufnahme und Leistungsbeschreibung ist ***schmerzhaft hoch***, sodass bereits in der Vorbereitungsphase von Outsourcing-Projekten große Fehler gemacht werden. Es handelt sich jedoch um notwendige Hausaufgaben, für die im Zweifel auch externe Hilfe zugezogen werden sollte, um sie nicht zu vernachlässigen. Im Einzelnen sollte eine detaillierte Leistungsbeschreibung Aussagen enthalten über: Benennung, inhaltliche Definition und Beschreibung, Ansprechpartner, Leistungsort, technische Voraussetzungen, Ausnahmen, Verfügbarkeit, Zuverlässigkeit, Reaktionszeit, Methode, Häufigkeit, Verantwortungsverteilung und Dokumentation (Reporting).

*Gewinnbringende Evaluierung*

Selbst wenn das Outsourcing-Projekt scheitern sollte, liegt in der notwendigen Selbstanalyse und –evaluierung, die mit IT-Outsourcing regelmäßig verbunden ist, ein großer Gewinn, der als ***Erfahrungswert*** auf der Habenseite des Unternehmens verbleibt.

*Keine Alles-oder-Nichts-Entscheidung*

Das Outsourcing ist zumeist keine Alles-oder-Nichts-Entscheidung. Viel häufiger kommt es vor, dass ***einzelne Dienste*** aus der Leistungspalette der eigenen IT-Abteilung ausgelagert werden. Zwar besteht auch hier das Risiko eines Fehlschlags, aber der Flurschaden ist begrenzt.

*Projektlaufzeit*

Das IT-Outsourcing ist ***kein kurzfristiges*** Projekt. Das detaillierte Beschreiben der gewünschten Leistung, die Ausschreibung, die Auswertung der eingehenden Angebote und das Aushandeln der Vertragsbedingungen benötigt bis zum Vertragsschluss eine Projektlaufzeit von mindestens sechs Monaten.

## 10.7 Anbieterauswahl

*Ausschreibung*

Auf Grundlage der detaillierten Leistungsbeschreibungen erfolgt die Anbieterauswahl durch Ausschreibung. Bereits in dieser Ausschreibung sollte auf die Detailgenauigkeit der ***Leistungsbeschreibung*** großen Wert gelegt werden, da sie Basis der späteren Vertragsgestaltung ist und hierüber beim Dienstleister im Zweifel die Qualität eingefordert werden kann.

*Angebotsphase*

Nach der Ausschreibung beginnt die Angebotsphase, in der jeder teilnehmende Anbieter darzulegen hat, dass er zufriedenstellende Fähigkeiten zur Erbringung der geforderten Service Levels besitzt. Auch konzern- oder ***unternehmenseigene Dienstleister*** sollten in die Ausschreibung mit einbezogen werden und eigene Angebote erstellen. In der Folge ist es Aufgabe des Unternehmens, in einer Gegenüberstellung von Fähigkeiten und Kosten das Angebot mit dem höchsten Nutzwert auszuwählen. Vor einer endgültigen Entscheidung empfiehlt es sich, mit allen in Frage kommenden Anbietern zu verhandeln.

*Bestandsaufnahme der IT-Infrastruktur*

Die Ausarbeitung eines detaillierten Angebots ist für den Dienstleister regelmäßig mit einem ***erheblichen Aufwand*** verbunden. In den meisten Fällen wird eine Bestandsaufnahme der IT-Infrastruktur im Unternehmen für den Dienstleister erforderlich sein, um die notwendige Leistungsbeschreibung und Preiskalkulation in einem Angebot vornehmen zu können. Bezüglich dieser Vorarbeiten des Dienstleisters muss vereinbart werden, ob sie ***vergütungspflichtig*** oder kostenfrei sind.

*Schadensersatz*

Bei der Anbieterauswahl sind Schadensersatzansprüche gemäß § 311 Abs. 2 BGB auch schon ***vor Vertragsschluss***, also während der Vertragsverhandlung und Anbahnung denkbar, da auch einseitige Maßnahmen eines Vertragsteils, die den anderen Vertragsteil zu einem Vertragsschluss veranlassen sollen, ausreichend sein können. Schadensersatzpflichtig macht sich das Unternehmen beispielsweise, wenn es nach der Angebotsphase die

Vertragsverhandlungen zum Dienstleister ohne triftigen Grund abbricht, nachdem es in zurechenbarer Weise das Vertrauen auf das Zustandekommen des Vertrages erweckt hat (BGHZ 71, 395; 76, 349; NJW 75, 1774). Kein triftiger Grund in diesem Sinne ist selbstverständlich die Entscheidung für ein ***günstigeres Angebot***, da dieses Risiko jeder Ausschreibung zugrunde liegt. Zum Schadensersatz führen kann insbesondere, wenn das Unternehmen dem Dienstleister ***vorschnell*** die Auftragserteilung als sicher in Aussicht stellt und sich später nicht daran hält (BGHZ 92, 176; NJW 61, 169).

*Schadensumfang*

Dabei umfasst der Schadensersatzanspruch die Höhe der ***Aufwendungen*** für die Ausarbeitung des Angebots unter Einschluss des ***entgangenen Gewinns*** für die Zeit, in der die beschäftigten Mitarbeiter des Dienstleisters nicht anderweitig eingesetzt werden konnten (OLG Hamburg, BB 1960, 1111). Allerdings ist nur ein vertretbarer Aufwand des Dienstleisters erstattungsfähig. Überdurchschnittliche und übertriebene Aufwendungen, etwa weil der Dienstleister um jeden Preis den Auftrag erhalten wollte, sind nicht erstattungsfähig.

## 10.8 Vertragsgestaltung

*Detailgenauigkeit*

Pauschale Beschreibungen im Outsourcing-Vertrag sind nicht ausreichend, da sie zu einem Zustand der ***Rechtsunsicherheit*** führen.

### 10.8.1 Service Level Agreements

*Leistungsstandards*

Service Level Agreements (SLAs) – also die Vereinbarung von Leistungsstandards – sind ***zentraler Bestandteil*** des Outsourcing-Vertrages. Sie legen fest, *welche* Dienstleistungen *wann* und *wo* zu erbringen sind, und setzen Standards hinsichtlich Qualität und Umfang. Häufig versuchen Outsourcing-Verträge auch das ***Wie*** der Leistungserbringung festzulegen. Dieser Versuchung sollte widerstanden werden, da der Dienstleister gerade wegen seiner Fachkompetenz beauftragt wird, die durch Vorgaben des Unternehmens nicht beeinträchtigt werden sollte. Lediglich zwingende Rahmenvorgaben, wie gesetzliche Bestimmungen, Betriebsvereinbarungen oder Unternehmensrichtlinien sollten auf Art und Methode der Leistungserbringung Einfluss nehmen können.

*Anpassung der SLAs*

Die SLAs werden auf der Grundlage der bereits in der Vorbereitungsphase erstellten Leistungsbeschreibungen entwickelt. Gerade bei Outsourcing-Projekten ist aber zu beachten, dass die Leistungsbeschreibungen, die noch auf den Prozessen im Unternehmen beruhen, auf die ***Verhältnisse des Dienstleisters*** angepasst werden müssen, da in der veränderten, weil kompetenteren Aufgabendurchführung zumeist gerade der Zweck der Outsourcing-Maßnahme liegen wird.

*Messbarkeit durch SLAs*

Dienstleistungen lassen sich im Gegensatz zu Waren nur schwer bewerten, da stets weite Interpretationsspielräume bestehen. Die zentrale Bedeutung der SLAs liegt darin, die spätere Leistungserbringung des Dienstleisters messbar zu machen, um deren Qualität überprüfen zu können. Nur anhand von SLAs kann später entschieden werden, ob eine ***Schlechtleistung*** mit der Folge von Gewährleistungsansprüchen vorliegt oder nicht. Auch die Möglichkeit von Sanktionen, wie Vertragsstrafen bis hin zur Kündigung, lässt sich nur anhand der vereinbarten SLAs bewerten.

*Endgültige Fassung nach Testphase*

Die endgültige Fassung der Leistungspflichten kann vertraglich erst festgeschrieben werden, wenn der Dienstleister die Aufgabe übernommen und eine Zeit lang durchgeführt hat. Erst nach einer Testphase kann sich im Detail herausstellen, welches Leistungsspektrum dem Anforderungsprofil im Unternehmen am besten entspricht.

*Keine pauschale Beschreibung*

Dennoch ist es falsch aus diesen Gegebenheiten den Schluss zu ziehen, im Outsourcing-Vertrag könne die zu erbringende Dienstleistung nur pauschal benannt, aber nicht detailliert beschrieben werden. Aufgrund der Vorbereitungsphase ist das Anforderungsprofil im Unternehmen genauestens bekannt und die entsprechenden Leistungsbeschreibungen bereits ausgearbeitet. Sie bilden die Grundlage des Vertragsgegenstandes, dürfen aber nicht als die Leistungspflichten des Dienstleisters identisch in den Vertrag übernommen werden, da sie erst nach der Testphase festgelegt werden können. Scheitert eine genaue Leistungsbeschreibung, weil das Unternehmen nur vage Vorstellungen hat, so hat es in der Vorbereitungsphase seine Hausaufgaben vernachlässigt.

*Erfolgskriterien definieren*

Ziel der Vertragsgestaltung muss es sein, für den Fall des Scheiterns des Outsourcing-Projektes die mögliche ***Verantwortlichkeit des Dienstleisters*** messbar und nachweisbar zu machen. Hierzu sollten für möglichst viele Teilleistungen Erfolgskriterien definiert werden, an denen der Misserfolg möglichst präzise festgemacht werden kann. Bleibt die Leistungsbeschreibung hier nur schwammig, kann sich der Dienstleister immer in Erklärungen flüchten, die außerhalb seines Verantwortungsbereiches liegen. Mündet dagegen aufgrund einer exakten Leistungsbeschreibung jede kleinste Teilanforderung in eine korrespondierende Leistungsverpflichtung mit Erfolgskriterium, kann die Ursache des Misserfolges rückverfolgt und belegt werden.

### 10.8.2 Das Erfolgskriterium: Werk- oder Dienstvertrag

Die Leistungsbeschreibung enthält in der Regel eine Vielzahl von Einzelkomponenten, für die jeweils zu fragen ist, ob Dienstvertrags- (§§ 611 ff. BGB) oder Werkvertragsrecht (§§ 631 ff. BGB) zur Anwendung kommt.

*Ernsthaftes Bemühen*

Der Werkvertrag fordert vom Dienstleister den Eintritt eines nachprüfbaren Leistungs*erfolges*, während der Dienstvertrag lediglich ein Bemühen um den Erfolg verlangt, ohne dass er eintreten muss. Dienstvertragsrecht ist somit für allgemeine Betreuungsleistungen wie z. B. Beratung anwendbar. Geschuldet wird ein ernsthaftes ***fachkundiges Bemühen***, also etwa Analysen oder Funktionsprüfungen bzw. die bloße Benennung ohne Auswahlentscheidung z. B. qualifizierter Anbieter oder geeigneter Produkte.

*Bestimmter Erfolg*

Werkvertragsrecht ist für alle Leistungen, die auf das Erbringen eines Leistungserfolges abzielen, etwa Lauffähigmachen oder Update von Software (OLG Düsseldorf vom 13.04.1988 – 19 U 63/87) oder Erstellen eines Backup, einschlägig. Der Dienstleister muss für einen bestimmten Erfolg einstehen, ein bestimmtes vorgegebenes Ergebnis erzielen, also beispielsweise die konkrete Auswahl eines geeigneten Systems vornehmen (und nicht nur mögliche Produkte benennen), ein Netzwerk einrichten, eine Firewall installieren etc.

*Grenzziehung schwierig*

Der Unterschied besteht vor allem darin, dass beim Dienstvertrag die Arbeit als solche, beim Werkvertrag aber ein durch die Arbeit herbeizuführender Erfolg geschuldet wird. Die Abgrenzung nach dem Erfolgskriterium bereitet aber zum Teil Schwierigkeiten, weil der Erfolgsbegriff sehr weit ausgedehnt wird und damit eine klare Grenzziehung verschwimmt.

*Beispiele*

So wird man beispielsweise das Vorhalten eines ***Ausfallrechenzentrums*** für den Notfall als Werkvertrag einordnen, weil hier das Einspringen der Ersatzanlage im Notfall als Erfolgskriterium angesehen werden kann. Bezahlt werden muss aber auch, wenn kein Notfallszenario zu bewältigen ist, also der Weg das Ziel ist. Ebenso werden ***Wartungsverträge*** – beispielsweise für Computer oder Systeme – den Werkverträgen zugerechnet, weil man die Erhaltung der Funktionsfähigkeit als Erfolg einstuft (OLG Stuttgart BB 1977, 118; OLG Frankfurt DAR 1973, 296). Dies obwohl die uneingeschränkte Funktionsfähigkeit gar nicht geschuldet wird, sondern die präventive Bekämpfung potentieller Fehlerquellen. Dagegen ist die Tätigkeit der Putzfrau ein Dienstvertrag, obwohl man auch hier vom Erfolg einer sauberen Wohnung sprechen könnte.

*Graubereich*

Es wird deutlich, dass ein Graubereich existiert. Trotzdem ist das Erfolgskriterium maßgeblich und ***nicht verzichtbar***.

### 10.8.3 Gemischter Vertrag

*Trennbare Einzelkomponenten*

Die komplexen Outsourcing-Verträge enthalten in der Regel eine Mischung aus werk- und dienstvertraglichen Einzelkomponenten. Können die einzelnen Komponenten klar voneinander unterschieden werden, so wird man die verschiedenen Leistungen jeweils nach dem Vertragstyp behandeln, dem sie angehören. Jedoch können Störungen bei der einen Komponente auf die anderen ausstrahlen. So kann beispielsweise eine außerordentliche Kündigung nur hinsichtlich des Gesamtvertrages ausgesprochen werden, auch wenn nur ein bestimmter Teil des Outsourcing-Vertrages gestört ist.

*Kombinierte Rechtsanwendung*

Verschmelzen die Einzelkomponenten miteinander, so dass eine klare Grenzziehung nicht mehr möglich ist, so liegt an sich nur eine einzige Leistung vor. Hier wird man versuchen müssen, eine Kombination aus dem Recht der verschmolzenen Typen (Dienst- und Werkvertrag) anzuwenden. Dies scheitert allerdings häufig daran, dass sich die Normen der beteiligten Typen wiedersprechen.

*Beherrschender Teil*

Hat eine der Leistungskomponenten im Verhältnis zu den anderen nur eine untergeordnete Bedeutung, so kann ihr Einfluss zurücktreten und nur das Recht des beherrschenden Teils zur Anwendung kommen (BGH NJW 1990, 2549).

### 10.8.4 Gewährleistung

*Dienstvertrag ohne Gewährleistung*

Die Unterscheidung zwischen Dienst- und Werkvertrag ist wesentlich, da im Dienstvertragsrecht keine verschuldensunabhängige Gewährleistung für Mängel gesetzlich verankert ist. Das Gesetz knüpft an die sogenannte Schlechtleistung, also die mangelhafte Dienstleistung, keine Rechtsfolgen.

*Werkvertrag*

Im Gegensatz dazu besteht bei Werkleistungen eine ***verschuldensunabhängige*** Gewährleistungspflicht, so dass eine mangelhafte Leistung auch ohne Verschulden – also ohne Vorsatz oder Fahrlässigkeit des Dienstleisters – ausgeglichen werden muss. Bei Mängeln trifft den Dienstleister gemäß § 634 BGB zunächst eine ***Nachbesserungspflicht***, ohne dass er eine besondere Vergütung dafür erhält. Schlägt die Nachbesserung fehl oder wird sie verweigert, so kann das Unternehmen die Vergütung mindern oder vom Vertrag mit der Folge ***zurücktreten***, dass die Leistung überhaupt nicht zu vergüten ist.

*Vergütung beim Dienstvertrag*

Auch eine dienstvertragliche Leistung kann fehlerhaft sein. Trotzdem sieht das Gesetz hierfür ***keine Minderung*** des Vergütungsanspruchs vor. Die Rechtsprechung zieht daraus den Schluss, dass auch die schlechte Dienstleistung voll zu vergüten ist (OLG Frankfurt, MDR 1992, 347; wohl auch BGH NJW 1990, 2549). Diese Meinung ist in der juristischen Literatur umstritten. Zum Teil wird auch angenommen, dass keine vertragsgemäße Leistung vorliegt, sofern die Dienstleistung mangelhaft erbracht wurde. Nach § 614 BGB ist der Dienstleister regelmäßig vorleistungspflichtig. So lange er seine Dienste nicht fehlerfrei erbracht hat, liegt die vertragsgemäß geschuldete Leistung nicht vor, mit der Folge, dass auch sein Vergütungsanspruch noch ***nicht fällig*** wird. Folgt man dieser Ansicht, so muss das Unternehmen die Vergütung erst bezahlen, wenn die Mangelhaftigkeit der Dienstleistung beseitigt wurde. Jedenfalls aber ist das beauftragende Unternehmen zur Minderung der Vergütung nicht befugt, wenn bei einer ***erfolgsorientierten Dienstleistung*** die erwünschten Resultate nicht eintreten. Fällt beispielsweise ein Seminarteilnehmer durch die angestrebte Zertifikatsprüfung, so kann dem Schulungsleiter nicht das Honorar gestrichen werden (OLG Frankfurt, MDR 1992, 347).

### 10.8.5 Schadensersatz

*Dienstvertrag*

Schadensersatzansprüche wegen Schlechtleistung sind auch beim Dienstvertrag möglich, allerdings nur die gewöhnlichen gemäß § 280 BGB, so dass ein ***Verschulden*** des Dienstleisters stets Haftungsvoraussetzung ist. Verschuldensunabhängige Ansprüche kommen nur aus einer ***Garantie*** in Betracht, die aber bei den dienstvertraglichen Komponenten des Outsourcing-Vertrags regelmäßig nicht vorliegen wird.

*Werkvertrag*

Ganz anders beim Werkvertrag. Hier kann sich der Dienstleister verpflichten, für den Eintritt eines bestimmten Erfolges einzustehen. Vor der Schuldrechtsmodernisierung sprach man von ***zugesicherten Eigenschaften***, während das Gesetz in § 639 BGB hierfür nun den Terminus ***Beschaffenheitsgarantie*** verwendet. Fehlt die garantierte Beschaffenheit bzw. tritt der zugesagte Erfolg nicht ein, so ist der Dienstleister ***verschuldensunabhängig*** zum Schadensersatz verpflichtet. Diese strenge Haftung kann gemäß § 639 BGB weder in AGB noch durch Individualvertrag beschränkt oder ausgeschlossen werden.

*Beispiele*

Berät beispielsweise ein IT-Dienstleister über die Anschaffung eines geeigneten Sicherheitssystems (Dienstvertrag), so kann das bestellende Unternehmen keine Schadensersatzansprüche geltend machen, wenn im späteren Verlauf ein Hacker in das System einbricht und Schäden verursacht, weil dem Dienstleister hier regelmäßig weder eine Schlechtleistung noch ein Verschulden nachgewiesen werden kann. Dagegen haftet der Dienstleister auf Schadensersatz, wenn er für den Betrieb z. B. der Firewall allein verantwortlich ist und die Verhinderung bestimmter Einbrüche zum vertraglich geschuldeten Erfolg gehört (Werkvertrag mit Garantie). Auch im Hinblick auf die Schadensersatzansprüche ist die Unterscheidung zwischen Dienst- und Werkvertrag also entscheidend.

*Fazit*

Aus Sicht des Unternehmens, das Outsourcing-Leistungen beauftragt, ist daher stets darauf zu achten, dass mit einer bestimmten Leistungskomponente auch ein bestimmbarer Erfolg verknüpft ist, während umgekehrt der Dienstleister darauf aus sein muss, lediglich allgemeine Betreuungsleistungen zu schulden.

## 10.9 Berichtswesen/ Reporting

*Überwachung der SLAs*

Parallel zur detaillierten Leistungsbeschreibung ist die Einrichtung eines regelmäßigen und objektiven Berichtswesens (Service-Reporting) zur Überwachung der Leistungserbringung und SLAs zu regulieren. Das entsprechende Tool muss auch von Unternehmensseite jederzeit einsehbar sein. Ein seriöser Dienstleister darf sich gegen einen eindeutigen ***Leistungsnachweis*** nicht sperren, da er für beide Seiten von Vorteil ist: Das Unternehmen kann die Vertragserfüllung überwachen, während der Dienstleister seinen Vergütungsanspruch nachweisen kann.

## 10.10 Rechtsfolgen

*Sanktionen*

Genauestens festzulegen sind auch die Rechtsfolgen bei ***Nicht- oder Schlechterfüllung***. Genauso wie jede Teilleistung mit einem Erfolgskriterium verknüpft werden sollte, muss möglichst präzise an die jeweiligen Misserfolge eine Sanktion geknüpft werden. Dies sollte nicht pauschalen Haftungs- und Gewährleistungsklauseln überlassen werden, sondern die Spielräume der Gewährleistungsrechte sind auszuschöpfen. Hierzu gehören vor allem eine exakte Auflistung der ***Vergütungsminderung*** aufgrund der jeweiligen Nicht- oder Schlechtleistung, die Festlegung von ***Vertragsstrafen*** und in gravierenden Fällen die ***Kündigungsmöglichkeiten*** des Gesamtvertrages.

## 10.11 Rahmenvertrag

*Grundsätzliche Weichen*

Die grundlegenden Entscheidungen über IT-Outsourcing-Projekte werden häufig von der strategischen ***Führungsebene*** eines Unternehmens getroffen. Dabei werden zumeist in einer frühen Phase des Projektes grundsätzliche Weichen gestellt.

*Operative Ebene*

Dies muss aber nicht bedeuten, dass die rechtliche Steuerung des Projektes durch die Vertragsgestaltung von Anfang bis Ende auf der Führungsebene verbleibt. Zumeist wird nach den Grundsatzentscheidungen die Verantwortlichkeit für die weitere rechtliche Steuerung des Projektes auf die operative Ebene der Fachabteilungsleiter, die ohnehin das höhere Know-how für die Feinjustierung aufweisen, delegiert.

*Einzelverträge*

Vertragsgestalterisch äußert sich diese Aufgabenteilung durch den Abschluss eines Rahmenvertrages auf der Führungsebene und nachfolgende Abschlüsse einer Vielzahl von Einzelverträgen auf der operativen Ebene. Dies bewirkt eine ***Zäsur***, die den Zusammenhalt der Vertragsgestaltung insgesamt nicht gefährden darf. Vielmehr sind die Wertungen des Rahmenvertrages aufzugreifen und in den Einzelverträgen detailliert umzusetzen. Die Einzelverträge dürfen kein gesondertes Dasein führen, sondern sollten sich als ***integrative Bestandteile*** in das Gesamtsystem des Rahmenvertrages einfügen. Bleibt der Rahmenvertrag pauschal und schwammig, muss dies in den Einzelverträgen durch detaillierte Regulierung ausgeglichen werden. Dabei besteht für die Verhandlungsführer stets die Gefahr, im Detail-Dschungel der Einzelregulierung die Zielvorgaben des Rahmenvertrages aus dem Auge zu verlieren.

## 10.12 Transitionsphase

*Übertragung der Aufgabe*

Der ausgewählte Dienstleister übernimmt nun die Verantwortung für die Leistungserbringung. Dabei kann die Übertragung der Aufgabe (***Transition***) in verschiedenen Schritten erfolgen. So ist denkbar, dass der Dienstleister in der Anfangsphase die Leistung ***noch vor Ort*** im Unternehmen erbringt und sie erst zu einem späteren Zeitpunkt endgültig ausgelagert wird. Bereits in dieser Phase sollte man dem Dienstleister, der hier die wesentlich größere Erfahrung mitbringt, freie Hand lassen.

*Alleinverantwortung beim Dienstleister*

Nach der Übertragung der Aufgabe auf den Dienstleister hat sich das Unternehmen aus der Verantwortung für die Leistungserbringung weitgehend herauszuhalten. Dies schon aus gewährleistungs- und haftungsrechtlichen Gründen, denn eine ***Gemengelage*** bei der Leistungserbringung führt bei Fehlern und Schäden zum Abschieben der Verantwortung auf das Unternehmen. Die Alleinverantwortung des Dienstleisters muss gewahrt sein, andernfalls sind Schwierigkeiten beim Verschuldensnachweis zu befürchten. Überdies kann die fachkundige Arbeit des Dienstleisters durch eine ständige Einmischung des Unternehmens auch stark behindert werden. Vor allem den vormals aktivon Mitarbeitern im Unternehmen, denen nun eine reine Überwachungsfunktion des Dienstleisters zukommt, kann die Umstellung schwer fallen.

*Anlaufphase*

Für gewöhnlich wird das ***Qualitätsniveau*** der vereinbarten Service Levels erst nach einer Anlaufphase erreichbar sein, weshalb hierfür im Vertragswerk ein bestimmter Zeitraum festgeschrieben werden sollte.

## 10.13 Ausstiegsszenario, Vertragsbeendigung

*Kündigung*

Im Zuge von IT-Outsourcing-Projekten werden zumeist bedeutsame Aufgabenbereiche ausgelagert, auf deren Erfüllung ein Unternehmen nicht längere Zeit verzichten kann. Das stets mögliche ***Scheitern eines Projektes*** muss deshalb durch ein durchdachtes Ausstiegsszenario im Vertrag gestaltet werden. Dies geschieht zunächst durch Kündigungsklauseln, die die Voraussetzungen für eine ordentliche und auch außerordentliche Kündigungsmöglichkeit festlegen. Mit der Kündigung allein ist es jedoch nicht getan.

*Zwei Möglichkeiten*

Bei Beendigung eines Outsourcing-Vertrages hat das Unternehmen zwei verschiedene Reaktionsmöglichkeiten. Entweder es findet einen ***neuen*** Dienstleistungspartner, auf den die Aufgabe übertragen werden kann oder aber es erfolgt eine ***Reintegration*** der Aufgabe zurück in das Unternehmen.

*Kompetenzverlust*

Durch eine bereits ***länger andauernde*** Auslagerung hat das Unternehmen möglicherweise einen Kompetenzverlust erlitten, der unter Umständen nicht auf die Schnelle ausgeglichen werden kann. Dies um so mehr, wenn der Dienstleister zu Beginn des Outsourcing-Projektes die fachkompetenten Arbeitnehmer des Unternehmens übernommen hat. Gerade im schnelllebigen IT-Sektor mit seinem ständigen technischen Fortschritt geht der Kompetenzverlust sehr rasch vonstatten.

*Übergangsregelung*

Für die Suche nach einem neuen Dienstleister bzw. den Wiederaufbau von eigenem Know-how im Unternehmen wird eine Zeitspanne benötigt, für die im Outsourcing-Vertrag eine Übergangsregelung getroffen werden muss. Hier bestehen mehrere Möglichkeiten. Für das Unternehmen ist es sicherlich am zweckmäßigsten, wenn der ***bisherige Dienstleister*** in der Übergangsphase zur Forterbringung der Dienstleistung verpflichtet ist. Auch hier ist auf eine detaillierte Ausregulierung der Leistungspflichten des Dienstleisters zu achten.

*Kritische Phase*

Die Vertragsbeendigungsphase ist zumeist sehr kritisch, da die Beendigung nicht grundlos, sondern wegen handfester Meinungsverschiedenheiten oder gar ***Streitigkeiten*** erfolgt ist. Selbst ohne Streit ist klar, dass der Dienstleister nicht begeistert sein wird, sich selbst überflüssig zu machen.

*Beendigungs-unterstützung*

Ein ***abgesichertes Regelwerk*** gibt hier die notwendige Führung, wie die sogenannte Beendigungsunterstützung durch den Dienstleister im Einzelnen zu erfolgen hat. Vor allem für den Fall der langjährigen Aufgabenwahrnehmung durch den Dienstleister und entsprechend hohem Kompetenzverlust beim Unternehmen ist es ratsam, den bisherigen Dienstleister an der Übertragung auf den neuen Dienstleister bzw. der Reintegration in das Unternehmen zu beteiligen.

*Vernünftige Laufzeiten*

***Nachträgliche Änderungen*** in der Leistungsbeschreibung während des laufenden Vertrages sind für das Unternehmen ungünstig. Die Verhandlungsposition ist schlecht, weil die Verträge geschlossen sind („die Konkurrenz ist außen vor“) und der Dienstleister zur Änderung nicht verpflichtet ist. Da erscheint es wesentlich günstiger, das Vertragsende abzuwarten und dann neu zu verhandeln. Diese Option besteht aber nur bei einem absehbaren Vertragsende. Die Vereinbarung vernünftiger Laufzeiten – in der Größenordnung von 3 Jahren – ist deshalb ein wichtiger Regelungspunkt im Bereich der Vertragbeendigung.

## 10.14 Die häufigsten Outsourcing-Fehler

- Vertrauensseligkeit gegenüber dem Dienstleister
- falscher Umfang: Alles-oder-Nichts-Entscheidung
- unnötiger Zeitdruck
- ungenaue Leistungsbeschreibung/ SLAs
- fehlende Zieldefinition
- ungenügende Vorbereitung der Mitarbeiter
- zu enge Anbieterauswahl
- ungenügende Abschichtung der Verantwortungsbereiche
- falsche Laufzeit
- fehlende Übergangsregelung bei Vertragsende
- kein ausreichendes Berichtswesen (Service-Reporting)
- Festhalten des Unternehmens an der Verantwortung
- keine fortlaufende Überwachung des Dienstleisters

# 11 Archivierungspflichten, Storage, Backup

*Szenario*

Elektronisch gespeicherte Daten besitzen nicht dieselbe Haltbarkeit wie Papierakten. Sie sind einem wesentlich höheren ***Verlustrisiko*** ausgesetzt, dass durch technische Störungen wie Systemausfälle, Platten-Headcrash usw. verursacht wird. Um so wichtiger sind die Sicherheitsvorkehrungen (Storage- und Backup-Systeme), die gegen Datenverlust zu ergreifen und ggf. in den entsprechenden Vertragsgestaltungen festzuschreiben sind.

Aufgrund des ständig drohenden Datenverlustes ist die ***technische Datensicherung*** auf breiter Front von großem Interesse. Sei es der Geschäftspartner, der um seine anvertrauten Daten fürchtet, oder der Staat, der die Abrechnungsgrundlagen für die Steuererhebung gesichert haben will, oder das Unternehmen selbst, das Datensicherung zum Eigenschutz oder aus Angst vor Schadensersatzansprüchen Dritter betreibt.

*Kosten*

Auf der anderen Seite verursachen Datensicherung und Backup-Systeme erhebliche Kosten, die nicht unnötig in die Höhe getrieben werden sollen. Gerade unter dem Gesichtspunkt der Kostenvermeidung stellt sich deshalb sehr schnell die Frage, in welchem ***Umfang*** und in welchem ***Zeitraum*** die Datensicherungsmaßnahmen betrieben werden müssen. Bei der Beantwortung dieser Fragen spielen vertragliche und gesetzliche Archivierungs- und ***Aufbewahrungspflichten*** eine tragende Rolle, da sie die entscheidenden Argumente für die technische Datensicherung enthalten.

## 11.1 Handelsrechtliche Aufbewahrungspflichten

*Betroffene Dokumente*

Gesetzliche Aufbewahrungspflichten für elektronische Dokumente ergeben sich in erster Linie aus dem Handelsrecht. Gem. § 257 Abs. 1 HGB ist ***jeder Kaufmann*** verpflichtet, Handelsbücher, Inventare, Eröffnungsbilanzen, Jahresabschlüsse, Konzernabschlüsse, Konzernlageberichte sowie die zu ihrem Verständnis erforderlichen Arbeitsanweisungen und sonstigen Organisationsunterlagen, empfangene und versandte Handelsbriefe, sowie Buchungsbelege in geordneter Weise aufzubewahren.

*Handelsbrief*

Handelsbriefe sind gem. § 257 Abs. 2 HGB Schriftstücke, die ein Handelsgeschäft betreffen, also z. B. Angebot, Annahme, Auftragsbestätigung, Mängelrüge usw. Hierbei ist der Begriff des ***Handelsgeschäfts*** weit definiert. Er umfasst gem. § 343 HGB alle Geschäfte eines Kaufmanns, die zum Betrieb seines Handelsgewerbes gehören, d. h. alle Geschäfte, die den ***betrieblichen Interessen*** dienen, also etwa der Gewinnerzielung oder Erhaltung von Kunden oder der Bausubstanz (BGH NJW 60, 1853). Dabei ist ein nur entfernter, lockerer Zusammenhang mit betrieblichen Interessen ausreichend (BGHZ 63, 35; BGH NJW 97, 1779). Erfasst sind auch Hilfs- und Nebengeschäfte wie Arbeitsverträge, Bau von Gebäuden usw. Lediglich ***reine Privatgeschäfte*** des Kaufmannes sind nicht umfasst. Ohne Bedeutung ist, ob auf das Geschäft Handelsrecht Anwendung findet oder auf beiden Seiten der Geschäftsbeziehung ein Kaufmann steht, da gem. § 345 HGB auch ***einseitige Handelsgeschäfte*** erfasst sind.

Insgesamt ergibt sich hieraus ein sehr ***weiter Begriff*** der Handelsbriefe, sodass ein Unternehmen der Einfachheit halber die ***gesamte*** Geschäftskorrespondenz als aufbewahrungspflichtig einstufen sollte.

### 11.1.1 Einsetzbare Datenträger (verwendbare Speichermedien)

*Anforderungen Datenträger*

Mit Ausnahme der Eröffnungsbilanzen, Jahresabschlüsse und der Konzernabschlüsse können die genannten Unterlagen gem. § 257 Abs. 3 HGB auch als Wiedergabe auf einem Bildträger oder auf anderen Datenträgern aufbewahrt werden, sofern dies den Grundsätzen ***ordnungsgemäßer Buchführung*** entspricht. Darüber hinaus muss sicher gestellt sein, dass die „empfangenen" (also nicht auch die versendeten) Handelsbriefe und die Buchungsbelege bildlich und alle anderen Unterlagen inhaltlich mit dem Original ***übereinstimmen***, wenn sie aufgerufen werden. Ferner muss die jederzeitige ***Verfügbarkeit*** und prompte Lesbarkeit der Unterlagen sichergestellt sein.

*Beliebiger Wechsel*

Sind Unterlagen bereits elektronisch oder auf sonstigen Datenträgern erstellt worden, müssen nicht zwingend die Datenträger aufbewahrt werden. Vielmehr können die Daten gem. § 257 Abs. 2 Satz 2 HGB auch ausgedruckt und in ***Papierform*** aufbewahrt werden. Ebenso ist es möglich den Papierausdruck wiederum elektronisch oder auf sonstigen Datenträgern abzuspeichern – etwa durch ***Einscannen*** – sofern die genannten Aufbewahrungsvoraussetzungen des § 257 Abs. 2 HGB erfüllt werden. Damit kann der Datenträger beliebig gewechselt werden.

### 11.1.2 Aufbewahrungsfristen nach Handelsrecht

*Fristenlauf*

Gem. § 257 Abs. 4 HGB sind die eingegangenen sowie Kopien der versendeten Handelsbriefe ***sechs Jahre*** lang aufzubewahren. Alle übrigen genannten Unterlagen, also insbesondere Handelsbücher, Bilanzen, Lageberichte usw. sowie Buchungsbelege gem. § 257 Abs. 1 Nr. 1 und 4 HGB sind ***zehn Jahre*** lang aufzubewahren. Dabei beginnt die Aufbewahrungsfrist gem. § 257 Abs. 5 HGB jeweils erst ***am Ende*** desjenigen Jahres zu laufen, indem die Unterlagen erstellt oder empfangen wurden.

*Verhältnis zum Steuerrecht*

Sofern die steuerrechtlichen Aufbewahrungsfristen kürzer sind, verkürzt dies nicht auch die handelsrechtlichen Aufbewahrungsfristen, die ***unverändert*** fortlaufen. Damit stehen die unterschiedlichen Aufbewahrungsfristen nach Handels- und Steuerrecht grundsätzlich nebeneinander, ohne sich gegenseitig zu beeinflussen.

## 11.2 Steuerrechtliche Aufbewahrungspflichten

*Betroffene Dokumente*

Im Rahmen von steuerrechtlichen Sachverhalten sind sämtliche der oben benannten ***kaufmännischen Unterlagen*** und darüber hinaus sonstige Unterlagen, soweit sie für die ***Besteuerung bedeutsam*** sind, auch gem. § 147 Abs. 1 AO aufbewahrungspflichtig.

*Anforderungen Datenträger*

Mit Ausnahme der Jahresabschlüsse und der Eröffnungsbilanz können diese Unterlagen auch auf Bild oder anderen Datenträgern abgespeichert und aufbewahrt werden, wenn dies den Grundsätzen ***ordnungsgemäßer Buchführung*** entspricht. Darüber hinaus muss sichergestellt sein, dass die abgespeicherten Dokumente mit den „empfangenen“ Handels- oder Geschäftsbriefen und den Buchungsbelegen bildlich und mit den anderen Unterlagen inhaltlich ***übereinstimmen***, wenn sie aufgerufen werden. Ferner müssen die abgespeicherten Dokumente während der Dauer der Aufbewahrungsfrist jederzeit ***verfügbar*** sein, unverzüglich lesbar gemacht und maschinell ausgewertet werden können.

Gemäß § 148 AO können die Finanzbehörden im Einzelfall (auch rückwirkend) ***Erleichterungen*** bewilligen, wenn die Einhaltung der Aufbewahrungspflichten Härten mit sich bringt.

*Sanktionen*

Verletzt der Steuerpflichtige seine Aufbewahrungspflichten, liegt keine ordnungsgemäße Buchführung vor, so dass die Finanzbehörden nach § 162 AO zu einer ***Schätzung*** der Besteuerungsgrundlagen berechtigt sind. Darüber hinaus ergeben sich allein aus der Verletzung der Aufbewahrungspflichten keine straf- oder bußgeldrechtlichen Folgen. Dies ändert sich jedoch bei Vorliegen weiterer Umstände, etwa der Überschuldung oder Zahlungsunfähigkeit nach § 283 Abs. 1 Nr. 6 StGB (vgl. hierzu unten, Strafbarkeit, Kapitel 11.5).

### 11.2.1 Einsetzbare Datenträger (verwendbare Speichermedien)

*Gesetzliche Grundlage*

Nach den Grundsätzen ordnungsmäßiger DV-gestützter Buchführungssysteme ***(GoBS)*** des Bundesfinanzministeriums vom 07.11.1995 können als Datenträger für die Archivierung sowohl ***Bildträger*** (Mikrofilm, Fotokopie) wie auch ***maschinenlesbare Datenträger*** (Disketten, Magnetbänder, elektrooptische Speichermedien) verwendet werden. Auch bei Dokumenten-Managementsystemen ist die GoBS entsprechend anwendbar. Der Einsatz ***digitaler Datenträger*** (CD-Rom, DVD) ist unproblematisch, da es sich um andere Datenträger im Sinne des § 147 Abs. 2 AO handelt.

### 11.2.2 Außenprüfung

Wer dem Finanzamt aufzubewahrende Unterlagen auf Datenträgern vorlegt, ist auch hier gemäß § 147 Abs. 5 AO verpflichtet, die Daten auf seine Kosten ***lesbar*** zu machen bzw. ausgedruckt vorzulegen. Sofern die aufzubewahrenden Unterlagen EDV-technisch erstellt worden sind, hat das Finanzamt gemäß § 147 Abs. 6 AO im

Wege einer sogenannten Außenprüfung das Recht, die gespeicherten Daten ***im System des Steuerpflichtigen*** einzusehen. Auch eine maschinelle Auswertung auf Kosten des Steuerpflichtigen kann im Rahmen dieser Außenprüfung verlangt werden.

*Gesetzliche Grundlage*

Zur näheren Erläuterung der Vorgehensweise der Finanzbehörden kann auf die „Grundsätze zum Datenzugriff und zur Prüfbarkeit digitaler Unterlagen (***GDPdU)***" verwiesen werden, am 16.07.2001 vom Bundesfinanzministerium erlassen (vgl. http://www.aufbewahrungspflicht.de/edfs/ gdpdu.pdf).

*Rechte der Finanzbehörden*

Bei der Ausübung des Rechts auf Datenzugriff unmittelbar im Datenverarbeitungssystem des Steuerpflichtigen haben die Finanzbehörden gemäß Nr. I.1a GDPdU nur einen ***Lesezugriff***. Dabei darf nur mit Hilfe der Hard- und Software des Steuerpflichtigen auf die elektronisch gespeicherten Daten zugegriffen werden. Eine ***Fernabfrage*** (Online-Zugriff) auf das Datenverarbeitungssystem des Steuerpflichtigen durch die Finanzbehörde ist nicht möglich. Dadurch soll eine Veränderung des Datenbestandes und des Datenverarbeitungssystems des Steuerpflichtigen durch die Finanzbehörde ausgeschlossen werden.

### 11.2.3 Rechnungen und Vorsteuerabzug

*Digitale Rechnung*

Auch Rechnungen sind grundsätzlich Buchungsbelege im Sinne der § 147 Abs. 2 Nr. 1 AO, § 257 Abs. 3 Nr. 1 HGB, so dass sie in bildlicher Form archiviert werden können. Gemäß § 14 Abs. 4 Umsatzsteuergesetz (UStG) kann ein Unternehmen die Rechnung in Form einer Papierurkunde oder einer ***elektronischen Abrechnung***, die mit einer ***qualifizierten elektronischen Signatur*** gemäß § 2 Nr. 3 Signaturgesetz (SigG) versehen ist, erteilen. Gemäß § 15 Abs. 1 Nr. 1 UStG ist zum Vorsteuerabzug eine Rechnung im Sinne des § 14 UStG erforderlich. Der ***Vorsteuerabzug*** kann also auch bei elektronischen Rechnungen mit qualifizierter Signatur erfolgen. Da die qualifizierte Signatur aber nicht verbreitet ist, ist in der Praxis immer noch die Papierform der Rechnung die Regel, was den elektronischen Handel (E-Commerce) nicht unerheblich behindert.

### 11.2.4 Aufbewahrungsfristen nach Steuerrecht

*Fristenlauf*

Gemäß § 147 Abs. 3 AO sind für Steuerzwecke die empfangenen Handels- oder Geschäftsbriefe, die Kopien der abgesandten Handels- oder Geschäftsbriefe sowie alle sonstigen Unterlagen, soweit sie für die Besteuerung bedeutsam sind, ***sechs Jahre*** lang aufzubewahren. Alle anderen benannten Unterlagen wie Bücher, Jahresabschlüsse etc. sowie Buchungsbelege sind ***zehn Jahre*** lang aufzubewahren. Auch hier wird gemäß § 147 Abs. 3 Satz 2 AO ausdrücklich klargestellt, dass kürzere Aufbewahrungsfristen nach anderen Gesetzen – z. B. den oben benannten Vorschriften des HGB – die steuerlichen Aufbewahrungsfristen ***unberührt*** lassen.

*Ablaufhemmung*

Über diese Fristen hinaus läuft gemäß § 147 Abs. 3 Satz 3 AO die Aufbewahrungsfrist auch dann nicht ab, so lange die Unterlagen für ***Steuern von Bedeutung*** sind, für welche die Festsetzungsfrist noch nicht abgelaufen ist. Solange die Unterlagen für die Besteuerung von Bedeutung sind, beginnen die Fristen nicht zu laufen (Ablaufhemmung), z. B. bei begonnener Außenprüfung oder steuerstrafrechtlichen Ermittlungen.

Mit anderen Worten: Solange das Finanzamt Steuern festsetzen kann, bestehen auch Aufbewahrungspflichten für die zugehörigen Unterlagen.

## 11.3 Gesetzliche Aufbewahrungspflichten aufgrund sonstiger Vorschriften

Alle gesetzlichen Bestimmungen, die Ansprüche auf ***Auskunft und Rechnungslegung*** gewähren, statuieren auch gleichlaufende Aufbewahrungspflichten, da andernfalls die Auskunftsansprüche nicht erfüllt werden können. So etwa gemäß §§ 259, 666, 667 BGB. Dies gilt allerdings nur so lange, wie die Auskunftsansprüche fortbestehen. Sind sie erloschen oder von der Existenz der Unterlagen unabhängig, so bestehen auch keine Aufbewahrungspflichten mehr.

## 11.4 Vorlegungspflichten und Beweislast im Prozess

*Gerichtliche Anordnung*

Im Laufe eines Rechtsstreits kann das Gericht gem. § 258 Abs. 1 HGB auf Antrag des Gegners oder von sich aus die Vorlegung der Handelsbücher einer Partei anordnen. Nicht erfasst sind hier die anderen oben genannten kaufmännischen Unterlagen wie Handelsbrief usw. Die Anordnung kann nicht nur in Handelssachen und auch noch nach Fristablauf gem. § 257 Abs. 4 HGB erfolgen.

*Weitere Vorlegungspflichten*

Weitere Vorlegungspflichten ergeben sich aus § 258 Abs. 2 HGB in Verbindung mit § 422, 423 ZPO, die umfassend für ***alle Arten*** von Dokumenten (Urkunden) gelten, also für Handelsbücher sowie die in § 258 Abs. 1 HGB nicht erfassten kaufmännischen Unterlagen. Gem. § 422 ZPO ist im Rechtsstreit auf Antrag der beweisführenden Partei der Gegner zur Vorlegung aller Dokumente verpflichtet, die er dem ***Beweisführer*** nach den Vorschriften des bürgerlichen Rechts herausgeben oder vorlegen muss. Erfasst sind hier sämtliche Ansprüche auf ***Auskunft und Rechnungslegung***, etwa gem. § 259, 666, 667 BGB oder gem. § 118 HGB. Gem. § 423 ZPO ist eine Partei im Rechtsstreit auch zur Vorlegung der in ihren Händen befindlichen Dokumente verpflichtet, auf die sie im bisherigen Prozess zur Beweisführung Bezug genommen hat, selbst wenn es sich dabei nur um einen untergeordneten, vorbereitenden Schriftsatz gehandelt hat. Bei ***steuerrechtlichen Sachverhalten*** besteht ganz allgemein (also auch außergerichtlich) eine Vorlagepflicht gem. § 97 Abs. 1 Abgabenordnung (AO), wonach die Finanzbehörde von den Beteiligten und anderen Personen die Vorlage von Büchern, Aufzeichnungen, Geschäftspapieren und anderen Urkunden zu Einsicht und Prüfung verlangen kann.

*Folgen bei Verletzung*

Kann eine Partei im Prozess Dokumente, die sie gemäß § 257 HGB aufbewahren muss, trotz Anordnung des Gerichts nicht vorlegen, weil sie sich nicht mehr in ihren Besitz befinden, kann das Gericht entsprechend § 444 ZPO ohne jedes Beweisverfahren den vom Gegner behaupteten Vortrag zu Lasten der Partei ***als bewiesen ansehen*** (OLG Düsseldorf MDR 1973, 592). Wer also seine Aufbewahrungspflichten verletzt, kann dadurch in einem Gerichtsverfahren ***handfeste Nachteile*** haben und unter Umständen den Prozess verlieren. Auch wenn eine Partei an sich ihren Aufbewahrungspflichten gerecht wird, jedoch den zeitnahen Zugriff auf die archivierten Dokumente nicht gewährleistet, können Nachteile entstehen. Das Gericht kann im Verfahren Fristen setzen, innerhalb derer Beweismittel vorzulegen sind. Handelt es sich dabei um zwingende Fristen, die nicht mehr verlängert werden können, ist eine Vorlage nach Ablauf der Frist ***präkludiert*** (ausgeschlossen). Es ist deshalb möglich, das eine Partei ihr günstige Beweismittel nicht mehr verwerten kann und unter Umständen Nachteile erleidet oder den Prozess verliert, weil der ***rechtzeitige Zugriff*** auf Archivdaten nicht gewährleistet war.

*Fazit*

Es wird deutlich, dass sich der Einsatz von sicherer Archivierungstechnik lohnt, um geschäftskritische Daten und Unterlagen jederzeit verfügbar zu halten.

*Technische Hilfsmittel*

Wer aufzubewahrende Unterlagen nur auf Bild- oder anderen Datenträgern vorlegen kann, ist gem. § 261 HGB verpflichtet, auf seine Kosten alle Hilfsmittel zu stellen, die erforderlich sind, um die Unterlagen ***lesbar*** (abrufbar) zu machen. Soweit erforderlich, sind die Unterlagen ***auf eigene Kosten*** auszudrucken oder lesbare Reproduktionen vorzulegen. § 261 HGB gilt nicht nur für die Vorlagepflicht gem. § 258 Abs. 1 HGB, sondern entsprechend auch bei allen anderen Vorlagepflichten, insbesondere gem. § 422, 423 ZPO oder § 810 BGB.

*Generalklausel*

Über die explizit im Gesetz ausgesprochenen Aufbewahrungspflichten gilt überdies im Rahmen einer ***ordentlichen Geschäftsführung*** eine grundsätzliche Aufbewahrungs- und Archivierungspflicht für alle Unterlagen und Dokumente – etwa die ***gesamte E-Mail Korrespondenz***, Protokolle von Meetings, Entwürfe und Notizen aller Art etc. – die im Streitfall gebraucht werden könnte.

*Rationalisierung contra Sicherheit*

Zusammenfassend wird deutlich, das mit den Aufbewahrungspflichten auch ***Vorlagepflichten korrespondieren*** können, deren Verletzung zu Rechtsnachteilen im Prozess führen kann. Jedes Unternehmen muss für sich entscheiden, ob es wegen des höheren Beweiswertes im Zivilprozess die Dokumente in der original Papierform aufbewahrt, oder ob dem ***Rationalisierungseffekt*** der elektronischen Speicherung Vorrang eingeräumt wird und dafür gewisse ***Beweisschwierigkeiten*** in Kauf genommen werden. Sofern Dokumente keinen handels- oder steuerrechtlichen Aufbewahrungspflichten mehr unterliegen und an ihnen auch kein maßgebliches Beweisinteresse mehr für das Unternehmen besteht, können sie vernichtet werden.

## 11.5 Strafrechtliche Sanktionen

*Straftatbestände*

Verstöße gegen die Aufbewahrungspflichten können auch strafbewehrt sein. Gemäß § 283 b Abs. 1 Nr. 2 StGB wird mit Freiheitsstrafe bis zu 2 Jahren oder mit Geldstrafe bestraft, wer Handelsbücher oder sonstige Unterlagen, zu deren Aufbewahrung er nach Handelsrecht verpflichtet ist, vor Ablauf der gesetzlichen Aufbewahrungsfristen ***beiseite schafft***, verheimlicht, zerstört oder beschädigt und dadurch die Übersicht über seinen Vermögensstand erschwert.

*Strafverschärfung*

Wird der Verstoß gegen die handelsrechtlichen Aufbewahrungspflichten bei ***Überschuldung*** oder ***Zahlungsunfähigkeit*** begangen, so ergibt sich die Strafbarkeit aus § 283 Abs. 1 Nr. 6 StGB, der eine noch ***höhere Strafdrohung*** enthält und im Falle seines Vorliegens § 283 b Abs. 1 Nr. 2 StGB verdrängt. Im Gegensatz zu § 283 Abs. 1 Nr. 6 StGB kann § 283 b Abs. 1 Nr. 2 StGB nur von ***Kaufleuten*** begangen werden, für die § 257 HGB unmittelbar Pflichten eröffnet. Daher werden z. B. freiwillig geführte Bücher von § 283 b Abs. 1 Nr. 2 StGB nicht erfasst. Der Täterkreis des § 283 StGB ist dagegen nicht beschränkt.

*Vorsatz erforderlich*

§ 283 b Abs. 1 Nr. 2 StGB ist gemäß § 283 b Abs. 2 StGB nur bei vorsätzlichem, jedoch ***nicht bei fahrlässigem*** Handeln strafbar. Der Täter muss sein Verhalten also kennen und wollen, Sorgfaltswidrigkeiten allein werden nicht bestraft.

*Strafbarkeitsbedingungen*

Unbedingt zu beachten ist jedoch, dass § 283 b Abs. 3 i. V. m. § 283 Abs. 6 StGB eine ***objektive Bedingung*** für die Strafbarkeit enthält. Die Tat ist deshalb nur dann strafbar, wenn der Täter seine ***Zahlungen eingestellt*** hat oder über sein Vermögen das Insolvenzverfahren eröffnet oder der Eröffnungsantrag mangels Masse abgewiesen worden ist. Fehlt es hieran, so liegt zwar ein rechtswidriger und schuldhafter Verstoß gegen Aufbewahrungspflichten vor, der jedoch nicht bestraft wird. Wohl aber kann ein solches Verhalten ***zivilrechtliche Schadensersatzansprüche*** auslösen, da Rechtswidrigkeit und Schuld gegeben sind.

## 11.6 Kollision mit dem Datenschutz, insbesondere die E-Mail-Archivierung

*Gratwanderung*

Tangiert die vorzunehmende Aufbewahrung oder Archivierung von Daten die Persönlichkeitsrechte von Arbeitnehmern, so kann die Erfüllung der Aufbewahrungspflichten zur Gratwanderung zwischen ***Datensicherheit und Datenschutz*** werden.

*Persönlichkeitsschutz*

Dies betrifft z. B. die Aufbewahrung und Speicherung der anfallenden E-Mails. Ist die ***private Nutzung*** des E-Mail-Dienstes für die Arbeitnehmer im Unternehmen gestattet, so gilt das ***Fernmeldegeheimnis*** mit der Folge eines umfassenden Persönlichkeitsschutzes für die Arbeitnehmer. In der juristischen Literatur wird als Folge des Fernmeldegeheimnisses zum Teil ein vollständiges ***Speicherungsverbot*** für den Arbeitgeber hinsichtlich der privaten E-Mails der Arbeitnehmer vertreten. Der Arbeitgeber hat nach dieser Meinung keine Befugnis, die privaten E-Mails abzuspeichern oder gar einzusehen. Vielmehr sind nach dieser Meinung sowohl die E-Mail-Inhalte, wie auch bei der Versendung anfallende Verbindungsdaten unverzüglich zu löschen (hierzu ausführlich oben, Kapitel 6.3.2).

*Speicherverbot contra Archivierung*

Dem Speicherverbot für private Mails steht die Aufbewahrungspflicht für geschäftliche E-Mails gegenüber. Da in den Mailboxen der Mitarbeiter meistens ein ***Gemenge*** zwischen privaten und geschäftlichen E-Mails besteht, befindet sich der Arbeitgeber im ***Zwiespalt***. Er soll die geschäftlichen Mails aufbewahren und die privaten nach Weiterleitung an den Arbeitnehmer löschen, kann aber mangels Einsichtnahmebefugnis keine Trennung vornehmen.

*Legalisierende Vereinbarung*

Diesen Gegensatz kann nur die legalisierende Wirkung einer Vereinbarung zwischen Arbeitgeber und Arbeitnehmer auflösen. In einer ***Betriebs- bzw. Dienstvereinbarung*** werden die zu erfüllenden Aufbewahrungspflichten in die vorhandenen Datenverarbeitungsprozesse integriert. Sofern in kleineren Unternehmen ein Betriebsrat fehlt, kann die Vereinbarung auch in den ***Arbeitsvertrag*** aufgenommen werden. Auf Basis der getroffenen Übereinkunft kann der Arbeitgeber nun seinen Aufbewahrungspflichten gerecht werden, ohne gegen Datenschutzrechte der Arbeitnehmer zu verstoßen. Zusätzlich kann eine solche Vereinbarung als ***umfassende E-Mail-Policy*** im Unternehmen ausgestaltet werden, die gleichermaßen Organisation und Persönlichkeitsschutz der Mitarbeiter gewährleistet.

*Praxisnahe Lösungswege*

Die beste Lösung der Situation liegt in einer Vereinbarung, nach der dem Arbeitgeber eine Aufbewahrung der E-Mails im Rahmen der bestehenden gesetzlichen Aufbewahrungspflichten durch ***Trennung der Gemengelage*** ermöglicht wird, ohne dass damit pauschale Einsichtsrechte für den Arbeitgeber begründet werden. Hierfür sind verschiedene Wege denkbar. Der Arbeitnehmer hat nach einer angemessenen Frist – beispielsweise drei Monate - alle privaten Vorgänge aus seiner Mail-Box zu entfernen (Löschen oder Verschieben), so dass ein rein geschäftlicher Inhalt verbleibt, der als Ganzes zur Archivierung an den Arbeitgeber weitergegeben wird. Diese ***Bereinigungslösung*** bietet sich vor allem bei betriebswichtigen Mitarbeitern mit überwiegend archivierungspflichtiger Geschäftskorrespondenz an. Der Arbeitnehmer kann aber auch bestimmt werden, die archivierungspflichtigen E-Mails in angemessenen Zeitintervallen in einen Archivierungsordner ***weiterzuleiten***. Hier sind vielfältige technische Hilfsmittel im Rahmen eines ***Dokumentenmanagement*** denkbar, etwa eine Markierungsfunktion, die automatisiert eine Kopie im Archivordner anlegt.

Sollte eine Einsichtnahme im Einzelfall trotzdem erforderlich werden – wenn etwa im Rahmen eines gerichtlichen Verfahrens die Dokumente bereits vor Bereinigung oder Weiterleitung gebraucht werden – so ist der betroffene Arbeitnehmer vorab zur Trennung in private und geschäftliche E-Mails und Aushändigung hinzuzuziehen.

# Sachwortverzeichnis